소비자가 투자자이고 투자자가 소비자인

크라우드펀딩 성공하기

식품과 외식산업 중심

Crowdfunding

박진서 · 허철무

도서출판 청람

서 문

PREFACE

2016년 1월 일명 크라우드펀딩법인 자본시장과 금융투자업에 관한 법률이 시행되면서 한국에서도 스타트업을 위한 새로운 자금조달 방안으로 크라우드펀딩이 주목을 받고 있다.

여기서 크라우드펀딩이란 '대중으로부터 자금을 모은다'는 뜻으로 소셜미디어나 인터넷 등의 매체를 활용해 사업에 필요한 자금을 모으는 투자방식을 말한다. 그러나 식품기업이나 외식기업에 대한 크라우드펀딩은 소비자가 투자자이고 투자자가 소비자인 투자이다. 특히 식품이나 외식은 소비자의 위생을 책임지면서도 기업이 수익을 발생시켜 투자자에게 크라우드펀딩에 따른 이익을 배분하여야 한다. 따라서 다른 분야의 스타트업에 비해 안전한 식품을 생산하기 위한 전문적인 지식이 필요한 분야로 교육 및 멘토링이 필요하다.

식품기업이나 외식스타트업이 사업에 성공하기 위해서는 자금조달과 함께 소비자, 특히 식품기업 또는 유통기업이 바로 채택하여 판매를 시작하거나 또는 지역과 소비자가 선호할 만한 비즈니스모델을 만들어야 한다. 이런 비즈니스모델은 식품기업 또는 외식스타트업이 시행착오 없이 바로 성공하기는 엄청나게 어렵다. 여기에 자금과 함께 유통과 연계된 기업지원프로그램(유통엑셀러레이터)이 필요한 이유이다.

2015년 입법이 이루어지고 2016년 1월 시행된 크라우드펀딩(온라인

남대일 등, "101가지 비즈니스 모델 이야기", 한스미디어

소액투자중개)은 식품 및 외식업계에서 다양한 경험을 축적한 평가위원 또는 전문가가 집단지성을 통해 비즈니스모델을 완성하게 하고, 모델이 일정수준에 도달하면 크라우드펀딩을 진행하도록 하고 있다.

집단지성을 활용하는 것은 스타트업의 비즈니스모델을 혼자서 만드는 것이 아니라 멘토들과 함께 협업함으로써 시행착오를 방지하여 창업비용이나 제품개발비용을 줄일 수 있다. 또한 투자자 및 식품스타트업을 차별하지 않기 위해서는 크라우드펀딩 희망기업을 평가하지 않고 공정한 절차에 의해 크라우드펀딩이 진행되어야 한다.

집단지성을 활용한 크라우드펀딩 진행절차

기본요건충족 크라우드펀딩 프로세스

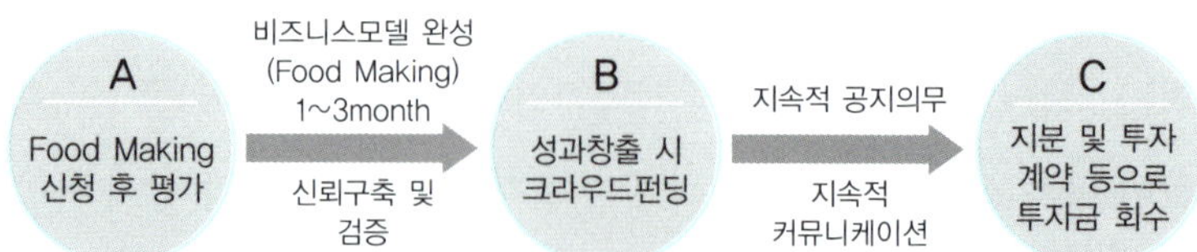

Food Marketing 신청 크라우드펀딩 프로세스

또한 투자성과 창출을 위해 집단지성을 활용하여 일정한 성과를 창출하고 이 창출된 성과를 바탕으로 크라우드펀딩이 진행됨으로 투자자의 손실을 최대한 방지하고자 노력해야 한다. 우리나라 식품산업을 이끌고 있는 기업의 78%가 영농 또는 영어조합법인으로 이들에게 투자를 지원해 줄 수 있는 새로운 투자방법에 대한 방향을 제시하여야 한다.

또한 식품기업과 외식스타트업의 성공을 위해서 크라우드펀딩이 투자되어 생산된 제품이나 외식스타트업에 대한 새로운 홍보수단이 필요하다. 즉 소비자가 투자된 제품 또는 소비자가 투자한 매장이라는 로고를 부착하고 이를 지속적으로 홍보함으로써 다른 소비자의 동질감을 부여하고 투자성과를 창출하는 것에 대한 지원도 필요하다.

본 책에서는 크라우드펀딩에 투자를 희망하거나 또는 투자를 받기를 희망하는 식품 및 외식기업이 크라우드펀딩에 참여하기 전에 실수하지 않도록 필요한 내용을 담고 있다.

Part 1에서는 크라우드펀딩에 대한 개념, 시장현황 그리고 미국과 한국의 크라우드펀딩 기업과 유형별 사례를 제시하여 크라우드펀딩에 대한 이해를 높이는 데 중점을 두었다. 그리고 2016년 1월 25월 시행된 「자본시장과 금융투자업에 관한 법률(일명 크라우드펀딩법률)」에 대해 자세한 설명을 하여 법률에 대한 이해도를 높이고자 하였고 추가적으로 법률에서 다루지 않은 식품과 외식분야 크라우드펀딩 참여 시의 궁금증에 대한 답변을 하였다.

Part 2에서는 현재 식품 · 외식산업의 현황과 식품 · 외식관련 소비자 트렌드를 다루어서 보다 현실감 있게 크라우드펀딩 투자에 접근할 수 있도록 하였다. 식품 · 외식소비 트렌드에서는 소비자의 소비형태별로 그룹으로 나누고, 사회적 · 인구학적 변화, 불경기에 따른 소비자의 인식변화 등 다양한 측면에서 식품소비 트렌드 변화에 대한 설명을 제공하고, 소비자의 식품트렌드 변화에 따른 유통 및 식품기업의 대응전략을 제시하여 소비자가 투자기업의 성공가능성을 판단하고, 식품 · 외식기업의 크라우드펀딩을 위한 새로운 비즈니스모델 개발방법을 제시하고 있다.

Part 3에서는 소비자인 투자자가 크라우드펀딩에 참여하였을 때 성공적인 투자가 될 수 있도록 식품 · 기업에 왜 투자를 해야 하는지, 어떤 기준을 가지고 투자 대상기업을 선정해야 하는지, 참여절차와 방법에 대해 상세히 기록하였다. 또한 식품 · 외식기업이 크라우드펀딩으로 성공적인 자금유치에 성공할 수 있도록 참여절차와 방법, 프로젝트를 기획할 때 주의점, 실제로 기업이 프로젝트를 기획할 때 참고가 될 수 있도록 외식기업을 대상으로 프로젝트 기획서를 제공하였으며, 8가지 정도의 다양한 프로젝트 사례도 제시하였다.

Part 4에서는 한국 식품 · 외식기업에 대한 인식과 투자현황에 대한 설명을 통해 투자자들의 이해도를 높이고, 크라우드펀딩이 바꿀 한국 식품 · 외식기업의 미래를 제시하였다.

식품 · 외식기업은 창업하는 순간 또는 실제로 프로젝트를 실행하는 순간부터 끊임없이 자금을 필요로 한다. 식품 · 외식 스타트업도 마찬가지로 한정된 자본을 가지고 성공적인 비즈니스를 이끌어내기 위해서 실수를 하지 않기 위한 철저한 준비를 하여야 한다. 크라우드펀딩도 참여하고자 하면 자금이 필요하다. 철저하게 준비하지 않는다면 자금을 유치하기 위한 노력으로 인해 도리어 비즈니스에 손해가 되어 돌아올 수 있다. 이 책을 통해 크라우드펀딩에 참여하는 투자자와 식품 · 외식기업에게 도움이 되었으면 한다.

2016년 3월

저자들 씀

차 례

CONTENTS

PART 1

식품 크라우드펀딩이란 무엇인가?

크 라 우 드 펀 딩 성 공 하 기

CHAPTER 1

식품 크라우드펀딩이란?

1.1 영철버거를 재기시킨 크라우드펀딩

영철버거는 한때 고려대학교 학생들의 추억이었으나 시대의 흐름과 함께 폐업 직전까지 몰렸었다. 그러나 크라우드펀딩 덕분에 재기의 기회를 얻게 되었다. 서울 고려대 앞 명물 '영철버거'가 폐업한지 약 5개월 만에 학생과 주민 등의 응원으로 2015년 12월초에 다시 문을 열었다. 크라우드펀딩 프로젝트 '비긴어게인 영철버거 프로젝트'를 통해 7천여 만원이 모금되었고, 이 자금으로 기존 가게 건너편 건물 2층 가게를 임대했다. 모금액은 점포계약금과 권리금 등으로 모두 지출되었다.

이처럼 크라우드펀딩은 창업 아이디어가 있지만 자금력이 부족해 실행에 옮기지 못하는 창업자나, 실패한 창업자가 재기할 수 있도록 소액 다수의 투자자들에게 투자받을 수 있는 장을 마련해주는 '핀테크'(금융과 기술의 합성어)의 일종이다. 주로 초기 투자자금이 부족한 스타트

자료: www.wadiz.kr

업 창업자들이 자신의 아이디어를 공개한 뒤 투자금을 모으는 데 쓰였지만 최근에는 영철버거 사례에서 보듯 다양한 사회적 이슈에 크라우드펀딩 방식이 도입되고 있다.

즉 크라우드펀딩은 군중 또는 다수를 의미하는 영단어 '크라우드(crowd)' 와 자금제공을 뜻하는 '펀딩(funding)' 을 조합한 용어로, 창의적 기업가를 비롯한 자금수요자가 인터넷 등 온라인에서 자금모집을 중개하는 자(크라우드펀딩 업체)를 통하여 불특정다수의 소액투자자로부터 자금을 조달하는 행위를 의미한다.

IT기술의 발전으로 인하여 인터넷 · SNS(Social Network Service)가 보편화됨에 따라 온라인상에서 자금수요자(발행인)와 자금공급자(투자

자료: www.kfoodfund.com

자) 간 능동적인 양방향 의사소통이 가능한 환경이 조성되었다. 이에 따라 창업기업 · 신제품 등에 대하여 집단지성을 바탕으로 성공가능성을 평가하고, 일반 대중들이 십시일반(十匙一飯)으로 소액의 자금을 투자하는 크라우드펀딩이 세계적인 현상으로 등장하고 있다.

혁신적인 사업계획을 토대로 사업을 시작하고자 하는 창업기업과 같은 자금수요자는 그동안 담보력 부족, 취약한 자본시장 접근성 등으로 인하여 은행대출 또는 직접금융시장에서 증권발행을 통한 자금조달이 어려웠다. 크라우드펀딩은 이러한 금융소외계층에 있어서 대안적인 자금조달 인프라로 기능할 수 있으며, 자금수요자는 온라인 노출, 구전(口傳)에 의한 인지도 제고, 제품 · 서비스 등에 대한 능동적 소비자와의 의사소통 기회 확보 등의 부수적인 효과도 기대할 수 있게 되었다.

투자자 측면에서는 그동안 벤처캐피탈 · 엔젤투자자 등 정보접근능력 · 심사분석능력 · 자금력(손실감내능력) 등을 갖춘 전문투자자의 영역이었던 고위험-고수익 투자시장에 대하여, 크라우드펀딩 플랫폼에서 제공되는 정보와 집단지성을 바탕으로 일반투자자가 소액의 비상장 주식 등에 투자할 수 있는 길이 열리게 됨에 따라 고위험-고수익 투자성향 · 투자수요를 충족할 수 있는 투자대상 자산의 다양성을 확보할 수 있게 되었다.

1.2 크라우드펀딩 시장현황

세계 크라우드펀딩 시장규모는 2015년 6월 자본시장연구원 '크라우드펀딩 규제의 주요 내용과 취지' 발표자료에 따르면 2014년 연간 크라우드펀딩을 통한 자금모집 규모는 USD16.2십억으로, 2013년

USD6.1십억 대비 167% 성장하였으며, 북미와 유럽의 비중이 79%로 대다수를 차지하고 있으나, 아시아 지역은 높은 성장률(320%)을 기록하며, 2014년 전체 모집금액의 20% 이상의 비중을 차지하고 있다.

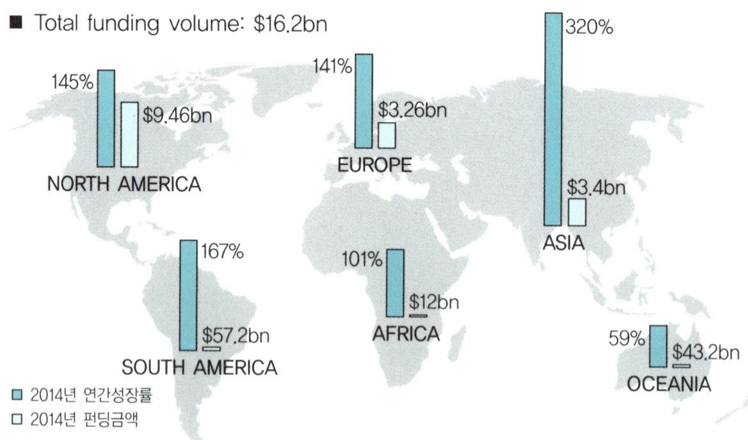

자료: Massolution 2015

펀딩 유형별로는 2010년 이후 대출형과 보상형을 중심으로 성장세가 두드러지고 있으며, 2012년도에는 전년 대비 기부형이 45%, 투자형이 30% 성장한 데 비해 대출형은 111%, 보상형은 무려 523% 성장한 것으로 나타났다.

반면 투자형 크라우드펀딩은 성장세가 둔화되었으나 미국과 한국을 비롯한 여러 국가에서 투자형 크라우드펀딩에 대한 법제화가 진행되고 있어, 제도정비가 완료될 경우 투자형의 성장세 회복이 예상된다. 현재 소액 개인대출 이외에 지역 중소기업대출의 명목으로 다수의 펀딩이 이루어지고 있는 점도 이러한 예상을 뒷받침한다.

2014년 국내 크라우드펀딩 시장규모는 2015년 6월 자본시장연구원 '크라우드펀딩 규제의 주요내용과 취지' 발표자료로 확인하면 2014년 연간 크라우드펀딩을 통한 자금모집 규모는 55억원으로, 대출형이 31억원으로 56%를 차지하였으며, 증권형은 4억원으로 8%를 차지하고 있다. P2P 대출규모는 2015년 상반기(1~6월)에만 336건, 52억 6,000만원으로 증가했다.

증권형의 경우 2014년에 2013년 대비 3배 이상 증가하여 급격한 성장을 보이고 있으며, 자본시장법 개정에 따라 활성화 추세가 이어질 것

조사대상회사 국내 10개 플랫폼 기준

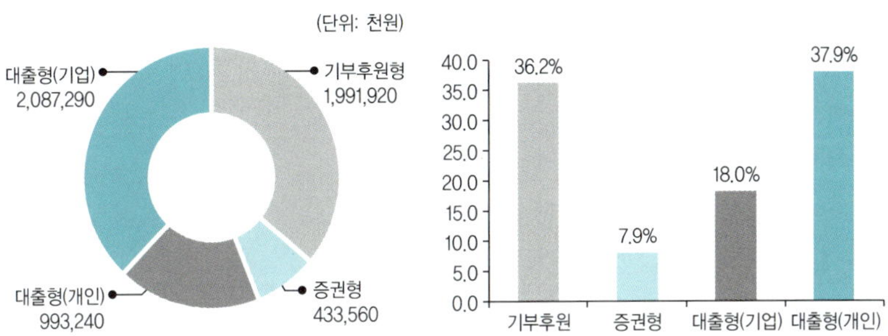

자료: 굿펀딩, 머니옥션, 아이시드, 오마이컴퍼니, 오퍼튠, 오픈트레이드, 와디즈, 위제너레이션, 팝펀딩, 텀블벅

조사대상회사 국내 9개 플랫폼 기준

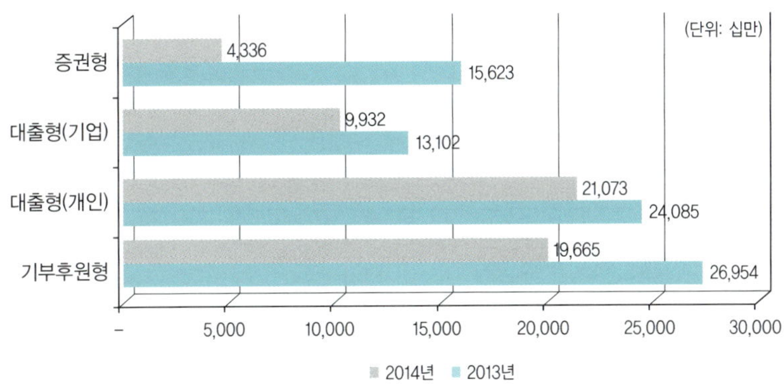

자료: 굿펀딩, 머니옥션, 오마이컴퍼니, 오퍼튠, 오픈트레이드, 와디즈, 위제너레이션, 팝펀딩, 텀블벅

으로 예상되고 있다.

1.3 투자가 가능한 식품 크라우드펀딩 유형

크라우드펀딩은 은행과 같은 중개기관을 거치지 않고, IT기술의 발전을 기반으로 인터넷을 통해 연결된 개인들이 크라우드펀딩 플랫폼을 통하여 직접적으로 거래하는 P2P(Peer to Peer) 금융의 한 형태로 볼 수 있다.

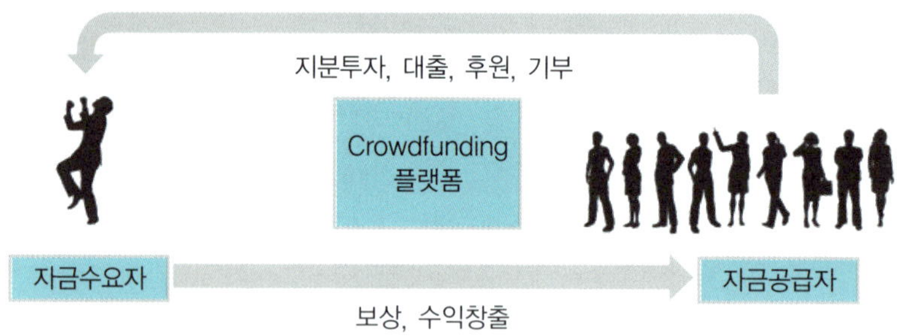

크라우드펀딩의 유형으로는 일반적으로 자금모집 및 보상방식에 따라 기부 · 보상형, 대출형, 증권형(투자형)의 유형으로 구분할 수

크라우드펀딩의 유형

유형	자금모집방식	보상방식	주요사례
기부 · 보상형	후원금 · 기부금 납입	무상 또는 비금전적 보상	문화 · 예술 · 복지분야 시제품 판매 등
증권형 (투자형)	출자(지분취득) 등	금전적 보상 (지분, 이익배당)	창업초기 기업 등
대출형	대부(대부업체 중개)	금전적 보상 (이자)	긴급자금 등이 필요한 개인, 사업자 등

있다.

기부형은 자금공급자에게 주어지는 보상이 없거나, 제공된 자금에 대한 직접적인 연관성이 없는 비금전적 대가(감사카드, 사은품 등)를 제공하는 형태로 주로 문화 · 예술 · 복지분야에서 이루어진다.

보상형은 후원형으로 칭하기도 하며, 기부형과 유사하나 주로 자금모집 목적과 직접적인 연관성이 있는 비금전적 혜택을 자금공급자에게 보상(rewards)으로 제공하는 형태이다.

증권형은 자금공급에 대한 반대급부로 주식 등 증권을 수취하여 사업으로부터 발생하는 이익(배당, 자본차익 등의 금전적 보상)을 배분받는 형태로 주로 신생 · 창업단계(seed, start-up)의 기업이 자금수요자가 된다.

한국의 보상 · 증권형 크라우드펀딩 플랫폼

대출형은 자금공급에 대한 반대급부로 이자를 제공 받는 형태로, 주로 은행과 같은 제도권 금융회사의 이용이 쉽지 않은 개인 또는 사업자 등이 자금을 조달하는 경우이며, 대출형 크라우드펀딩의 경우 대부업법 등에 따라 개인 간 · 직접대출 형태가 아닌 간접대출의 형태로 대출이 이루어지고 있으며, 시장규모 확대추이 및 부작용 등을 종합적으로 고려하여 관련 제도를 정비할 계획이다.

한국의 대출형 크라우드펀딩 플랫폼

8 percent
Villy
hf Honest Fund
LENDIT.
PEOPLEFUND
FUNDA
pop funding
TERAFUNDING
Money Auction

1.4 한국과 미국 농업 크라우드펀딩 기업은?

2014년 시작된 미국의 Barnraiser라는 푸드 크라우드펀딩 플랫폼이 높은 펀딩 성공률 보이고 있으며, Barnraiser의 미션은 '친환경적이고 건강한 먹거리가 있는 세상을 만들어간다' 이다.

사실 '먹거리' 에 대한 사회적 관심은 전 세계 어디에서나 높다. Barnraiser가 80% 이상의 성공률을 보이는 것 역시 이와 같은 맥락인데, 창업자 Eillen Gordon은 '먹거리에 대한 농부들의 진정성있는 스

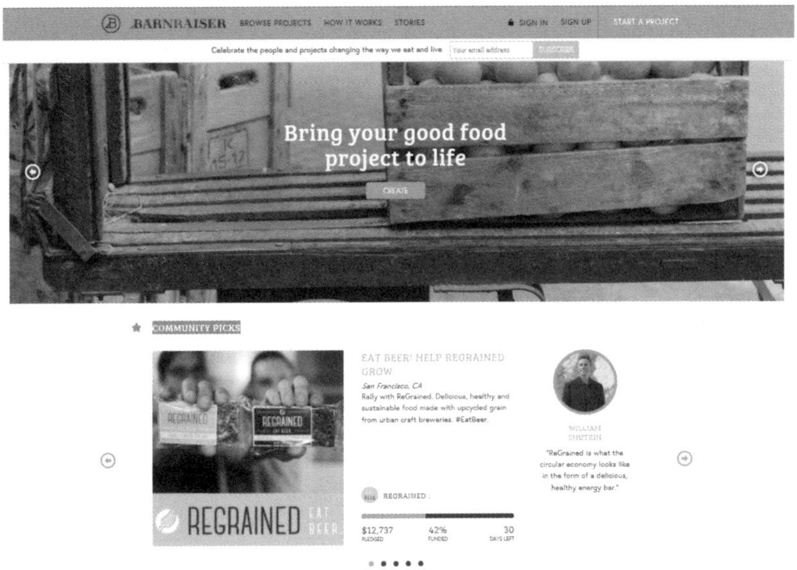

자료: www.barnraiser.us의 크라우드펀딩 웹사이트 화면

토리를 보유한 것이 다른 플랫폼과의 차별점' 이라고 밝혔다.

Barnraiser은 더 건강한 음식의 미래를 만들기 위해 애쓰는 농부들에게 펀딩금액이 돌아 갈 수 있도록 노력한다. 그 이유는 혁신제품이나 오락거리와 같은 산업분야에 비해 즉각적으로 보거나 느낄 수 있는 유형의 리워드를 많이 제공할 수 없기 때문이다. 이러한 상황 속에서 Barnraiser는 지속가능한 농산물의 가치를 추구하는 사람들의 커뮤니티와 미래를 위한 농산물을 키워내고자 하는 혁신적인 농부들을 연결시키고자 이들에게 적합한 플랫폼을 제공하려 한다.

미국에 Barnraiser가 있다면 한국에는 농사펀드(www.farmingfund.co.kr)가 있다. 2013년 농업에 크라우드펀딩을 접목한 농사펀드는 농부에게 농사자금을 투자한 후 친환경농법으로 생산한 건강한 먹거리로 돌려받는 방식으로, 농사과정을 지속적으로 공개하고, 투자자들이 직접 참여하여 일손을 돕는 이벤트를 진행하기도 한다. 현재 농사펀드에

농사펀드의 홈페이지 화면

는 농부 47명, 회원 1,000명이 활동 중이다.

농사펀드는 농촌문제의 근본적인 원인이 되는 농민들의 농사자금 및 판로확보의 어려움을 해결하고자 만들었다. 또한 전자상거래 사이트를 이용한 농산물직거래 판매로는 농촌문제가 해결되지 않는다고 본다. 생산 · 유통 · 관리까지 모두 농민 손을 거쳐야 하는데 이는 농사에 하루 일과를 모두 사용하는 농촌의 라이프사이클과 맞지 않기 때문이다. 즉 농사펀드가 단순히 농산물직거래 유통범위를 뛰어 넘어 새로운 유통채널로 활용할 수 있는 가능성으로 제시될 수 있다.

농사펀드는 초기 농부가 크라우드펀딩 종목과 목표액만 정하기만 하면 이후 홍보 콘텐츠 · 유통 · 관리는 농사펀드가 맡는다. 농부는 생산에만 집중할 수 있다.

1.5 증권형 크라우드펀딩 실제사례 살펴보기

증권형은 투자수익이 예상되는 기업의 지분에 크라우드펀딩 사이트를 통해 투자하는 경우이다. 이스라엘 스타트업 Consumer Physics에서 휴대용 분자센서 스키오(SCiO)를 개발했다. 이전에도 이런 센서가 나오긴 했었지만 SCiO는 크기가 소형이라는 점에서 많은 사람들의 주목을 받고 있다.

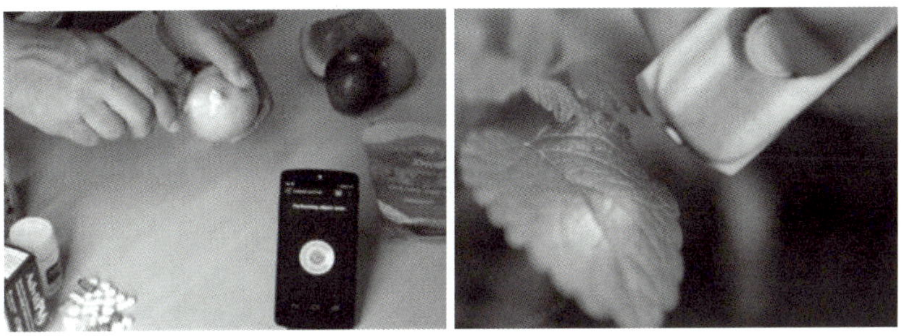

자료: Consumerphysics

SCiO를 통해 식품의 성분과 칼로리를 바로바로 측정해서 분석할 수 있고, 약이나 농사짓는 토양정보도 확인가능하며 피부에 대면 체내 수분량도 파악할 수 있다. 측정된 정보는 클라우드시스템에 보내져 분석되고, 블루투스로 연동된 스마트폰에서 결과를 확인할 수 있다.

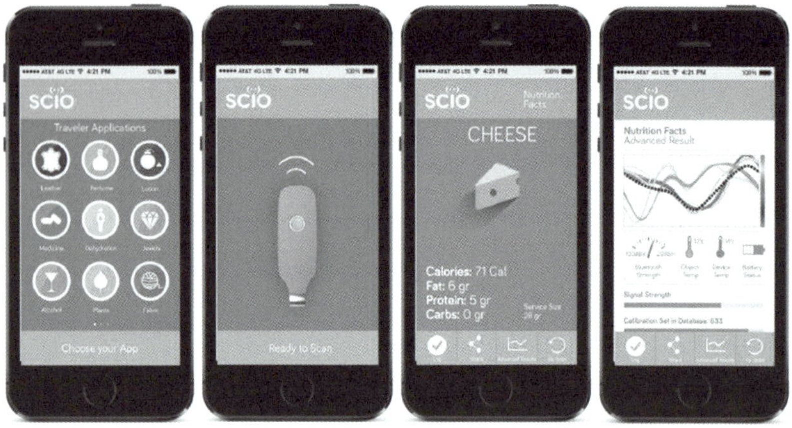

자료: Consumerphysics

1.6 보상형 크라우드펀딩 실제사례 살펴보기

보상형은 자금수요자가 자금공급자의 자금공급에 대한 직접적인 대가로서 비금전적인 혜택을 제공하는 경우를 말하며, 가령 영화제작이나 제품제작을 위해 자금을 지원한 사람에게 자금지원의 대가로서 완성된 영화티켓, 외식매장에서 식사를 할 수 있는 모바일상품권 또는 제품 등을 지급하는 형태이다.

정준호참기름과 같이 기존에 생산되고 있는 제품을 구매해줌으로써 정준호 씨의 비즈니스를 후원해주는 방법도 있으나, 식품기업이 정식 제품을 출시하기 전에 데모버전의 제품으로 투자자인 소비자로부터 제품을 평가받는 방식으로 진행되기도 한다. 또한 제품의 출시에 맞추어서 홍보수단인 이벤트로 할인행사를 진행할 수 있어서 다양한 개념으로 접근이 가능하다. 식품스타트업 입장에서는 새로운 유통채널로서도 접근이 가능한 크라우드펀딩 방법이다.

자료: www.wadiz.kr/web/campaign/detail/285

1.7 대출형 크라우드펀딩 실제사례 살펴보기

대출형(lending model, loan-based crowdfunding, peer-to-peer lending)은 대출이 필요한 사람에게 크라우드펀딩 방식으로 자금을 지원하는 것이다. 대출형 크라우드펀딩에는 이자를 지급하는 방식과 무이자로 원금만을 상환받는 방식이 있다. 전자의 경우 미국의 '프로스퍼(PROSPER)', 한국에서는 '8퍼센트' 등을 들 수 있다.

연 11.5%
수익률

1100 만원 / 1100만원
현재 투자 금액

23 명
현재 투자 인원

투자마감

상품	상환기간	상환일
개인대출	12개월	매달 10 일
월 상환액	**상환방식**	**FUNDA SCORE**
974,766 원	원리금 균등	712/1000

자료: www.funda.kr/investContent_33.php

대출형 크라우드펀딩을 한국에서는 P2P 대출로 불리며, 대출형 크라우드펀딩 사업은 반드시 대부중개업 등록을 해야 하며, 대부중개업은 채무자나 채권자로부터 중개료를 받을 수 없고, 연계된 대부업체나 은행을 통해서 일정 중계료를 받을 수 있다.

P2P 대출은 지분투자형 크라우드펀딩보다 상대적으로 큰 규모의 자금을 개인이 중개업체를 통해 개인에게 직접 빌려주는 탓에 대출금이 제대로 상환되지 않을 경우 투자자에게 피해를 입히게 된다. P2P 대출 서비스를 이용하는 고객들이 저신용자일 가능성이 높기 때문이다.

따라서 P2P 대출중개업체들은 대출희망자의 SNS, 사용형태, 카드 이용성향 등 비정성적 데이터를 평가하여 대출가능자를 엄격하게 선발하고 있고, 또 대출담보물도 신용대출뿐만 아니라 음식점의 보증금, 부동산, 비상장주식, 심지어 작곡가의 저작권까지 대상이 되고 있다.

CHAPTER 2

한국 크라우드펀딩법 설명

2.1 한국 크라우드펀딩법 도입배경

창업기업가 등이 유망한 사업계획이나 아이디어를 갖고 있더라도 이를 사업화할 자금을 조달하는 것은 쉽지 않은 것이 사실이다. 정부에서도 창조경제 활성화 및 청년 일자리 창출을 위하여 초기기업에 대한 엔젤투자 활성화, 정책자금지원 등 제도 및 금융지원 측면에서 다각적인 대책을 강구하고 있으나, 사업성공 여부의 불확실성이 높은 초기기업의 자금조달수단은 제한적인 것이 현실이다.

크라우드펀딩은 주로 보육(incubator) · 지원(accelerator)을 받는 수익실현 이전단계의 초기기업이 고려할 수 있는 자금조달방안이며, 투자자 측면에서는 엔젤투자(angel), 신생 · 초기단계(seed, early stage) 벤처캐피탈의 투자영역과 유사하다.

기부 · 보상형 등 다양한 유형의 크라우드펀딩 시장이 성장함에 따라, 기존의 창업 · 벤처기업지원책과 더불어 창업기업 등의 자금조달

기업 성장단계별 자금조달수단

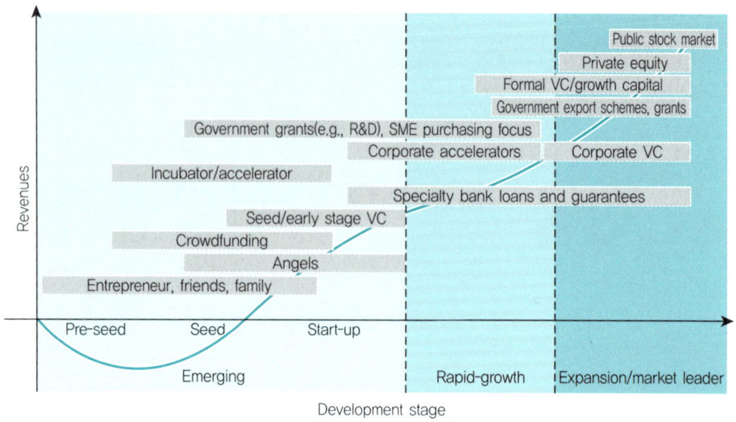

자료: EY(2014), EY G20 Entrepreneurship Barometer 2013

활성화를 위한 대안적인 채널로써 크라우드펀딩 시장 육성의 필요성이 높아졌다.

아울러 창업기업가를 빙자한 무분별한 자금모집행위, 무자격 중개업자의 난립 등으로 인한 투자자 피해를 방지하기 위하여 제도적 뒷받침을 통한 건전한 시장을 조성할 필요성이 대두되었다.

크라우드펀딩이 활성화되기 위한 전제조건으로 금융의 기본명제인 신뢰성 확보를 위해 2015년 7월 자본시장법 개정을 통하여 '온라인소액투자중개' 라는 이름으로 증권형 크라우드펀딩 중개업의 법적 근거를 마련하게 되었다.

본 책에서 「크라우드펀딩」은 자본시장법에 따른 온라인소액투자중개업자의 중개에 의한 '증권형(투자형) 크라우드펀딩' 을 의미하며, 「법」은 자본시장과 '금융시장에 관한 법률' 을, 「시행령」은 '동법 시행령' 을 의미한다.

크라우드펀딩(crowdfunding)은 온라인 플랫폼을 이용해 다수의 소액투자자로부터 자금을 조달하는 방식을 말하는 것으로, 온라인을 통

크라우드펀딩법 도입 배경

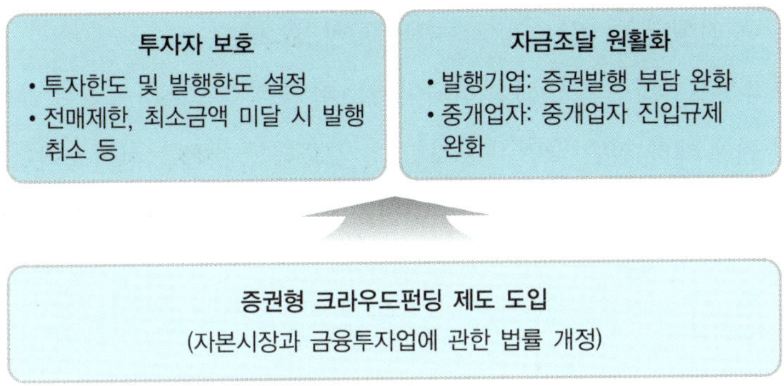

자료: EY(2014), EY G20 Entrepreneurship Barometer 2013

한 소액의 증권공모에 대해 증권신고서 등 기존의 증권발행에 수반되는 공시규제를 대폭 완화하고, 온라인소액투자중개업자를 신설하였다.

크라우드펀딩이 창업 · 벤처기업들의 자금조달 수단으로 활용될 수 있도록 하는 한편, 공시규제 완화에 따르는 정보비대칭 등으로 투자자가 선의의 피해를 보지 않도록 발행인의 재무상황, 사업계획 등의 게재, 투자한도 제한, 발행인의 배상책임, 온라인소액투자중개업자의 적극적 청약권유 금지 등 규제장치를 마련함으로써 크라우드펀딩이 신뢰성 있고 지속가능한 자금조달 수단으로 안착할 수 있도록 하려는 것이다.

2.2 한국 크라우드펀딩 구조

2016년 1월 25일부터 시행되고 있는 '자본시장과 금융투자업에 관한 법률(일명 크라우드펀딩법률)' 이 관리하는 크라우드펀딩 유형은 기존에 크라우드펀딩이라는 이름으로 불리는 대출형(P2P 대출)이나 기부형 · 후원형 크라우드펀딩이 아니다. 이들 크라우드펀딩은 통신판매업 등록 후 진행할 수 있는 민간 중심의 서비스이다.

크라우드펀딩법에 의해 관리되어지는 유형은 식품스타트업이 발행하는 증권에 대해 일반 국민이 투자할 수 있도록 중개하는 서비스이다. 중개의 대상이 되는 증권에는 채무증권, 지분증권, 투자계약증권이 있다.

한국 크라우드펀딩 구조

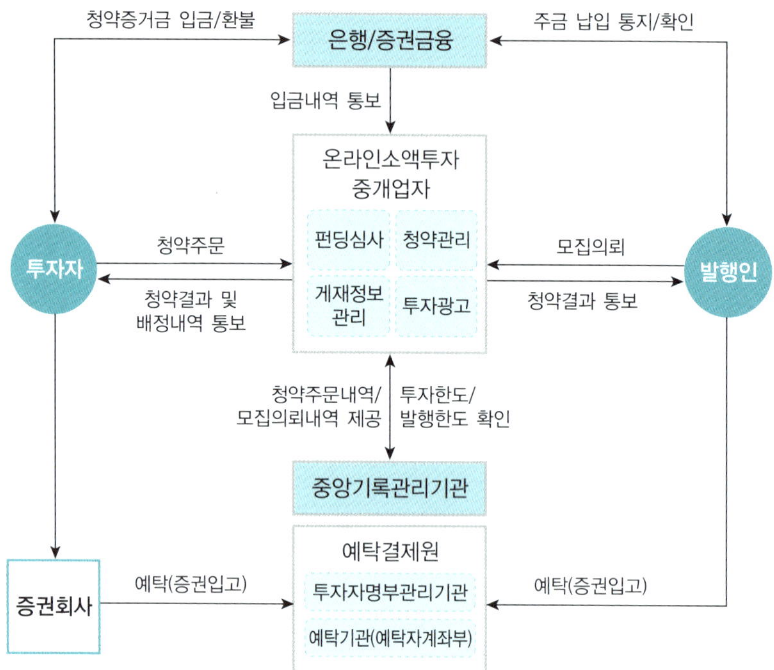

크라우드펀딩 시장의 주요 참여자로는 창업기업, 신규 프로젝트를 사업화하려는 중소기업 등의 발행인, 일반투자자 및 전문투자자로 이루어진 투자자, 통상 크라우드펀딩 포털 · 크라우드펀딩 플랫폼 등으로 불리는 온라인 공간에서 발행인과 투자자를 연결해주는 온라인 소액투자중개업자가 포함된다.

온라인 공간에서 발행인과 투자자를 연결해주는 '온라인소액투자중개업자'는 온라인상에서 누구의 명의로 하든지 타인의 계산으로 다음 각 호의 자가 대통령령으로 정하는 방법으로 발행하는 채무증권, 지분증권, 투자계약증권의 모집 또는 사모에 관한 중개(이하 '온라인소액투자중개'라 한다)를 영업으로 하는 투자중개업자를 말한다.

온라인소액투자중개업자의 역할은 '온라인소액투자중개업 관련 계약의 체결 및 해지업무', '자본시장과 금융투자업에 관한 법률 제117조의11에 따른 투자유치 프로젝트 게재내용의 사실 확인 업무', '청약의 접수, 전달, 집행 및 확인업무'이다.

발행인, 투자자, 중개업자 이외에도 시장참여자로서 원활한 시장기능 작동과 투자자보호 등의 역할을 수행하는 유관기관들이 존재한다. 중앙기록관리기관(한국예탁결제원), 청약증거금관리기관(한국증권금융 및 온라인소액투자중개업자와 협약을 맺은 시중은행) 등이 존재하며, 유관기관은 크라우드펀딩 관련 인프라를 제공하며 전문적인 역할을 수행한다.

중앙기록관리기관인 한국예탁결제원은 발행인의 연간 총발행한도, 투자자의 발행인별 연간 투자한도 및 연간 총투자한도, 그 밖의 발행정보 등을 시스템적으로 관리하여 신뢰할 수 있는 크라우드펀딩 투자환경을 제공하는 역할을 수행한다.

크라우드펀딩에 의한 증권발행 시 창업기업 등 발행인의 자금조달 활성화를 위하여 공시의무 등 규제를 완화하는 한편, 투자자보호를 위하여 발행인의 발행한도, (일반)투자자의 투자한도를 자본시장법에 따라 제한하고 있다.

또한 투자자 보호를 위해 온라인소액투자중개업자는 투자자로부터 직접 투자금을 받지 않는다. 투자금은 한국증권금융이나 온라인소액투자중개업자와 협업을 맺은 시중은행의 예탁계좌에 입금된다. 또한 투자관련 진행내용은 온라인소액투자중개업자의 웹사이트를 통해 확인 가능하지만 투자자금의 이동은 시중은행 등 유관기관에서 처리하기 때문에 안전하게 투자할 수 있다.

2.3 한국 크라우드펀딩법 이해: 온라인소액투자중개업자

온라인소액투자중개업자

'온라인소액투자중개업자'란 온라인상에서 누구의 명의로 하든지 타인의 계산으로 다음 각 호의 자가 대통령령으로 정하는 방법으로 발행하는 채무증권, 지분증권, 투자계약증권의 모집 또는 사모에 관한 중개(이하 '온라인소액투자중개'라 한다)를 영업으로 하는 투자중개업자를 말한다.

크라우드펀딩은 인터넷 등 온라인에 개설된 크라우드펀딩 포털을 통하여 소액의 증권에 투자하는 속성을 지니고 있다. 이에 따라 자본시장법에서는 크라우드펀딩 중개를 담당하는 금융투자업자를 '온라인소액투자중개업자'로 명칭하고 있으며, 투자자의 오인에 의한 피해예방 등을 위하여 온라인소액투자중개업자로 등록하지 아니한 자의 유사명칭 사용을 금지하고 있다.

온라인소액투자중개업자는 자본시장법에 따른 금융투자업자 중 투자중개업자로, 고객자산을 직접 수탁하거나 운용하지 않고 투자자와 발행회사 사이에서 증권을 단순중개하는 역할을 수행한다.

온라인소액투자중개의 방법은 발행인이 중개업자의 홈페이지에 일정한 투자정보를 게재하고, 동 게재사항에 대하여 투자자와 발행인 간

의견교환이 이루어질 수 있도록 하는 것을 의미한다.

① **홈페이지**: 해당 홈페이지 내용을 실시간으로 전달하는 모바일 어플리케이션 등 온라인 매체를 포함

② **투자정보**: 증권의 발행조건, 기업의 재무상태 및 회계정보, 사업계획서 등의 발행인 필수 게재사항과 투자판단에 도움이 되는 정보 등 제공

무자격업자의 난립에 따른 투자자의 피해 양산 등 시장질서 교란을 방지하기 위하여 온라인소액투자중개업자는 반드시 자본금, 인적 · 물적요건 등의 일정 요건을 갖추어 금융위원회에 등록하도록 하고 있다.

온라인소액투자중개업자 업무범위 및 금지사항

① 법에서 정한 업무의 위탁을 금지한다.
② 이해충돌방지를 위한 내부통제기준을 설정하여야 한다.
③ 중개하는 증권을 취득하거나 주선 또는 대리하는 것을 금지한다.
④ 투자자와 증권발행 기업에 대한 자문을 금지한다.
⑤ 청약 전 투자내용과 투자위험 주지 및 확인의무가 있다.
⑥ 발행인이 요청 시에 투자자의 자격을 제한할 수 있다.
⑦ 투자자 의사확인 전 임의청약을 금지한다.
⑧ 투자자 · 발행인 간 부당차별을 금지한다.
⑨ 식품스타트업의 발행액수 및 투자자의 투자한도를 관리해야 한다.
⑩ 청약 결과를 투자자에게 통지하여야 한다.
⑪ 법에서 정하는 투자 권유방법을 준수하여야 한다.
⑫ 투자자와 증권발행 기업에 대한 정보를 한국예탁결제원에 제공해야 한다.

① **법에서 정한 업무의 위탁금지:** 금융투자업자는 영위업무의 일부를 제삼자에게 위탁가능하나, 투자자 보호 또는 건전한 거래질서를 해할 우려가 있는 일정한 업무는 자본시장법에 의하여 위탁이 금지되어 있고, 온라인소액투자중개업자의 업무에 관하여는 계약의 체결 · 해지는 본질적 업무로서 위탁을 금지한다.

② **내부통제기준설정:** 온라인소액투자중개업자는 그 임직원이 직무를 수행할 때 준수하여야 할 적절한 기준 및 절차(내부통제기준)를 정하여야 하며, 내부통제기준에는 업무분장과 조직구조, 임직원의 업무수행절차, 효율적인 정보전달체계 구축, 내부통제기준 준수 여부 확인 절차 등에 관한 사항이 포함되어야 한다.

③ **중개증권 취득 및 주선 · 대리금지:** 투자자 보호와 건전한 시장조성을 위하여 온라인소액투자중개업자의 역할은 정보제공 등 단순 중개행위로 한정하고 있으며, 자신이 중개하는 증권을 자기의 계산으로 취득하는 행위 및 투자중개업에 포함된 주선 · 대리 등의 법률행위를 금지한다.

④ **투자자와 증권발행인에 대한 자문금지:** 발행인에 대한 객관적인 정보를 제공해야 할 중개업자가 발행사에 대한 자문으로 금전적인 이익을 취한다면 자금모집에 영향을 주거나 투자자의 이익에 상충될 가능성이 존재하므로 이를 방지하기 위하여 온라인소액투자중개업자의 투자자 및 증권발행인에 대한 자문은 자본시장법에 따라 금지하고 있다.

⑤ **청약 전 투자내용 · 위험주지 및 확인의무:** 투자자로부터 청약을 받는 경우 온라인소액투자중개업자는 투자자가 청약의 내용 및 투자위험 등을 충분히 확인하였는지 여부를 확인한 후에 투자자의 청약의사표시를 관리하여야 한다.

이러한 확인의무는 금융투자업자가 일반투자자를 상대로 투자권유를 하는 경우 부담하는 설명의무(법§47)와 유사한 것으로, 온라인상에서만 청약이 이루어지는 크라우드펀딩의 특성을 반영하여 온라인상에서 전자서명 등의 방법으로 확인이 이루어지게 된다.

⑥ **발행인 요청 시 투자자 자격제한**: 온라인소액투자중개업자는 발행인의 요청이 있는 경우 투자자의 자격 등을 제한할 수 있다. 이는 발행인의 투자자 선택권을 존중(다수의 주주관리비용 등 고려)하는 내용으로서, 합리적이고 명확한 기준을 사전에 제시하여 투자자간 형평성을 침해하지 않도록 하여야 한다.

⑦ **투자자 의사확인 전 임의청약금지**: 온라인소액투자중개업자가 투자자로부터 청약의 의사를 받지 않고 무단으로 투자자의 재산으로 증권청약을 하는 행위는 자본시장법에 의하여 금지되어 있다. 이는 금융투자업자의 임의매매금지와 유사한 것으로, 온라인소액투자중개업자의 특성에 맞게 '청약'에 대해서도 적용한다.

⑧ **투자자 · 발행인 간 부당차별금지**: 특정 발행인을 부당하게 우대하거나, 투자자를 합리적 기준이나 이유 없이 차별하는 경우 건전할 거래질서를 해할 우려가 있으므로 발행인 또는 투자자를 부당하게 우대하거나 차별하는 행위는 자본시장법에 의하여 금지되어 있다.

⑨ **증권발행 및 투자한도관리**: 크라우드펀딩의 주요 투자대상이 신생 · 창업기업(seed, start-up)인 점을 감안, 투자자가 과도한 리스크에 노출되는 것을 방지하기 위하여 자본시장법에 의하여 발행금액과 투자금액 한도를 설정하고 있으며, 규제의 실효성 제고를 위하여 온라인소액투자중개업자에게 발행사의 연간 발행한도, 투자자의 투자한도를 관리할 의무를 부여하고 있다.

체계적인 한도관리의 필요성에 따라 온라인소액투자중개업자는 중앙기록관리기관에 관련정보를 제공하고 한도관리를 위한 업무를 위탁하도록 크라우드펀딩법에 따라 규정하고 있다.

다만 투자자가 청약의 의사를 먼저 표시하거나, 발행인의 요청이 있는 등의 대통령령으로 정하는 정당한 사유가 있는 경우(법§117의7⑤)는 예외로 하고 있다.

⑩ 청약 결과 투자자 통지의무: 온라인소액투자중개업자는 청약기간 만료 시 대상증권의 청약 및 발행에 관한 내역을 홈페이지나 전자우편 등을 통해 투자자에게 통지하여야 한다. 온라인소액투자중개의 청약기간은 일반적인 증권의 공모기간보다 길고, 조건성취형 방식(법§117의10③)으로 운영되는 특성이 있으므로 청약결과에 대한 투자자 통지를 의무화하고 있다.

투자자 통지를 통하여 (ⅰ) 투자자는 모집예정금액에 도달하여 증권이 발행되었는지에 대한 결과를 통지받을 수 있고, (ⅱ) 투자자에 대한 투자한도 등이 설정된 상황에서 자신의 청약기록을 확인함으로써 투자한도를 확인할 수 있으며, (ⅲ) 온라인소액투자중개업자에 의한 임의청약 등 위법행위를 방지할 수 있다.

⑪ 온라인소액투자중개업자의 청약증거금관리: 투자금 유용, 중개업자의 파산 등으로부터 투자자를 보호하기 위하여 온라인소액투자중개업자의 투자자 재산(금전, 증권 등) 보관 및 예탁은 금지되어 있으며, 중개업자는 투자자의 청약증거금이 은행 또는 증권금융회사에 예치 또는 신탁하여야 한다.

⑫ 온라인소액투자중개업자의 게재내용 사실확인의무: 투자자는 온라인소액투자중개업자의 홈페이지에서 사업계획, 재무상황 등 발행인에 관한 정보를 취득하게 되므로, 투자자 보호를 위하여 투자 중개에 앞서 발행인 및 그 증권에 관한 주요 정보의 사실 여부를 적극적으로 확인하여야 한다.

증권발행인 게재내용 사실확인 필요사항

① 재무상황에 관한 사항
② 사업계획에 관한 사항: 사업의 목적 및 내용, 향후 사업의 구체적 계획 및 추진일정 등
③ 대표자 및 경영진의 이력
④ 모집자금의 사용계획: 모집자금의 세부 사용목적, 사업계획에 기초한 자금사용목적, 목표금액 미달 시 부족분 조달 세부계획 등
⑤ 기타: 대주주 · 임원의 범죄이력 및 진행 중인 민 · 형사상 소송에 관한 사항, 수상내역 · 특허출원 등에 관한 사항, 언론매체 보도내용을 게재한 경우 진위에 관한 사항 등

⑬ 중앙기록관리기관에 대한 관련정보 제공의무: 온라인소액투자중개업자는 증권의 발행한도 및 투자한도관리 등의 업무를 위탁하도록 하고 있으며, 중개업자는 발행인의 모집의뢰나 투자자의 청약주문을 받은 경우 해당 의뢰와 주문에 대한 자료를 중앙기록관리기관에 제공하여야 한다.

중앙기록관리기관 정보제공의무 해당자료

① 모집의뢰 관련자료: 증권의 모집가액, 청약기간, 납입기일 등
② 청약주문 관련자료: 청약금액, 청약수량, 청약일 등
③ 발행인 관련자료: 발행인명, 사업자등록번호, 업종업력 등
④ 투자자 관련자료: 투자자명, 주민등록번호, 전문투자자 등 해당 여부 등
⑤ 증권청약기간 종료 시 증권청약 · 발행 관련자료
⑥ 홈페이지에서 공개된 투자자 · 발행인의 의견
⑦ 발행인이 온라인소액투자중개업자의 홈페이지에 게재한 사항
⑧ 기타 부수되는 자료나 변경사항에 대한 자료

2.4 한국 크라우드펀딩법 이해: 증권발행인(식품 Startup)

증권발행인(식품Startup)

크라우드펀딩을 통하여 증권을 발행할 수 있는 자는 원칙적으로 비상장 중소기업으로서 창업 후 7년 이내이거나 프로젝트성 사업을 수행하는 기업에 해당하며, 비상장 중소기업 중 벤처기업 또는 이노비즈기업은 업력이 7년을 초과하여도 크라우드펀딩을 통한 증권발행이 가능하다.

코스피, 코스닥, 코넥스에 상장된 회사는 동 시장을 통하여 자금을 조달하거나 소액공모를 통하여 자금을 조달할 수 있는 통로가 이미 마련되어 있으므로, 크라우드펀딩의 발행인은 비상장 중소기업으로 범위를 제한한다. 협동조합이나 영농조합법인 등도 발행지분으로 온라인 소액투자중개가 가능하나 개인사업자가 운영하는 음식점은 대상이 아니다.

신생 · 창업기업 지원의 취지를 감안, 금융 · 보험업, 부동산업, 무도장운영업, 갬블링 · 베팅업 등 특정 업종을 영위하는 경우는 제외하며, 공익목적의 부동산업은 가능하다.

프로젝트성 사업은 기존 사업과 프로젝트 사업의 회계가 독립적으로 운영되어야 한다.

발행증권의 범위

크라우드펀딩으로 발행할 수 있는 증권의 범위를 지분증권, 채무증권, 투자계약증권으로 한정하여 명시하고 있다.

채무증권은 국채, 지방채, 특수채, 사채, 기업어음 등과 같이 지급청구권이 표시된 것을 의미한다.

지분증권은 주권, 신주인수권 등과 같이 '출자지분' 또는 '출자지분을 취득할 권리' 가 표시된 것을 의미한다.

투자계약증권은 타인이 수행한 사업의 결과에 따른 손익을 귀속받는 계약상의 권리가 표시된 것을 의미하며, 수익증권, 파생결합증권, 증권예탁증권 등은 제외된다.

증권발행인의 의무

증권발행인은 투자자의 판단을 위한 정보를 중개업자의 홈페이지에 기재하여야 하며, 증권발행 종료 후에도 투자자에게 기업정보를 제공하여야 한다.

발행인은 증권신고서나 소액공모공시서류 제출의무가 면제되는 대신, 투자자들의 투자판단을 위한 증권발행조건, 재무서류, 사업계획서 등을 중개업자의 홈페이지에 게재하도록 하고 있다.

발행인은 중개업자의 홈페이지에 게재된 투자정보가 항상 최신성을 유지하도록 하여야 하며, 게재정보 중 투자자의 투자판단에 영향을 미칠 수 있는 중요한 정보가 게재 이후 변경된 경우에는 게재정보를 즉시 정정하여야 한다.

최신성을 유지하여야 하는 게재정보

① 다음 내용이 변경된 경우
- 모집가액 발행이율 등 발행조건
- 배정기준일 · 청약기간 또는 납입기일
- 자금의 사용목적

② 다음 사실이 발생한 경우
- 최근 사업연도의 재무제표가 확정된 때
- 발행인의 사업목적이 변경된 때
- 영업의 양도 · 양수 또는 합병계약이 체결된 때
- 발행인의 경영이나 재산 등에 중대한 영향을 미치는 소송의 당사자가 된 때
- 발행한 어음이나 수표가 부도로 되거나 은행과의 당좌거래가 정지되거나 금지된 때
- 영업활동의 전부나 중요한 일부가 정지된 때
- 채무자 회생 및 파산에 관한 법률에 따른 회생절차개시의 신청이 있은 때
- 자본시장법, 상법, 그 밖의 법률에 따른 해산사유가 발생한 때

③ 그밖에 금융위원회가 정하여 고시하는 경우

2.5 한국 크라우드펀딩법 이해: 투자자(온라인소액투자자)

투자자(온라인소액투자자)

투자자에는 일반투자자, 소득요건구비투자자(금융소득종합과세 대상자 & 사업소득+근로소득이 1억원 이상인 자 外), 전문투자자(창투조합, KVF, 신기술조합, 개인투자조합 전문엔젤, 적격엔젤(투자실적 충족限) 外)가 있다.

자본시장법에서는 창업 · 중소기업의 원활한 자금조달 측면에서 증권신고서 제출 및 기업실사 · 회계실사 의무를 면제하고 있다. 이에 따라 일반투자자를 보호할 수 있는 추가적인 장치로서 발행인의 발행한도(7억원), 투자자의 투자한도, 투자자 간 전매제한 및 대주주의 지분매각제한 등 대안적인 보호조항을 마련하고 있다.

자본시장법에서는 투자자들이 과도한 금액을 투자하고 상당한 손실을 입는 경우를 사전에 방지하기 위하여 발행인별 · 연간 투자한도를 정하고 있으며, 투자한도는 투자자의 전문성, 위험감수능력 등에 따라 차등화하여 적용하고 있다.

발행인은 청약기간 중에도 온라인소액투자중개업자 홈페이지에 추가적인 정보를 제공할 수 있으며, 온라인소액증권투자 시 투자자가 증권의 청약기간 말일까지 청약의 의사를 철회할 수 있는 권리를 법적으로 보장하여 투자자를 보호하고 있다.

창업기업에 대한 장기투자 장려와 투자자 보호 측면을 고려하여 온라인소액투자중개를 통해 발행된 증권은 의무적으로 예탁결제원에 예탁하거나 보호예수하여야 하고, 1년간 매도나 인출을 금지하고 있다.

일반투자자와 달리 전문성을 갖추고 위험감수능력이 있는 전문투자자나 발행인 등 관련정보를 충분히 취득한 자 등에게는 1년 이내라도 예외적으로 매도를 허용함으로써 벤처캐피탈 등에 대한 매각(M&A) 등을 통한 자금회수 창구를 마련해두고 있다.

CHAPTER 3

식품 · 외식 크라우드펀딩 이해하기

3.1 투자는 얼마만큼 할 수 있나요?

창업단계의 비상장 중소기업(seed, start-up) 등이 발행한 증권에 대한 투자는 초기 투자의 이점(기업가치가 상대적으로 낮은 시점에서 투자)이 존재하는 반면, 사업성공 여부의 불확실성이 크고 증권의 유동성이 낮으므로 투자자금을 회수할 때까지 상당한 기간이 소요될 수 있다.

이에 따라 크라우드펀딩법에서는 투자자들이 과도한 금액을 투자하고 상당한 손실을 입는 경우를 사전에 방지하기 위하여 발행인별 · 연간 투자한도를 정하고 있으며, 투자한도는 투자자 전문성, 위험감수능력 등에 따라 차등화하여 적용하고 있다.

투자자별 투자한도

투자자 구분	동일발행인 투자한도	연간 총투자한도
일반투자자	200만원	500만원
소득요건 구비 투자자 • 금융소득종합과세 대상자 • 사업소득+근로소득이 1억원 이상인 자 外	1,000만원	2,000만원
전문투자자 등 • 창투조합, KVF, 신기술조합, 개인투자조합, 전문엔젤, 적격엔젤(투자실적 충족限) 外	없음	없음

* 【美 JOBS법】 JOBS법에서는 동일한 발행사에 대한 투자한도를 설정
  ① 연소득 10만달러 미만의 개인: 2천달러 또는 소득의 5% 중 큰 금액
  ② 연소득 10만달러 이상의 개인: 1만달러 또는 소득의 10% 중 작은 금액
  (단, 최대 10만달러를 초과하지 않음)

3.2 투자받을 수 있는 최대 한도를 알려주세요

크라우드펀딩에 대하여는 신생기업의 자금조달을 지원하기 위하여 예외적으로 발행공시 등 관련 규제를 대폭 완화하고 있기 때문에 일반투자자의 손실을 양적으로 제한하기 위하여 발행인의 발행한도 및 투자자의 투자한도를 별도로 규정하고 있다. 이에 따라 발행인이 크라우드펀딩을 통해 모집할 수 있는 금액은 연간 7억원으로 제한하고 있다.

연간한도 산정 시 과거 1년간 증권신고서를 제출하고 모집한 금액, 소액공모 금액 및 크라우드펀딩 금액을 모두 합산하여 산정하며, 투자한도를 적용받지 않는 전문투자자 등이 1년간 전매제한 조치를 취하는 가액은 크라우드펀딩 모집가액 산정에서 제외한다.

크라우드펀딩 연간 발행한도 산정 CASE

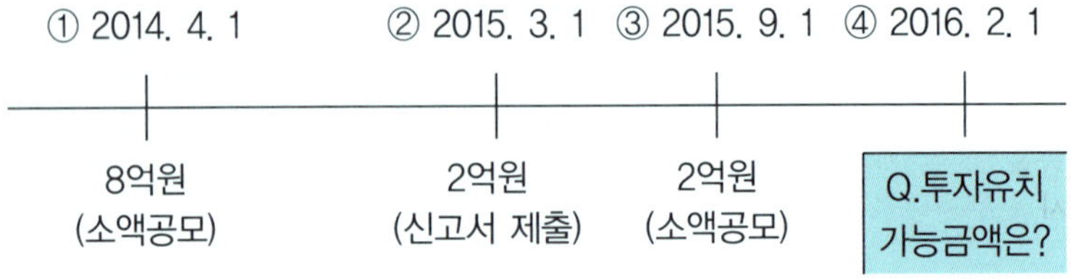

□ 2016년 2월 1일 발행인이 크라우드펀딩으로 조달할 수 있는 모집금액의 한도는 3억원

- 연간 발행한도 7억원에서 과거 1년간 증권신고서 제출 모집금액(2015년 3월 1일 2억원)과 소액공모금액(2015년 9월 1일 2억원)을 공제

※ 2015년 3월 1일 모집금액은 2억원이지만, 모집일로부터 과거 1년간 신고서를 제출하지 아니한 모집금액의 합계액이 10억원 이상(8억원+2억원)이므로 신고서 제출대상

3.3 영농(어)조합 및 협동조합도 투자받을 수 있나요?

농림수산식품부에서는 농림수산식품산업에 대한 투자를 촉진하여 농림수산식품산업의 규모를 키우고 경쟁력을 키우기 위해 정부가 조성한 투자펀드시스템이다. 농어업경영체, 식품사업자 같은 농림수산식품경영체에 대한 투자를 목적으로 설립된 농림수산식품투자조합 또는 사모투자전문회사에 출자하는 방식의 Fund of Funds이다.

민간과 농림수산식품모태펀드로부터 농림수산식품투자조합이 출자를 받고 이 자금을 농 · 어업, 영농, 식품산업 등에 투자를 하는 방식으로 운용되고 있다. 그러나 자펀드를 운영하는 벤처캐피탈(VC)은 투자수익을 거두기 위해서 지분투자 및 프로젝트 파이낸싱에 투자하고 있어 식품 및 농어촌기업의 70%에 해당하는 영농 · 영어조합법인과 협동조합 등도 크라우드펀딩투자의 대상이다.

크라우드펀딩에 참여하는 일반소비자들이 영농조합법인이나 협동조합에 투자할 수 있는 방법은 지분증권투자, 채무증권과 계약투자증권이다. 협동조합이나 영농조합에 대한 지분증권 투자는 통상적으로 일정금액을 투자하고 출자자 회원이 되는 방식이다. 채무증권 중에서 전화사채방식의 투자는 투자행위가 종료되는 시점에 전문투자자들과 VC들은 투자원금을 돌려받고, 일반투자자들은 투자원금을 돌려받거나 협동조합이나 영농조합에 회원으로 가입하여 배당을 받으면 된다.

투자계약증권 투자설명

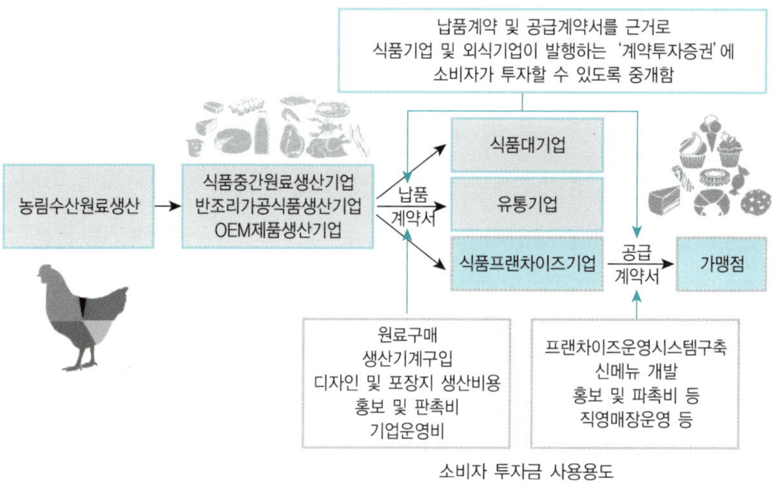

자료: www.kfoodfund.com

투자계약증권은 영농조합이나 협동조합이 유통회사에 납품할 경우 체결되는 납품계약서 또는 식품프랜차이즈기업이 가맹점과 맺는 공급

투자계약증권의 판단기준

□ (개념) ① 특정 투자자가 그 투자자와 타인(다른 투자자 포함) 간의 공동사업에 금전 등을 투자하고, ② 주로 타인이 수행한 공동사업의 결과에 따른, ③ 손익을 귀속받는 계약상의 권리가 표시된 것으로서

- 미국 증권법상 '투자계약'을 정의하기 위해 미국 판례상 형성된 'Howey 기준'을 원용한 것

□ (판단기준) 투자계약증권은 자본시장법상 구체적으로 열거되지 않은 투자대상을 포괄하기 위한 개념이므로,다른 5가지 종류의 증권에 포함되지 않는 비정형적인 유형의 경우에 한해 다음의 기준을 참고하여 개별 · 구체적으로 판단

① 투자자의 '이익획득 목적'이 있을 것, ② '계약상의 권리'일 것, ③ 원본까지만 손실발생가능성이 있을 것('투자성'), ④ '금전 등의 투자'가 있을 것, ⑤ 주로 타인이 수행하는 '공동사업'에 투자하였을 것

계약서를 근거로 소비자의 투자를 중개할 수 있다.

온라인소액투자중개업자는 투자자로부터 일체의 금전 · 증권, 그 밖의 재산의 보관 · 예탁을 할 수 없으며, 투자자의 청약증거금이 대통령령으로 정하는 은행 또는 증권금융회사에 예치 또는 신탁하여야 한다.

온라인소액투자중개업자가 중개할 수 있는 지분증권, 채무증권은 중앙관리기관인 한국예탁결제원과 한국예탁결제원에서 지정한 한국증권금융 또는 온라인소액투자중개업자와 협업한 시중은행에 예탁하면 된다.

3.4 모집총액에 미달하면 어떻게 처리되나요?

한국 크라우드펀딩법은 집단지성을 이용한다는 취지에 맞게 '조건성취형'으로 이루어지므로 증권의 모집 결과 청약금액이 모집예정금액의 80%에 미달하는 경우에는 발행 전체를 취소하고 참가자들의 청약대금을 환급하도록 하고 있다.

① **조건성취형 방식:** 청약금액이 모집예정금액의 일정 비율을 곱한 금액에 미달할 경우 증권발행을 취소하고 청약금은 다시 투자자에게 반환하는 방식

② **【美 JOBS법】 목표도달형(All or Nothing):** 목표금액(100%) 미달 시 취소

목표금액(모집예정금액의 80%)에 미달하는 것은 (i) 시장의 투자자들이 해당 기업의 사업전망 등을 신뢰하지 않는 것으로 간주하며, (ii) 목표금액 도달을 조건으로 함으로써 발행인이 보다 신중한 정보제공과 적극적인 자금모집을 실시하도록 유도하고, (iii) 발행인은 대부분 창업기업으로, 목표자금 미달 시 당초 목표로 삼았던 사업수행이 곤란하다는 점을 고려한 것이다.

① 발행인은 목표금액 이상을 조달하였으나 모집예정금액에는 미달한 경우(예: 80~100% 사이)에 대비하여, 그 부족분을 조달하기 위한 세부계획도 마련하여 게재하여야 함

[참고] 청약금액이 모집예정금액을 초과한 경우의 문제

□ 모집 결과 청약금액이 모집예정금액을 초과한 경우에 발행인이 해당 발행절차 내에서 자금을 추가로 조달하기 위한 방법 및 절차

가. 조달자금을 증액하는 경우 총모집가액, 모집자금의 사용목적 등(중개업자의 홈페이지 게재사항)도 변경되므로, 중개업자의 홈페이지에 정정게재하여야 함

나. 조달자금의 증액으로 회계감사의 단계가 변경되는 경우(예: 모집예정금액은 3억원이었으나 1억원을 추가로 조달)에는 증액된 금액에 상응하는 회계감사의 기준도 충족(공인회계사의 확인 및 의견표시를 추가로 받아야 함)하여야 함

다. 변경된 게재사항(특히, 모집자금의 사용목적)에 대해서 중개업자의 사실확인 과정을 추가로 거쳐야 함

라. 게재정보의 정정이 청약기간 만료일부터 7일 이내에 이루어지는 경우에는 청약기간의 말일이 정정게재일로부터 7일 뒤로 연기되어 자금조달 일정이 변경됨

3.5 식품 · 외식기업 지분투자금 회수가 가능한가?

한국크라우드펀딩법에 따르면 크라우드펀딩을 통해 조달할 수 있는 금액은 한 기업당 1년간 7억원으로 한정된다. 개인투자자는 한 회사에 최대 200만원, 연간 500만원의 한도로 투자가 제한된다. 금융소득 종합과세 대상자는 연간 한도가 2,000만원으로 더 넓다. 벤처캐피탈을 비롯한 전문투자자는 예외다. 스스로 투자위험을 감당할 수 있다고 보고 투자한도를 두지 않았다.

크라우드펀딩 업계에서는 "초기 기업들에는 분명 수혜가 있지만 기

술을 개발하고 추가투자를 진행하기에는 금액이 부족하다"며 "좀 더 큰 물에서 놀 수 있도록 규제를 풀어줘야 한다"고 말하고 있다.

초기 기업의 창업자가 감당하기엔 부담이 클 것이라는 의견도 있다. 소액주주가 많아지다보니 경영 사안에 대한 투명성 요구도 함께 커진다는 우려다.

미국에서 지분투자 크라우딩펀드 참여를 고려하다 철회했다는 한 스타트업 대표는 "주주총회가 열렸을 때 어떻게 배당할 것인가, 공시는 어떻게 진행할 것인가, 주주의 경영참여가 어디까지 열릴까 등 논의되어야 할 사항이 산재해 있다"며 "당장 초기 단계 기업을 키워야 하는 경영자 입장에서 큰 부담을 안을 수밖에 없다"고 말하고 있다.

회수(exit) 과정에서 어려움을 겪을 것이란 우려도 제기되고 있다. 코넥스와 코스닥에 상장을 통한 회수가 쉽지 않을 것이란 분석이다. 소액주주 등 이해관계자가 많다 보니 지분정리 과정에서 경영권과 같은 내부 분쟁을 겪을 가능성이 크다는 지적이다. 이에 대해 크라우드펀딩 중개업체는 "기존 VC나 엔젤투자자들 중심으로 우려가 나오고 있지만 구주를 미리 매수하는 등 방법을 고안하고 있다"고 말하고 있다.

사업계획의 이행담보 및 투자자들의 신뢰보장을 담보하기 위하여 크라우드펀딩 증권의 발행인 및 그 대주주는 증권발행 후 1년간 기존 보유지분의 매도가 금지되었다.

① 전문투자자 등에 대한 양도를 허용하는 투자자의 전매제한의 경우와 달리 발행인 및 대주주의 매도 제한은 예외 불인정(1년간 매도 불가)

② 동 제도와 유사한 제도로 유가증권 · 코스닥시장의 경우 주식시장 상장 이후 일정기간 동안 대주주 주식 매도를 금지하기 위한 '의무보호예수' 제도가 존재

증권보호방안

구분	유가증권시장	코스닥시장
대상	최대주주 등	최대주주 등
기간	6개월	1년
관련 규정	유가증권시장 상장규정 제27조	코스닥시장 상장규정 제21조

3.6 홍보문제 해결방안은?

온라인소액투자 광고와 관련하여 피싱(phishing)과 같은 신종 금융사기 및 무분별한 광고행위 등을 방지하기 위하여 투자광고는 중개업자의 홈페이지에서만 허용하고 있다. 다만, 인터넷 매체의 특성을 반영하고 인터넷이 유일한 청약의 권유 수단인 점을 감안하여 기타 광고수단(포털사이트, SNS 등)에서 투자광고 홈페이지 주소를 안내하거나 단순링크(접속장치)를 제공하는 것은 허용하고 있으나, 포털사이트나 SNS 등에 직접 모집관련 내용 게시 및 청약 권유는 금지된다.

투자광고는 온라인소액투자중개업자 및 발행인만이 가능하여 제3자에 의한 투자광고는 금지되며, 온라인소액투자중개업자와 발행인은 자본시장법상 투자중개업자에게 적용되는 '광고규제 및 표시 · 광고의 공정화에 관한 법률' 을 준수하여야 한다.

중개업자의 명칭과 투자상품의 내용 포함, 투자에 따른 위험의 고지, 근거없는 비교광고나 손실보전과 이익보전 약속이 금지되며, 거짓 · 과장, 기만, 부당한 비교, 비방 등 부당광고에 따른 소비자피해 발생 시 손해배상책임 의무가 부과된다.

한국 크라우드펀딩법에 있어서는 창업기업 등의 원활한 자금조달 지

법에서 허용한 온라인소액투자중개업자의 증권청약 권유방법

① 자신이 개설한 홈페이지를 통해서만 투자광고 가능
- 투자광고도 금융투자상품의 거래를 유인할 목적이 있으므로, 등록된 중개업자의 홈페이지로 광고처를 한정하고, 포털사이트, SNS 등에서 투자광고 홈페이지 주소 안내 및 단순링크(접속장치) 제공은 허용하나 광고 주체는 온라인소액투자중개업자 또는 발행인만 가능하다.

② 자신의 홈페이지에 발행인이 공시하는 내용을 게시
- 중개업자의 자의적이고 주관적인 판단을 배제시키고, 발행인이 공시하는 내용을 바탕으로 청약의 권유가 가능하다.

③ 증권 또는 발행인에 대한 의견이 자신의 홈페이지에서 교환될 수 있도록 관리
- 온라인소액투자중개업자의 홈페이지가 발행인과 투자자간 정보교류의 장이 될 수 있도록 유도하고 있으며, 투자자가 게시한 의견은 임의로 삭제 · 수정이 불가능하다.

④ 사모의 방식으로 증권의 청약을 권유하는 경우 발행인이 공시하는 내용을 특정 투자자에게 전송
- '사모의 중개'를 할 경우에는 소수의 관심 있는 투자자에게만 공시사항을 전송하는 방법으로 자금모집 중개가 가능하다.

원을 위하여 증권신고서 제출을 면제하되, 투자자 보호 측면에서 무분별한 청약의 권유 등을 방지하기 위하여 청약의 권유방법을 법에서 열거한 방법으로 한정하여 허용하고 있다.

청약의 권유금지 방법은 투자자의 관심을 야기할 수 있는 모든 행동을 포함하여 신문 · 방송 · 잡지 등을 통한 광고, 안내문 · 홍보전단 등 인쇄물의 배포, 투자설명회의 개최, 전자통신의 방법 등이다.

온라인을 통해 투자자를 모집하여야 하는 온라인소액투자중개업자나 증권발행인은 새로운 개념의 홍보전략이 필요하다. 케이푸드펀드(www.kfoodfund.com)는 소비자가 투자자이며 투자자가 소비자인 특

성을 고려하여 사회적자본 공동브랜드 'OneFuCo' 제도를 운영하고 있다.

Social capital Brand 'OneFuCo'

자료: www.kfoodfund.com

'OneFuCo' 는 투자자인 소비자가 자발적으로 투자수익을 위해 주변에 홍보해주고, 'OneFuCo' 는 식품기업과 유통기업이 소비자와 교류할 수 있는 홍보수단이다. 소비자는 유통매장이나 음식점입구에 부착되어 있는 'OneFuCo' 를 보고 친구나 가족 등 지인이 투자한 제품이라면 동질감을 느끼게 된다. 보상형도 상품생산에 필요한 비용을 미리 지불하고 상품으로 돌려 받음으로써 새로운 홍보수단으로 활용이 가능하다.

PART 2
식품·외식산업 생태계 이해하기

크 라 우 드 펀 딩 성 공 하 기

CHAPTER 4

식품소비 트렌드 바로 알기

4.1 한국 식품소비자 유형별 식품소비형태

한국 국민의 특성을 고려하여 식품소비에 관한 라이프스타일 유형화를 통한 체계적 접근은 한국식품소비자의 특성을 추적하는 데 유용한 방식이다. 때문에 한국농식품유통공사에서는 2011년 당시 '2011 가공식품 소비자태도조사' 보고서의 결과를 바탕으로 '저가 & 프로모션 추구형', '브랜드 추구형', '브랜드 뉴 추구형(혁신형)', '가정식 추구형', '몸에 좋은 원료추구형' 의 다섯 가지로 한국 식품소비자를 유형화하였다.

4.1.1 저가 & 프로모션 추구형

저가 & 프로모션 추구형(Cheap and Promotion Seeker) 소비자는 저

렴한 제품을 구입하기 위해 거리가 먼 매장을 찾아 가며, 가격비교정보 사이트를 이용하는 등 저렴한 제품을 구입하기 위해 노력을 기울인다. 평소 구입하는 제품의 가격을 기억하며, 가장 저렴한 제품을 구입하나, 구입계획에 없던 제품도 가격할인, 끼워주기 등의 행사를 하면 구입하며, 프로모션에 민감한 특징을 가진다.

저가 & 프로모션 추구(Cheap & Promotion Seeker)

(단위: 긍정류 %)

항목	2012년	2013년	2014년
이왕이면 가장 저렴한 제품을 구입한다.	39.6	34.2	34.3
가격비교정보 관련 사이트를 자주 이용한다.	25.4	25.9	20.4
식품을 싸게 팔면 멀어도 가서 자주 구매한다.	30.6	26.8	23.1
구매의사가 없어도 할인 이벤트행사에 참여한다.	40.9	38.2	36.8
자주 사는 제품의 가격을 기억한다.	49.6	45.7	46.4

저가 & 프로모션 추구 요인에서 '이왕이면 가장 저렴한 제품을 구입한다' 라는 의견에 대해서는 2014년과 비슷한 수준인 34.3%가 응답하여, 저렴한 제품에 대한 호도보다는 안전성, 맛 등 기타요인에 의한 구매가 이루어지는 것으로 보였다.

'가격비교정보사이트를 자주 이용한다' 라는 항목은 5.5%p 감소하여, 인터넷을 통한 식품구매는 소폭 감소하였다. '식품을 싸게 팔면 멀어도 가서 자주 구매한다' 라는 항목은 3.7% 감소하여 제품을 저렴하게 구입하기 위한 적극적인 소비행태는 감소하는 추세이다.

'구매의사가 없어도 할인 이벤트행사에 참여한다' 는 항목은 1.4%p 감소하여 판촉행사에 의한 충동구매는 소폭 감소하였으며, 자주 구입하는 제품의 가격을 기억한다는 항목에 대해서는 긍정적 응답이 소폭 증가한다.

4.1.2 브랜드 뉴 추구형

브랜드 뉴 추구형(Brand new Seeker)은 먹어 보지 않은 새로운 음식을 시도해 보는 것을 좋아하며, 제조 국가에 선입견을 갖지 않고 수입산 가공식품도 거리낌 없이 구입한다. 또한, 새로운 식품이 나오면 먼저 구입해서 시도하며, 음식 취식에 돈을 아끼지 않는 특징을 보인다.

새로운 식품을 찾아서 먹고, 수입가공식품을 거리낌 없이 구입하며, 식품구입을 위해서는 돈을 아끼지 않고 투자하는 'Brand new' 추구항목 중 '먹어보지 않은 음식을 시도해본다' 는 항목은 29.4%가 긍정응답으로 소폭 감소하는 추세이며, '수입산 가공식품을 구입하는 데 거부감이 없다' 는 의견은 34.3%가 긍정응답으로 2013년 대비 4.7%p 증가하였으며, 이는 수입가공식품의 구매경험 증가로 나타났다.

브랜드 뉴 추구(Brand new Seeker)

(단위: 긍정류 %)

항목	2012년	2013년	2014년
먹어보지 않은 음식을 시도해본다.	33.2	33.1	29.4
수입산 가공식품을 구입하는데 거부감이 없다.	32.0	29.6	34.3
새로운 식품이 나오면 먼저 구입해 보는 편이다.	30.3	25.7	23.0
새로운 음식을 먹는 데에는 돈을 아끼지 않는다.	49.9	46.6	46.2

'새로운 식품이 나오면 먼저 구입해보는 편이다' 는 항목은 전년에 비해 2.7%p 소폭 감소하여 지속적인 감소추세이며, '새로운 음식을 먹는 데에는 돈을 아끼지 않는다' 는 항목은 46.2%로 전년도와 비슷한 추세이다.

4.1.3 브랜드 추구형

브랜드 추구형(Brand Seeker)은 모르는 브랜드보다는 잘 알려진 브랜드나 많은 사람들이 선택하는 제품을 구입하며 식품을 고를 때 선호하는 특정 제조사나 브랜드가 있는 특징을 가지고 있다. 가공식품의 경우 광고를 집행하는 브랜드나 제조사의 제품을 더 믿고 구입하는 특징이 있다.

'알려진 상표, 사람들이 많이 사는 상표를 구입한다' 는 항목은 54.3%로 높은 편이나, 대중적인 브랜드에 의존하는 구매성향은 점차 감소하는 추세이며, '가공식품을 고를 때 선호하는 제조회사나 상표가 있다' 는 의견은 전년 대비 4.4%p 증가하였으며, '가공식품의 경우 광고를 하는 상표는 믿고 구입할 수 있다' 는 항목은 3.9%p 증가, '브랜드가 믿을만하면 가격이 다소 비싸더라도 구매한다' 는 항목은 1.3%p 증가하였다.

브랜드 추구(Brand Seeker)

(단위: 긍정류 %)

항목	2012년	2013년	2014년
알려진 상표, 사람들이 많이 사는 상표를 선호한다.	61.8	55.6	54.3
가공식품을 고를 때 선호하는 회사가 있다.	55.8	41.7	46.1
가공식품의 경우 광고를 하는 상표는 믿고 구입한다.	44.7	35.9	39.8
브랜드가 믿을만하면 가격이 비싸더라도 구매한다.	–	41.4	42.7

4.1.4 가정식 추구형

가정식 추구형(Home-cooked Meal Seeker)은 외식보다는 가정에서 직접 만들어 먹는 것을 선호하며, 가공식품을 가급적 구입 · 취식하지 않으려고 노력한다. 또한 다른 대용식이나 간편식보다는 밥을 먹는 것을 선호하며, 한 끼의 식사는 맛보다는 영양관리의 의미로 생각하는 특징을 가진다.

가정식 추구요인에 대해서 '음식을 사먹는 것보다 직접 만들어 먹는 것을 좋아한다' 에 대한 긍정적 응답률은 75.5%로 전년과 비슷하며, '밥을 먹어야 제대로 식사를 한 느낌이 든다' 는 의견은 66.0%로 소폭 감소하였다.

'음식 맛보다는 건강/영양관리가 중요하다' 는 항목은 2013년도 대비 1.2%p 소폭 감소하였으며, '가공식품은 되도록 먹지 않으려 노력한다' 는 항목은 13.1%p 대폭 감소하였다.

가정식 추구(Home-cooked meal Seeker)

(단위: 긍정류 %)

항목	2012년	2013년	2014년
음식을 사먹는 것보다 만들어 먹는 것을 좋아한다.	68.2	75.5	75.5
밥을 먹어야 제대로 식사한 느낌이 든다.	71.0	66.7	66.0
음식 맛보다는 건강/영양관리가 중요하다.	56.7	42.4	41.2
가공식품은 되도록 먹지 않으려 노력한다.	53.8	55.6	42.5

4.1.5 몸에 좋은 원료추구형

몸에 좋은 원료추구형(Healthy Material Seeker)은 제품의 원료가 좋다면 가격이 비싸도 구입을 주저하지 않는 특징을 가지고 있으며, 특히 비싸도 유기농/친환경 식품을 구입하며, 가공식품도 국내산 재료를 이용해 만들었다면 비싸도 구입하는 특징을 가진다. 또한 육류보다는 채소류를 선호하는 특징도 가지고 있다.

'비싸더라도 유기농/친환경식품을 구입한다'에 대한 응답률은 2013년 대비 2.4%p 감소하였으며, '육류보다는 채소를 더 좋아한다'는 항목은 40.2%로 전년 대비 2.2%p 감소하였고, '국산원료를 사용해 만든 가공식품이면 가격이 비싸도 구입하는 편이다'는 항목은 39.1%로 전년 대비 5.7%p 감소하였다.

몸에 좋은 원료추구(Healthy Material Seeker)

(단위: 긍정류 %)

항목	2012년	2013년	2014년
비싸더라도 유기농/친환경식품을 구입한다.	39.8	33.9	31.5
육류보다는 채소를 더 좋아한다.	45.7	42.4	40.2
국산원료를 사용했다면 비싼 가격을 지불한다.	47.5	44.8	39.1

4.2 1인가구의 증가

'1인가구'란 혼자서 살림을 하는 가구를 말하며, 여기서 말하는 가구란 한 사람 또는 두 사람 이상이 모여서 취사 · 취침 등 생계를 같이 하는 생활단위를 말한다. 1인가구가 증가하게 된 원인은 탈가족화 현상 심화를 꼽을 수 있다. 그리고 개인주의 확산, 2~30대 여성층 정체성 강화로 인해 결혼연령의 늦어짐, 노년층 평균수명연장으로 혼자된 독거노인 증가, 중 · 장년층 이혼율의 증가가 주요 요인이다.

1인가구 증가 추이는 10년 사이 약 2배가량 증가했으며, 향후 1인가구의 비중은 4인가구 비중 대비 3.5배 가량 더 증가할 것으로 전망하며, 선진국의 1인가구 비중과 비슷한 추세이다.

1인가구의 외식비 비중은 감소하는 반면, 가정간편조리식(HMR) 구

1인가구?

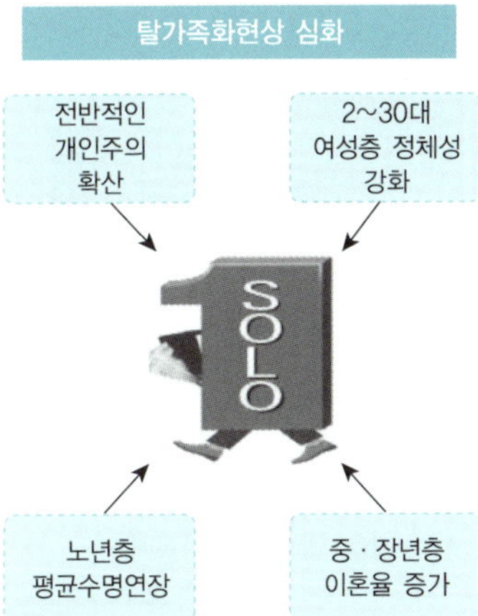

1인가구 증가추이

- 1인가구수는 2000년 222만 4,000가구 → 2010년 414만 2,000가구로, 10년 사이 거의 2배가량 증가함
- 2015년에는 500만 가구를 넘었음

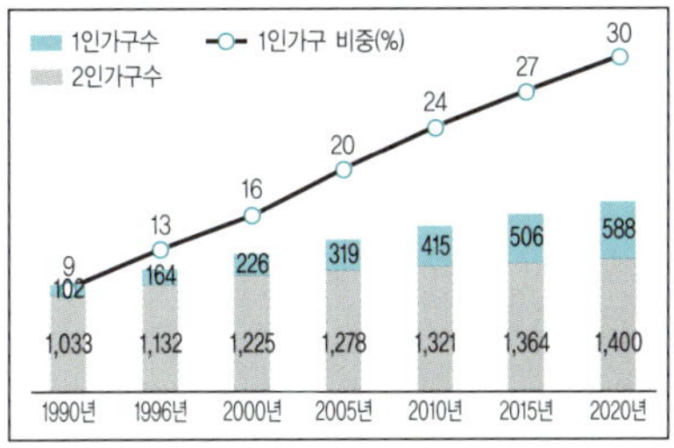

자료출처: 삼성경제연구소

- 2035년에는 1인가구의 비중이 4인가구 비중에 비해 약 3.5배 정도 차이가 날 것으로 전망됨
- 현재 우리나라는 주요 선진국의 1인가구 비중과 유사한 수준으로 그 비율이 점차 늘어나는 추세임

매비중은 증가하는 추세이며 한국의 HMR 시장규모는 연 35% 성장하는 추세이다. 오늘날 1인가구는 나날이 증가하고 있으며, 이는 일종의 사회문제 내지는 현상인 동시에 가공식품 기업 입장에서는 새로운 시장과 마케팅 기회의 출현이라고 할 수 있다.

또한 1인가구의 증가와 더불어 경기침체로 인한 소득감소는 유통채널의 판도가 변화를 주도하는 계기가 되었는데 저렴한 가격으로 한끼 식사를 해결할 수 있는 편의점의 매출규모가 크게 증가하였으며, 기타 유통채널에서도 HMR 시장규모가 폭발적으로 성장하고 있다.

간편조리식 시장은 나이가 어릴수록, 가구소득이 많을수록, 청소년 자녀가 있을수록, 가공식품 구입빈도가 높고 가공식품 구입액이 많을수록 간편식을 구입할 확률이 늘어나기는 하나, 1인가구 여부는 유의한 변수가 아닌 것으로 분석되었다.

또한 구체적으로는, 다른 변수가 같다면 1인가구원이라는 조건은 다른 복수의 가구원이라는 조건보다 냉동간편식을 섭취할 확률이 62.4%

1인가구 및 HMR시장 성장

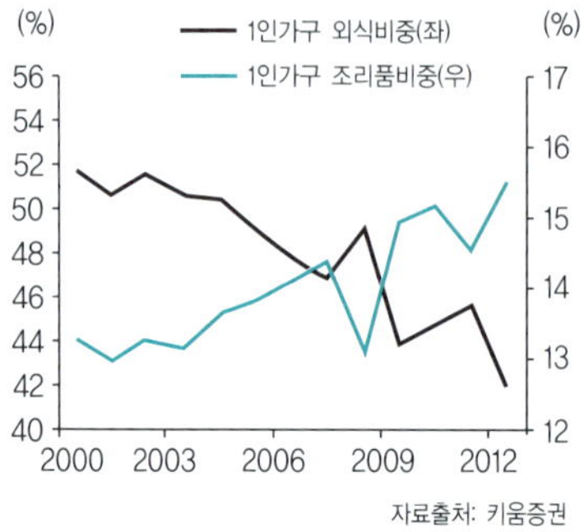

1인가구의 외식비 비중 감소,
HMR비중 증가추세

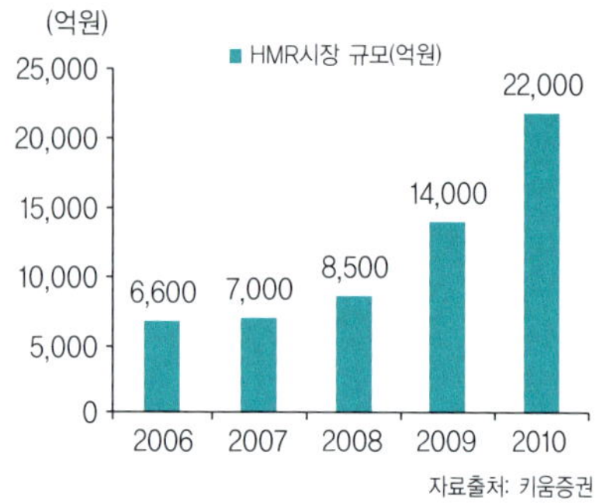

한국 HMR시장 규모는
2조원 이상, 연 35% 성장 중

나 높아지는 것으로 계산되고 있고 이밖에도 냉동간편식의 경우, 가구 소득이 높고 교육수준이 낮으며 기혼자이고 청소년 자녀가 있을수록 더 구입하는 경향이 있는 것으로 분석되었다.

기혼자보다는 미혼자가 간편식 구입빈도가 높은 것으로 보아 식사를 제대로 먹기가 여의치 않은 소비자들일수록 간편식 구입빈도가 높은 것을 알 수 있으며, 다만 두루 꼼꼼한 유형의 소비자는 다른 유형의 소비자들에 비하여 간편식 구입빈도가 높지 않은 점으로 미루어보아, 간편식 구입빈도를 결정하는 데는 소비자의 유형도 중요한 변수가 되는 것으로 판단된다.

1인가구원에서 간편식 구입빈도가 늘어났으며 앞선 결과와 함께 생각해볼 때, 1인가구원이라는 사실이 간편식 섭취 자체를 결정하는 요인은 아니나, 일단 간편식을 섭취한다고 전제할 경우 빈도를 증가시키는 요인이 되는 것을 알 수 있다.

4.3 PB 가공식품에 대한 소비자 인식변화

PB는 'Private Brand'의 약자로, 유통업체에서 직접 만든 자체 브랜드상품을 뜻하며, 자사상표, 유통업자 브랜드, 유통업자주도형 상표라고도 불린다. 제조 설비를 갖추지 않은 유통전문업체가 독자적으로 상품을 기획한 후, 생산만 제조업체에 의뢰하여 판매하는 상품, 또는 유통업체가 제조업체로부터 상품을 저렴하게 받아 유통업체가 자체 개발한 상표를 붙여 판매하는 상품이 해당된다.

제조업체와 유통업체가 직거래를 통해 물류비, 판매관리비 등 제반 비용을 낮출 수 있고, 영업력이 떨어지는 소규모 브랜드 업체의 경우, 자체 브랜드 생산보다는 대규모 유통업체의 생산 의뢰에 응함으로써 광고 · 마케팅 · 유통비용을 줄일 수 있기 때문에, PB상품은 가격이 상대적으로 매우 저렴하다는 장점이 있다.

PB식품은 NB식품과 동등 품질을 30% 저렴하게 제공하는 싱글 브랜드뿐만 아니라, 고가격형과 저렴한 가격대 브랜드, 고객 니즈 대응형 브랜드 등 멀티 브랜드로 전개하여, 전체적으로 수익을 올리는 전략을 취하는 방향으로 변화하고 있다. 그 중에서 저렴한 가격을 어필한 상품이 지금까지 PB상품에서는 많이 보였지만, 저렴하기만 한 상품에서 변화하여, 플러스 α가 있는 부가가치에도 공을 들인 상품이 늘어나고 있다.

소비자들에 대해 PB 가공식품에 대한 인식 평가 결과, 일반식품 대비 가격이 저렴하다는 항목이 3.8점으로 가장 높고, 그 다음으로는 일반가공식품보다 양이 많다는 의견이 3.5점으로 나타났으며, 2014년 대비 PB 제조사가 구입에 영향을 준다는 의견이 0.1점 증가로 인식 변화가 나타났으며, 가격이 저렴해서 품질이 의심스럽다는 의견은 0.1점 감소로 인식 변화가 나타났다.

연령별로는 30~40대의 경우 일반가공식품에 비해 가격이 저렴하다는 의견이 높고, 50대 이상은 일반가공식품에는 없는 종류의 상품이 있다는 의견이 높으며, 60대에서 PB상품을 제조하는 회사에 따라 구입에 영향을 준다는 의견이 높았으며, 결혼 여부에 따라서는 미혼인 경우 일반가공식품에 비해 양이 많다는 의견이 높고, 기혼의 경우 PB상품을 제조하는 회사에 따라 구입에 영향을 준다는 의견이 높았다.

가공식품 주 구입채널별로 보면 편의점 주 이용 소비자의 경우 PB상품에 대해 긍정적인 의견이 높은 편이며, 대형마트 주 이용 소비자의 경우 PB상품을 제조하는 회사에 따라 구입에 영향을 준다는 의견이 높았다. 가격민감도로 보면 민감형의 경우 PB상품에 대한 긍정적인 의견이 높았다.

PB 가공식품 품목별 구입의향을 보면 음료류, 반찬류, 장류, 유지류, 조미료류, 분말류는 여성이 높으며, 과자/빙과류, 간식/부식류, 즉석식품, 통조림, 냉동식품은 남성의 구입의향이 더 높게 나타났다. 연령별로 PB 가공식품 품목별 구입의향을 보면 전반적으로 20~30대의 구입의향이 높으며 장류, 조미료류는 30대의 구입의향이 높게 나타났다.

결혼 여부별로 PB 가공식품 품목별 구입의향을 보면 전반적으로 미혼자의 구입의향이 높은 가운데, 장류는 기혼자의 구입의향이 높게 나타났으며, 청소년 자녀가 있는 소비층에서는 청소년 자녀가 없는 소비층보다 반찬류, 조미료류, 통조림, 냉동식품류의 구입의향이 상대적으로 높은 편으로 나타났다.

소비자들의 소비형태 변화에 대형 유통업체들이 PB(Private Brand) 식품의 사업비중 확대 경쟁을 벌이고 있는 가운데, 롯데마트가 현재 25%에 머물러 있는 PB식품의 매출비중을 40%까지 끌어올리기 위한 중장기 프로젝트를 마련하는 등 대부분의 유통채널에서 PB비중을 증가시키고 있고, PB제품의 증가는 유통채널의 자기브랜드로 납품하던 중소식품기업의 수익률을 감소키는 결과를 초래한다.

PB제품 생산을 강요받는 중소식품기업은 자기 브랜드를 잃고 대형 유통채널의 하청공장으로 전락할 위험에 놓여 있어 다양한 방법으로 대안을 마련하고 있으며 대표적인 전략 중의 하나가 외식 프랜차이즈 시장으로 진출하는 것을 희망하고 있다. 또 하나는 중국시장 등 수출시장을 공략하는 것인데 이 또한 쉽지 않은 실정이다.

4.4 소비자의 식품 DIY 열풍은 식품기업을 바꾼다

'모디슈머'는 Modify(수정하다)와 Consumer(소비자)의 합성어로 기존의 조리법을 따르지 않고 새로운 방법으로 제품을 즐기는 소비자를 말한다. 최근 모디슈머 레시피에 대한 관심이 높아지면서 소비자가 아이디어를 가미하여 입맛에 맞게 다양한 레시피를 적용할 수 있도록 판매하는 DIY(do-it-yourself)형 제품군의 비중이 급격하게 증가하고 있다

특히 '쿡방' 열풍마저 더해져 같은 음식도 자신만의 조리법으로 만들어 먹는 사람들이 늘면서 기존 제품에 아이디어를 더할 수 있는 식재료가 덩달아 인기를 끌고 있는 것이다.

이에 업계에서는 취향에 맞춰 다양한 레시피로 응용할 수 있는 '만능제품'을 선보이며 모디슈머의 상상력과 미각을 자극하고 있다. 이색 음료 레시피를 이끌고 있는 '탄산수'가 대표적으로 탄산음료 대용으로 각광받고 있는 제품이다. 탄산수는 DIY 음료나 칵테일 등 다용도로 활용이 가능하고 과일청은 물론 음용식초, 와인, 위스키 등 조합할 수 있

는 제품도 다양해 젊은 소비자들로부터 이색적인 음료 레시피를 이끌어내고 있다.

(왼쪽 위부터 시계방향) 하이트진로음료 '디아망 350ml,' '토닉워터', 매일유업 '매일바이오 플레인', GS리테일 '밥이랑 라면愛란', CU '뿌려먹는 자연치즈'

다양한 믹싱주 및 저도주를 베이스로 활용하여 '나만의 레시피'를 만들려는 움직임은 주류에서도 활발하다. 술에 대한 취향이 다양해지고 저도주 문화가 확대되면서 믹싱주 및 저도주 베이스로 활용되는 '믹서류'가 인기를 끌고 있다.

하이트진로음료의 '진로믹서 토닉워터'는 진(Gin)과 최적의 궁합을 이루도록 제조된 칵테일 믹서로, 레몬, 라임계통 특유의 상쾌한 맛과 함께 쌉쌀한 맛을 내며 적당량의 탄산으로 청량감을 더했다. 진과 섞으면 깔끔한 맛의 진토닉, 소주나 와인과 섞으면 고급스러운 스파클링 칵테일이 완성된다.

아침 대용식이나 건강간식, 샐러드드레싱으로 응용가능한 '플레인 요거트'나 편의점에서 선보이고 있는 편의점 모디슈머를 겨냥한 계란,

치즈 등의 '토핑' 등도 소비자를 대상으로 하는 상품이다.

이런 모디슈머의 열풍은 온라인상에서 모임을 만들고 있으며 국내에서 가장 유명한 모디슈머들의 집결지는 회원수가 281만 명에 달하는 네이버 카페 '레몬테라스' 다. 이 카페는 '셀프 인테리어' 정보가 강점이다. 한 코너가 '인테리어, 리폼, DIY' 로 할애되어 있어 다양한 정보 교류가 활발하다.

다음, 네이버 등 포털사이트의 '라이프' 코너도 인기다. 네이버 메인 페이지에서 제일 첫 번째 섹션인 '라이프' 엔 매일 푸드/레시피, 패션/뷰티, 셀프 인테리어 등에 관한 다양한 정보가 올라온다. 다음 커뮤니케이션도 '라이프' 를 비롯해 '블로그', '카페' 코너에서 관련 글과 동영상이 시시각각 업데이트된다.

영어에 능하다면 좀 더 활용할 수 있는 소스가 많아진다. 뷰티 모디슈머들은 '구글' 과 '유튜브' 가 최고의 정보 바다라고 말한다. 커피 스크럽 제조법(Coffee Scrub recipe)이나 코코넛오일(Coconut oil) 등 관련 검색어를 넣기만 해도 집에서 먹다 남은 기름에 커피와 향수를 어떤 배합으로 넣어 나만의 바디 스크럽을 만들 수 있는지 관련 자료들이 줄줄이 쏟아진다. 최근엔 이미지 위주의 SNS '핀터레스트' 가 모디슈머들에게 각광받고 있다.

이런 모디슈머의 열풍에 민감하게 반응하는 것이 식품업계이며, 점차 프랜차이즈매장으로 확대되게 될 것이다. 프랜차이즈 매장에서는 기본메뉴를 두고 토핑을 고객에게 선택하게 하는 방식으로 진행될 것이며, 일부 매장에서는 시행하고 있고 상당수의 업체로 확장하는 계기가 될 것이다.

4.5 소비자의 프리미엄 가공식품 구입 특성

글로벌 경기침체에 따라 전 세계적으로 가치소비 성향에 따라 프리미엄제품과 저가제품판매로 시장이 변화하고 있어 소비자의 프리미엄 가공식품 구입특성을 분석하는 것이 중요하다. 프리미엄 가공식품 여부를 판단하는 기준으로는 제품원료가 가장 높게 응답되었으며, 다음으로 제품 맛과 제품의 가격이 프리미엄제품을 판단하는 기준으로 꼽히고 있다.

프리미엄제품을 판단하는 근거로 남성은 제품가격, 제품의 맛, 포장, 판매장소, 브랜드를 여성보다 더 고려하는 경향이 있는 반면, 여성은 제품원료, 제조공법차이, 원산지, 주원료의 함량을 더 많이 고려하는 것으로 나타났으며, 연령별로는 전반적으로 20대는 제품의 맛, 20대 이상은 제품원료의 비중이 높게 나타났다.

청소년 자녀가 없는 집단은 제품가격, 제품의 맛, 제조공법차이의 비중이 높게 나타났으며, 결혼 여부별로는 미혼자의 경우 기혼자보다 제품가격, 제품의 맛, 제조공법차이, 포장, 브랜드, 주원료 함량의 비중이 높은 경우에 프리미엄식품으로 판단하고 있다.

프리미엄제품을 구입하는 이유로는 원료가 좋을 것 같다는 응답이

프리미엄 가공식품 판단기준

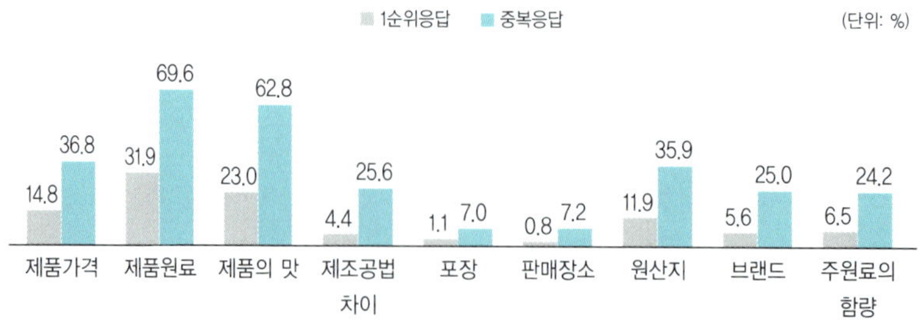

전체의 32.3%(1순위 응답기준)로 가장 높게 나타났으며, 맛이 좋아서(26.6%), 건강에 좋을 것 같아서(14.6%), 첨가물이 적게 들어가서(12.3%) 순으로 구입이유가 나타났으며 성별로 보면 여성의 경우 원료가 좋을 것 같아서, 첨가물이 적게 들어가서, 자녀용 구입 비중이 높은 반면, 남성은 맛이 좋아서, 건강에 좋을 것 같아서, 제조사/브랜드의 인지도 때문에, 일반 가공식품보다 영양이 풍부할 것 같다는 비중이 높게 나타났다. 연령이 높아질수록 원료가 좋을 것 같아서 구입했다는 응답이 많았고, 30대는 자녀에게 주기 위해서, 40대의 경우 건강에 좋을 것 같아서 구입했다는 응답도 높게 나타났다.

프리미엄 가공식품 구입이유

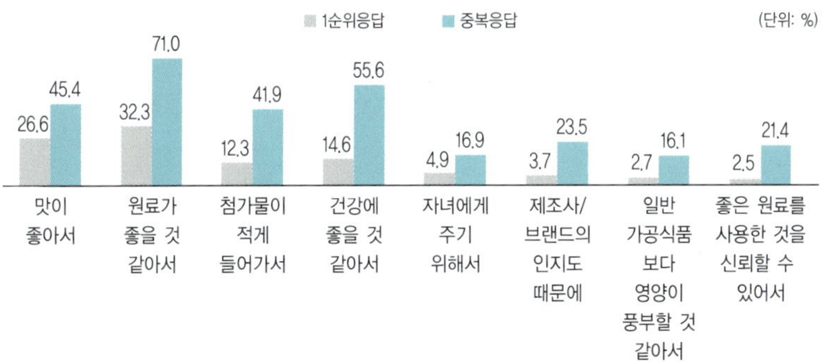

소비주체별로 보면 개인소비(자취)의 경우 맛이 좋아서, 첨가물이 적게 들어가서의 응답이 높게 나타났으며, 가족공동소비의 경우 원료가 좋을 것 같아서, 자녀에게 주기 위해서의 응답이 높게 나타났으며, 주부유형별로 보면 취업주부의 경우 원료가 좋을 것 같아서, 좋은 원료를 사용한 것을 신뢰할 수 있어서의 응답이 높게 나타났다.

크라우드펀딩을 희망하는 식품스타트업의 경우에 프리미엄식품 생산을 테마로 설정하였다면 제품원료, 제품의 맛 그리고 제품의 원산지를 설정하는 것이 좋으며, 첨가물이 안 들어가는 마이너스마케팅, 헬스마케팅, 희귀성을 전면에 내세우는 한정마케팅 등의 방법을 고려하는 것이 좋다.

4.6 가정간편식에 대한 소비자인식

가정간편식(HMR)은 Home Meal Replacement의 약어로 '가정간편식' 혹은 '가정대체식'을 의미한다. 본 명칭은 오래전부터 사용되어 왔지만 최근 수년간 식생활 환경의 변화 속에서 주목받고 있는 명칭이며, 기업의 새로운 마케팅적 수단과 시장창출의 도구로써 활용되고 있다. 이제 HMR은 단순한 가정간편식을 넘어 일본, 유럽 등 선진국의 식생활 구조로 변화되는 한국 식품업계의 흐름에 새로운 방향으로 제시되고 있다.

간편식에 대한 인식을 속성별로 평가한 결과 간편식은 음식 준비시간을 줄여주는 항목에서 높게 평가되어, 시간효율성의 편익이 장점으로 인식되는 것으로 나타났으며, 그 다음으로 재료낭비가 없어 경제적이다라는 점이 간편식의 주요 편익으로 나타났으나, 영양이나 맛, 재료신선도와 같은 안전성, 신뢰성 측면에서는 여전히 부정적인 인식을 하고 있다.

성별로 보면 남성은 집에서 직접 조리한 것보다 맛있다는 의견(3.36%)으로 여성(3.24%)에 비해 특히 높았으며, 여성의 경우 간편식 재료의 신선도에 대한 의견에 약간 부정적(2.94%)이며, 연령대별로 보면 60대는 간편식이 저렴하다는 의견이 높고, 50대는 시간의 절약성을, 40대는 식재료 낭비가 없어 경제적이다는 의견을 높게 평가했으며

해외에서 판매되고 있는 HMR 제품 사례

20대는 간편식의 영양공급, 가정식 요리와의 비교, 안전성과 위생상태에 있어서 부정적인 의견을 나타냈다.

결혼 여부별로 보면 기혼자가 미혼자보다 전반적으로 간편식에 대한 긍정적인 의견이 높은 가운데 집에서 조리한 것보다 맛있다는 의견은 미혼자의 긍정반응이 더 높은 편이다.

간편식 주 구입장소는 대형마트가 58.1%로 가장 높으나, 대형마트, 중소형슈퍼마켓 등에서의 간편식 구입률은 소폭 감소하고 체인형슈퍼마켓(SSM)에서의 구입이 9.8%p 높아졌으며, 편의점에서의 구입 또한 소폭 상승한다.

성별로 보면 남성은 여성보다 체인형슈퍼마켓(SSM), 중소형슈퍼마켓/동네슈퍼마켓, 편의점에서의 간편식 구입이 높은 것으로 나타났다. 반대로 여성은 대형마트, 백화점, 온라인쇼핑몰, 재래시장 등에서의 간편식 구입이 남성보다 높게 나타났다.

연령별로는 대형마트의 경우 40대가 가장 높고, 체인형슈퍼마켓(SSM)과 중소형슈퍼마켓/동네슈퍼마켓은 60대가, 편의점은 20대가 가장 높게 나타났으며, 기혼자의 경우 대형마트, 체인형슈퍼마켓

(SSM), 중소형슈퍼마켓 · 동네슈퍼마켓 등에서의 간편식 구입이 미혼자에 비해 높은 반면, 미혼자는 편의점에서의 구입이 기혼자보다 높게 나타났다.

가격에 민감한 소비층은 대형마트에서, 가격에 둔감한 소비층은 체인형슈퍼마켓(SSM), 중소형슈퍼마켓/동네슈퍼마켓, 편의점에서의 구입이 높은 편이다. 간편식 구입목적은 간식용이 38.5%로 가장 높게 나타났으며, 다음으로는 가정식사용(31.3%), 점심식사용(9.7%), 아침대용식(7.7%), 캠핑/여행용(6.4%)의 순으로 나타났다. 여성이 남성보다 간식용으로의 구입비중이 높으며, 남성은 여성보다 안주용, 아침대용식, 점심식사용 등의 이용목적 분포가 높다.

가격에 민감한 소비층은 가정식사용, 점심식사용 등의 구입목적이 상대적으로 높으며, 주부유형별로는 전업주부의 경우 간식, 점심식사용, 캠핑/여행용으로의 구입목적이 높았으며, 취업주부의 경우 아침대용식, 가정식사용, 손님접대용, 안주용 등의 구입목적이 높다.

구입경험이 있는 간편식의 종류를 보면, 냉동제품류가 75.2%로 구입경험이 가장 높고, 그 다음으로 면류(39.8%), 밥류, 육류(39.7%) 등의 순으로 나타났으며, 반면, 국류, 찌개/탕류, 반찬류 등은 조리과정이 번거로움에도 불구하고 간편식 구입경험이 낮아 직접 조리해서 먹는 비율이 높은 것으로 나타났다.

남성은 여성보다 밥류와 면류, 국류, 찌개/탕류의 구입경험이 높은 반면, 여성은 레토르트제품, 죽/스프류, 육류, 수산물, 냉동제품류 구입경험이 남성보다 높게 나타났으며, 결혼 여부별로 보면 미혼이 밥류, 국류, 찌개/탕류, 죽/스프류 제품의 구입경험이 높은 반면 냉동제품류는 기혼자집단의 구입경험이 높고, 소비주체별로는 개인소비(자취)층, 주부유형별로는 취업주부가 높게 나타났다.

4.7 전통식품에 대한 재해석이 필요하다

네덜란드 코노치즈제조회사(CONO Kaasmakers)는 510개 농장이 모여 만든 협동조합 형식의 기업으로, Flevoland, Friesland, Drenthe 지역의 5백여 명의 생산자가 코노치즈에 신선한 우유를 제공하고 있고 베스트빔스터(Westbeemster)에 있는 제조공장에는 현재 150여 명이 근무하고 있다.

코노치즈는 생산자조합원이 출자한 회사에 맞는 운영체제를 갖고 있는데, 협동조합은 회원자격을 갖고 있는 생산자들을 중심으로 운영되며, 회원규모를 더 이상 확대하지 않고 있다.

조합원들은 전문 CEO를 선출해 경영을 맡기고 있지만, 총회에서 조합의 운영방향과 전략을 결정하고 있다. 전문 CEO를 선출하기 전에는 회원들 중 조합의 전체 경영을 책임자는 회원을 지명하여 경영하는 체계를 선택했으나 조합의 규모가 커지면서 전문 CEO체제로 전환한 것이다.

코노치즈회사의 대표 브랜드, 빔스터

코노치즈는 네덜란드 최고의 전통치즈제조사로 불리고 있으나, 시설은 최신식이다. 이 회사가 최고의 전통치즈제사회사로 불리는 이유는 수작업과 장인정신을 통한 제품차별화로 고유의 고급 브랜드를 유지하고 있다. 즉 시설은 초현대식이라도 가장 중요한 공정 하나만 전통적인 방식이면 전통식품으로 인정하는 국민들의 인식이 중요한 측면이다.

코노치즈회사의 브랜드인 '빔스터치즈'는 수제치즈로서 26주 동안 숙성하면서 치즈를 매주 돌려가면서 닦는 과정을 반복함으로써 표면을 매끄럽게 하고 맛을 균등하게 유지시키고 있다.

빔스터치즈는 1901년부터 장인들에 의해 생산되기 시작했으며 네덜란드 수제치즈 중에서도 높은 가격으로 판매되고 있으며, 코노치즈는 통 단위로 치즈를 만들고 수작업으로 생산된다는 점에서 유일하며 벨기에는 물론 독일에서도 판매량이 상승곡선을 그리고 있다고 한다.

코노치즈에서는 모두 여섯 종류의 치즈가 생산되고 있다. 숙성기간에 따라 단기숙성 치즈와 장기숙성 치즈로 구분하는데 18개월 숙성한

코노 본사 내부에 있는 치즈 매장

치즈와 26개월 숙성한 치즈가 가장 기본적이다. 여기에 저지방치즈와 5개월만 숙성시켜 신선하면서 달콤한 맛을 내는 블라스카스치즈도 생산한다.

코노치즈는 또한 일본시장을 겨냥해 와사비를 넣은 치즈를 생산하는 등 판매대상 국가의 문화적 속성과 국민들의 입맛을 파악하여 선제 대응할 수 있는 생산 · 판매전략을 구사하고 있다. 6~7월에는 미니치즈 생산라인이 바쁘게 움직인다. 네덜란드에는 유제품에 대한 믿음이 강하기 때문에 어릴 때부터 뼈 강화를 위해서 치즈 섭취를 권유하고 있다. 코노치즈는 이를 겨냥해 개학 전에 미니치즈 제품을 출시해 판매량을 늘리고 있다.

4.8 식품소비 보수인가요? 진보인가요?

최근에 한국에서 판매를 시작한 신제품 중에서 열풍에 가까운 인기를 모으지만 시간이 지나고 그 열기가 사라지면 대표품목이 되지 못하는 식품이 속출하고 있다. 흰색국물 돌풍을 몰고 왔던 '꼬꼬면' 도, 단맛 감자칩 열풍을 몰고 왔던 '허니버터칩' 도 열풍이 죽고 나서 카테고리 대표품목이 되지 못했다. 이유가 무엇일까? 결국은 음식 맛은 어릴 때부터 길들여진 맛의 범위를 벗어나기 어렵기 때문이다.

물론 새로운 식품제품을 자유롭게 받아들이는 소비자도 있고 한국농식품유통공사에서 발표한 '2011 가공식품 소비자태도조사' 에서 조사된 '브랜드 뉴 추구형(혁신형)' 이 해당소비자 그룹이며, 통계적으로 전체 소비자의 약 30% 정도로 조사되고 있다.

브랜드 뉴 추구형은 먹어 보지 않은 새로운 음식을 시도해 보는 것을 좋아하며, 새로운 식품이 나오면 먼저 구입해서 시도하며, 음식 취식에 돈을 아끼지 않는 특징을 보인다. 이들에 의해 꼬꼬면이나 허니버터칩 열풍이 시작되었을 것으로 판단된다.

2010년 이후에 출시된 카테고리 신제품

그러나 지금까지 없었던 혁신적인 제품을 구매하는 고객인 30%를 위해 나머지 70%의 보수적인 입맛을 지닌 고객을 포기한다는 것은 마케팅 측면에서 문제가 많은 판단이다. '아임리얼' 주스도 생과일주스로 모든 소비자가 이해할 수 있는 개념의 주스임에도 수익이 나기까지는 4년 동안의 시간이 필요했으며, '연두' 도 액상양념으로 주부들이 좋아할 만한 상품임에도 시장에서 자리 잡는데 상당한 비용과 시간이 소요되었다. 따라서 증권발행인이 프로젝트를 준비할 경우 너무 진보적이고 혁신적인 제품이 아니라 소비자의 소비성향을 고려하여 제품을 개발하여야 한다.

4.9 히트식품은 서울, 베이징, 도쿄를 순회한다

필자가 춘천바이오산업진흥원의 의뢰로 대만 가공식품 시장조사를 하는 동안 가장 큰 슈퍼마켓과 백화점 담당자와의 미팅에서 구매부장에게 질문을 받았다. "이 제품이 한국에서 얼마나 유명합니까?" 이 질문은 한국에서 유명한 제품은 대만과 중국 그리고 일본에서 통할 수 있다는 이야기와 동일하다.

한국 히트상품은 6개월 후 대만과 일본에서 히트

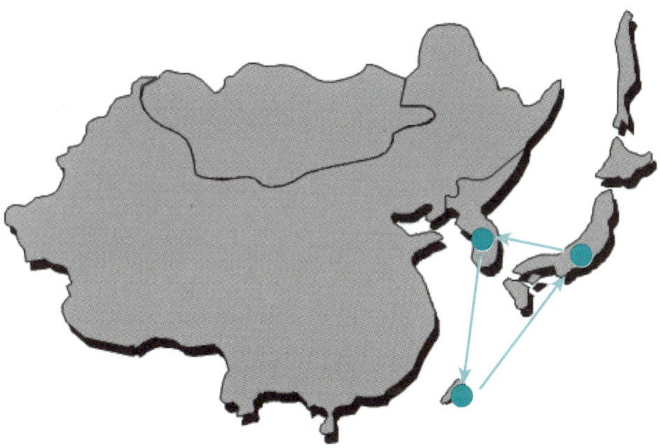

그러나 최근에 온라인 또는 모바일을 활용한 직구시장이 활발해 지면서 6개월 순차로 히트상품의 순환주기도 점차 줄어들고 있다. 이런 움직임은 한국에서 생산되는 제품은 어떤 방식이든지 한국에서 인기 있는 제품이라는 점을 어필할 수 있어야 한다는 측면이다.

중국에서 '황금물고기'로 불리는 부세는 국내에서는 조기와 모습이 비슷하다 해서 '짝퉁조기'로도 불리는데, 중국인들의 '부세 사랑'으로 국내 어선들이 잡은 부세는 모두 수출한다. 이처럼 중국인이 사랑하여 먹기 시작하는 생선을 비롯한 농식품은 중국으로 수출된다. 이렇게 한국에서 1등을 하는 명품 농식품은 주로 일본에 수출되었지만 이제 중국으로 수출되고 있다.

한국에서 지역에서 1등하는 제품이라던지 혹은 크라우드펀딩을 했을 때 목표액을 넘겨서 크라우드펀딩 투자자금이 모였다던지 하는 준비가 필요하다. 또한 한류의 확산에 따라 다양한 한국가공식품에 대한 수요가 증가하고 있어 한국에서의 의미 있는 성과를 창출한다고 하면 중국 등의 수출도 성과를 창출할 수 있다.

4.10 푸드테크산업에 대한 이해

식량난 해결법으로 유력하게 거론되는 방법 중 하나가 '푸드테크(foodtech)' 이다. 푸드테크는 음식(food)과 기술(technology)의 합성어로 농축산물의 생산성을 높이거나 식재료의 저장 · 가공 · 유통 등을 개선시키는 기술을 의미한다. 생소한 용어이긴 하지만 푸드테크의 역사는 제법 오래됐다. 예를 들어 식품을 장기간 보존하도록 1810년 영국의 상인 피터 듀런드가 발명한 통조림, 프랑스의 세균학자 파스퇴르가 1864년에 개발한 저온살균법 등도 푸드테크에 해당한다.

국내 푸드테크 시장의 전망도 장밋빛이다. 약 300조원에 달하는 민간소비(B2C)의 외식업 관련 시장과 157조원에 달하는 식품산업시장, 약 100조원에 달하는 직장인 식권시장, 수십 조원에 달하는 방송미디어의 먹방 · 쿡방시장과 광고 · 마케팅시장은 앞으로 푸드테크와 결합되어 새로운 산업생태계를 육성하게 될 것으로 보인다.

국내에서 대표적으로 알려진 푸드테크 업체들을 분류해 보면, 크게

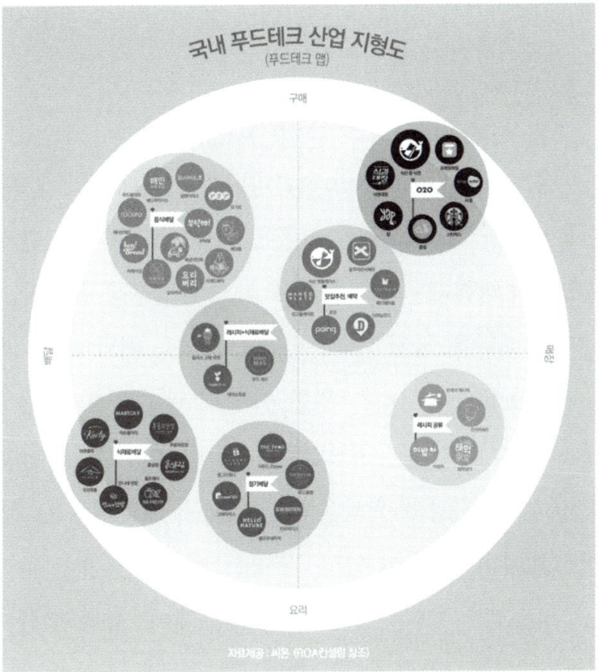

자료: 푸드테크산업 지형도 발표, 플래텀(2015. 10. 21)

11가지 정도로 분류해볼 수 있다. 먼저, 모바일로 배달음식을 주문하고 결제까지 하는 음식배달(Food Delivery)서비스가 있고, 배달이 안 되는 식당의 음식을 배달해주는 배달대행(Agencies for Delivery)서비스, 맛집 추천을 해주는 맛집정보(Restaurant Recommendation)서비스, 음식점 예약을 대행해주는 식당예약(Restaurant Reservation)서비스, 그리고 모바일로 주문 및 결제하고 매장에 방문해서 커피나 음식을 픽업하거나 먹을 수 있는 오더(Mobile Order)서비스, 또 식재료를 배송(Grocery Delivery)하는 서비스, 음식을 만들어 먹을 수 있는 레시피와 필요한 식재료들을 집으로 배송해주는 레시피 & 식재료배송(Recipe & Grocery Delivery)서비스, 정기적으로 식재료나 음식을 배송해주는 정기배송서비스, 농산물을 직거래하는 서비스, 레시피를 공유 및 큐레이션 하는 서비스, 기업 직장인들을 위한 모바일식권(전자식권) 등이 있다.

먼저 위 서비스 중 가장 보편화되어 있는 서비스로는 음식을 집까지 배달해주는 음식배달(Food Delivery)서비스로, '배달의 민족', '요기요', '배달통' 등이 대표적이다. 이들은 동네 배달음식 전단지를 앱으로 성공적으로 대체했다는 평가를 받으며 승승장구하고 있다.

최근엔 자체 배달을 하지 않는 식당의 음식을 배달해주는 배달대행(Agencies for Delivery)서비스 또한 함께 각광받고 있으며, 대표적인 서비스로는 '푸드 플라이', '부탁해', '배민라이더스', '덤앤더머스' 등이 있다. 또한 먼 지방의 음식을 직접 집까지 배달해주는 서비스로는 '미래식당' '요리버리' 등이 있고, 유명한 제과점 빵만 전문적으로 배달해주는 서비스로는 '헤이브레드', '브레드베어' 등과 수산시장 식품을 배달해주는 '인어교주해적단', '미친물고기' 등이 있다.

맛집정보 추천 서비스로는 사용자 참여형 맛집 정보 서비스를 제공하는 '식신 핫플레이스'와 '망고플레이트', '포잉', '메뉴판닷컴', '다이닝코드' 등이 있으며, 전문가의 평가자료를 함께 제공하는 '블루리본 서베이', '레드테이블'로도 세분화된다. 특히 '식신 핫플레이스'와 '포잉'은 맛집정보 추천 이외에도 식당예약(Restaurant Reservation)서비스를 추가적으로 제공하며 사용자들에게 좋은 평가를 받고 있다.

최근 이슈인 O2O서비스의 중심에 있는 오더(Mobile Order)서비스는 매장 안에 있지 않아도 모바일을 통해 미리 주문과 결제를 하고 픽업을 할 수 있도록 돕는 서비스로, '시럽오더', '사이렌오더' 등이 대표적이다. 이와 관련해서 주변 매장에서 각종 카드 혜택과 더불어 할인을 받을 수 있는 서비스로 '시럽', '클립', '얍' 등도 함께 거론된다. 또 이러한 오더나 할인서비스를 손님이 직접 찾아 이용하는 것과 반대로, 매장에서 직접 타깃고객을 찾아 할인쿠폰이나 포인트적립을 도와주는

'단골플러스', '도도포인트'와 같은 서비스도 있다. 이런 고객관리 서비스에 매장에서 매출관리, 계산 등을 담당하는 포스(POS)시스템을 함께 제공하는 '포켓모바일'과 같은 서비스도 눈 여겨 볼 만하다.

최근엔 배달음식과 같이 완성된 음식 이외에도, 식재료 자체나 레시피와 그에 필요한 식재료를 함께 배송하는 서비스도 인기를 얻고 있는데, 식재료배송(Grocery Delivery)서비스로는 유기농식재료배송서비스인 '마켓컬리', '마트플라이', '삿갓유통' 등이 있으며, 레시피 & 식재료배송(Recipe & Grocery Delivery)서비스로는 '테이스트샵', '푸드마스', '홈메이드 파티' 등이 있다. 현직 셰프의 레시피와 계량된 재료를 함께 제공하여 집에서 쉽게 셰프의 음식을 맛볼 수 있다는 점도 재미있다. 또한 정기적으로 과일이나 식재료를 배달해주는 정기 배송 서비스로는 '푸드플랩', '헝그리제니', '더푸드', '헬로네이처' 등이 있으며, 더 나아가서는 식재료를 농산지에서부터 직접 거래 및 배송해주는 '언니네텃밭', '올프레쉬', '무릉외갓집', '흙살림' 등도 점차 인기를 얻고 있다.

블로그에서만 찾아 헤매던 레시피를 일목요연하게 정리해 공유하거나 큐레이션하는 서비스로는 '이밥차', '만개의 레시피', '해먹남녀', '오마이쉐프' 등이 있으며, 식재료 큐레이션 서비스로는 '쿠킷박스', '빈스박스', '부엉이몰' 등이 있다.

마지막으로 요즘 푸드테크 분야에서 블루오션으로 시장의 관심을 받고 있는 기업 모바일식권서비스로는 '식신e식권', '식권대장' 등이 있으며, 직장인들이 스마트폰을 터치하는 것만으로 간편하게 식사값을 계산할 수 있어 하루 평균 이용건수가 1만여 건에 이를 정도로 인기를 얻고 있다.

위와 같이 최근 국내 푸드테크 업체들의 성장이 눈에 띄게 증가하고 있는 이유 중 하나는 스마트폰 하나로 사용자가 원하는 모든 것을 즉시 얻을 수 있는 온디맨드(On Demand)시대로 접어들었기 때문이다. 온디맨드경제는 앱을 통한 주문 · 결제로 생활의 불편을 즉시 해결할 수 있는 편리함 때문에 기존 오프라인시장을 온라인시장으로 끌어오는 O2O(Online to Offline)서비스의 중심이라고도 볼 수 있다.

CHAPTER 5

식품산업 생태계에 대한 이해

5.1 식품산업 정의

일반적으로 식품의 정의는 각종 법에 명시되어 있고, 이에 따라 그 정의와 그 범위가 다르며, 농어업 · 농어촌 및 식품산업기본법 제3조 7항에 따르면 식품은 '가. 사람이 직접 먹거나 마실 수 있는 농수산물', '나. 농수산물을 원료로 하는 모든 음식물' 이라고 정의되어 있다.

식품위생법에서는 의약으로서 섭취하는 것을 제외한 모든 음식물을 식품이라고 정의하고 있고, 식품의 정의에 따라 식품산업은 식품을 생산 · 가공 · 제조 · 조리 · 포장 · 수송 또는 판매하는 산업으로서 대통령령으로 정하는 것을(농어업 · 농어촌 및 식품산업기본법 제3조 제8항) 말한다.

하지만 식품과 관련된 각 기관 혹은 통계자료에 따라 식품산업의 정의는 상이하며, 농수산물유통공사는 농업에서 생산되거나 수입된 농산물이 최종 소비자에게 전달되기까지 수집 · 가공 · 조리 · 포장 · 판매와 같은 여러 단계를 경유하게 되는데 넓은 의미에 있어서 농 · 식품산업이란 이와 같이 농 · 식품의 각 단계에서 행하여지는 제반 경제행위를 수행하는 산업을 총칭한다.

한국표준산업분류에 따르면 음 · 식료품 제조업을 말하며 여기에는 식품 및 식품첨가물제조업, 냉동보관업이 포함되며, 산업연관표상의 음식료품 및 담배제조업 정의는 농축수산물 및 임산물 등을 가공하여 각종의 주 · 부식 또는 조미용 식료품을 생산하는 산업활동을 말하며

농수산물산업별 매출구조

국내공급	
63.6조원(2010년)	각 100%
68.4조원(2011년)	
69.9조원(2012년)	

2012년	
	국내생산 56.5조원
	(+) 수입 13.4조원
	(−) 수출 0.08조원

최종소비	
14.5조원(2010년)	22.8%
15.5조원(2011년)	22.7%
16.5조원(2012년)	23.0%

식품제조업	
30.6조원	48.1%
33.2조원	48.5%
34.6조원	49.5%

외식산업	
5.9조원	48.1%
6.3조원	48.5%
6.7조원	49.5%

기타산업	
10.7조원	16.8%
11.6조원	17.0%
11.1조원	15.9%

투자 및 제고	
5.9조원	3.0%
6.3조원	2.6%
6.7조원	2.0%

자료: 식품산업분야별 원료소비 실태조사, 농림수산식품부, 2014

그 외에도 가축의 도축 및 곡물의 도정활동과 배합사료 등을 생산하는 활동을 포함한다.

식품제조업의 전 · 후방산업은 외식업과 농업으로 식품제조업과 직접적인 연관관계가 있어 분석 시 외식업을 일부 포함하는데 음식료품 제조업은 다시 식품소재산업과 식품가공산업으로 구분할 수 있는데, 식품소재산업은 식품가공에 이용할 수 있는 것을 말한다.

식품산업의 규모는 2012년 69.9조원이며 식품제조업 34.6조원(49.5%), 외식산업 6.7조원(49.5%)이고, 기타산업은 11.1조원, 마지막으로 투자 및 제고비율은 6.7조원에 이르고 있다.

5.2 한국식품산업 현황

국내의 식품 및 식품첨가물 생산량 및 생산액을 살펴보면, 최근 10년 동안 약 2배 이상의 성장을 이루었음을 확인할 수 있다. 생산액을 기준으로 2003년 약 21조원 수준에서, 2013년 47조 3천억원 규모로 크게 성장하였으며, 생산량 또한 2003년 1,488만톤 규모에서 2013년 3,986만톤 규모로 크게 증가하였다

2013년 생산량은 전년 대비 17.8% 증가하였으며, 생산액은 전년 대비 9.0% 증가하였다. 이는 동 기간 국내총생산성장률(3.6%) 및 제조업 생산액성장률(4.5%)의 2배가 넘는 수준이다.

2013년 국내의 식품 및 식품첨가물 매출액은 약 54조원으로 2003년 대비 2배 이상 성장하였으며, 전년 대비(47조 3천억원) 14.2% 증가한 것으로 나타났다. 최근 10년간 매출액 현황을 살펴보면, 2003년 이후 꾸준히 증가하던 매출액은 2010년 일시적으로 감소한 후 2011년 회복

식품산업 생산규모

자료: 식품의약품안전처, 식품 및 식품첨가물생산실적, 각년도

식품산업 매출액규모

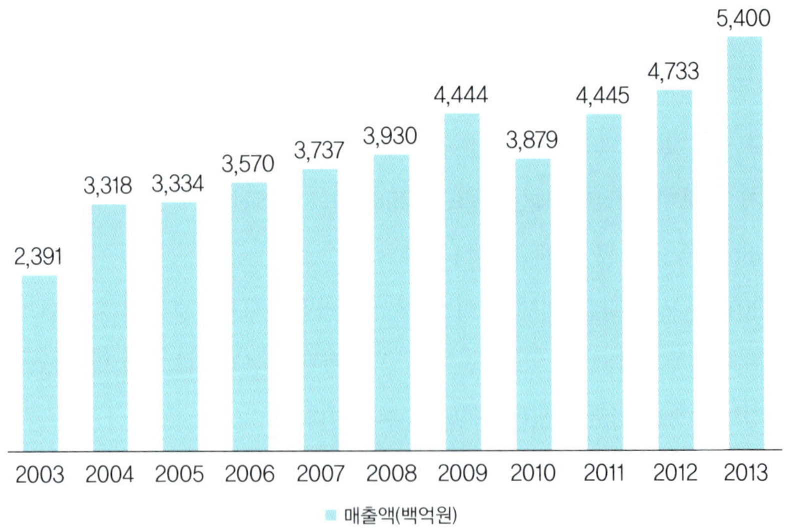

자료: 식품의약품안전처, 식품 및 식품첨가물생산실적, 각년도

주: 매출액은 국내판매액과 수출액의 합으로 계산되며, 국내판매액과 수출액은 전년도의 재고를 포함하는 개념

기간을 거쳐 다시 성장하고 있다.

이는 2008~2009년 사이의 글로벌 경제위기에서 비롯된 것으로 보이는데, 식품산업의 경우 원자재가격 상승의 여파를 1년 이상의 시차를 두고 전달되기 때문이다. 한편, 2010년 시행된 물가안정화정책의 효과 또한 반영되었을 것으로 추측된다. 2013년 기준 사업장 규모별 업체 현황을 살펴보면 종사자 10명 이하인 업체수가 전체의 81.5%를 차지하고 있으며, 종사자가 100명 이상인 대기업은 전체의 1.3% 수준에 불과하다.

사업장 규모별 매출액 비중을 살펴보면, 종사자 100명 이상인 업체(1.3%)가 식품산업 전체 매출액의 66.2%를 차지하고 있으며, 종사자 10명 이하인 업체(81.5%)는 식품산업 전체 매출액의 17.2%를 차지하고 있다. 한편, 연매출액이 1억원 이상인 업체는 전체의 42.8%, 1억원 초과 업체는 57.2%이다.

사업장 규모별 업체현황 및 매출액 규모별 업체현황

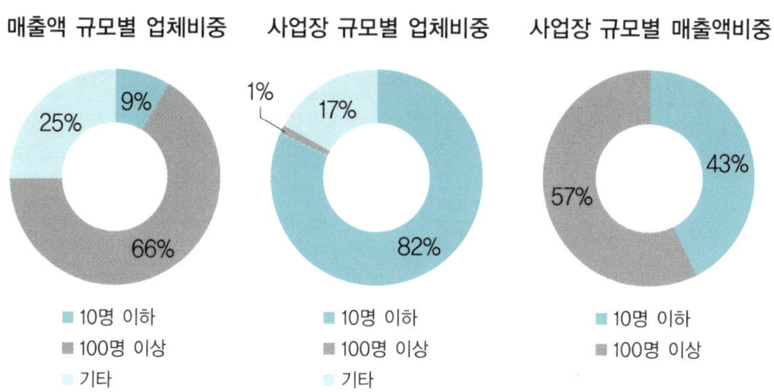

자료: 2013년 통계청 산업조사결과

5.3 식품유통구조 및 변화

식품유통경로는 제품이나 서비스가 생산자로부터 소비자에 이르기까지 거치게 되는 통로 또는 단계이다. 우리나라에 존재하는 대표적인 유통채널은 아래 표와 같으며 최근에는 소셜커머스와 O2O서비스업태가 생겨나고 있다.

대표적인 유통채널

업태	업체명
창고형 할인점	Costco Wholesale, 이마트 트레이더스
백화점	신세계, 롯데, 현대, 갤러리아백화점, AK플라자, 대구백화점
슈퍼마켓	GS슈퍼, 롯데슈퍼, 홈플러스 익스프레스, 탑마트(서원유통), CS유통(굿모닝마트), 에스엠마트, 바다마트(수협중앙회), NS슈퍼, 한라마트(한라M&D), 개별 중소 슈퍼
편의점	세븐일레븐, GS25, 패밀리마트, 미니스톱, 씨스페이스, OK마트, JOY마트
할인점	이마트, 홈플러스, 롯데마트, 뉴코아아울렛, 농협유통, GS마트(롯데마트흡수), 메가마트(농심)
홈쇼핑	CJ홈쇼핑, 현대홈쇼핑, 롯데홈쇼핑, GS홈쇼핑, NS홈쇼핑, 공영홈쇼핑
인터넷쇼핑몰	인터파크, 옥션, 지마켓, 롯데닷컴, 디앤숍, YES24, 알라딘
친환경식품 전문점	올가, 초록마을, 한살림
드럭 스토어	GS왓슨스, CJ올리브영
식자재 유통	CJ프레시웨이, 아워홈, 신세계푸드, 푸드머스(풀무원), 동원홈푸드, 현대그린푸드, 한화호텔&리조트
소셜커머스	쿠팡, 위메프, 핫딜, 티몬
O to O 및 기타	농사펀드, 헬로네이처, 재래시장, 특판시장

지난 수년간 1인가구의 증가, 온라인시장 확대, 경기침체에 따른 중저가 소비 확산 등의 여파로 우리나라 유통산업의 지형도가 급변한 것

으로 나타났다. 유통업계 대표주자라 할 수 있는 백화점 · 대형마트 · 홈쇼핑은 위세가 주춤해진 반면, 편의점과 온라인쇼핑몰의 영향력은 급부상했다.

이는 시중 카드회사의 빅데이터센터가 2010년과 2015년 3~5월 석 달간 유통업종에서 카드결제를 가장 많이 한 사람 70만 명(전체 소비자의 약 10%)을 추려 분석한 결과다. 카드사용액을 기준으로 할 때, 유통의 3대 강자인 백화점 · 대형마트 · 홈쇼핑의 점유율은 지난 5년간 15% 포인트 감소(46.1% → 31.1%)한 반면, 온라인쇼핑몰과 편의점의 점유율이 13.4%포인트 증가(30.1% → 43.5%)해 유통 3인방을 앞질렀다.

카드회사의 빅데이터센터는 유통업종을 14개로 분류했는데 가장 두드러진 특징은 편의점의 약진이다. 2015년(3~5월) 유통업종 내 편의점 점유율(카드결제 금액 기준)은 5.7%로 2010년 같은 기간(1.6%)보다 4.1%포인트 증가했다. 점유율이 3.5배 늘어난 셈이다. 백화점 · 대형마트 · 홈쇼핑 점유율이 각각 25.7%, 34.2%, 37%씩 감소한 것에 비하면 놀라운 성장세다.

편의점의 성장에 가려 있지만, 온라인시장이 확고부동한 '유통 1위' 자리를 꿰찼다는 것도 의미 있는 지표다. 2015년 카드 결제액 가운데 온라인쇼핑몰의 점유율은 37.8%로, 2 · 3위인 슈퍼마켓(18.6%), 대형마트(18.4%)를 합한 것보다도 많았다. 온라인시장의 점유율이 5년 새 9.3%포인트 증가하는 동안 대형마트는 9.6%포인트 감소하고, 슈퍼마켓은 0.4%포인트 증가하는 데 그쳤기 때문이다.

2015년 1인당 월평균 결제금액을 봐도 온라인쇼핑몰은 36만 5,000원으로 대형마트(15만 9,000원), 백화점(12만 2,000원), 슈퍼마켓(14만 3,000원)의 2배를 훌쩍 넘는다. 카드회사 관계자는 "온라인에서 모바일 결제 비중이 48.5%에 달한다"며 "PC뿐 아니라 스마트폰을 통해 쇼핑하는 사람이 크게 늘어난 것이 온라인 매출 증가를 이끌었다"고 전했다.

5.4 식품유통채널별 현황분석

식품시장의 근본적 변화는 노령화와 같은 인구성장 정체 상황에서 시작되었으며, 유통기업의 매출 확대가 어려움을 겪자 자신의 물품을 직접 만들거나 구매하기 시작하면서 자체 생산한 PB상품 및 식품개발팀을 구성하여 해외에서 소싱한 상품을 자체유통망으로 공급하는 등의 방법으로 대처하고 있다.

이를 위해 해외의 전문 개발 업체까지 참여하는 PB생산 전문가 조직이 구성되거나(일본의 사례) 중소기업의 개발 상품을 자신의 유통망에 실어주는 상태의 PB상품 시장이 형성되고 있으며, PB상품 중 대량판매가 이루어지는 상품의 경우 자체 공장을 건설하고 있거나, 신세계푸드, 롯데푸드 등의 유통과 식품이 결합한 대기업이 탄생하고 있다.

점차적으로 PB상품에 대한 소비자 거부감이 줄어들면서 최대 45%(스위스 기준)까지 PB상품이 성장할 가능성이 있으며(전체 상품 매출기준), 일본의 경우 PB상품이 다변화되어 기존의 NB상품에 비하여 20~30% 저렴한 가격우위상품을 넘어서, 품질에 주안점을 둔 품질우위상품, NB보다 더 고급화된 고급화상품까지 출시 중이며, 전통적 상품시장뿐 아니라 HMR 및 노인식 시장도 PB상품이 주도할 것으로 예상된다.

매출증대에 있어서는 대단한 압박이 되므로 국내 수요의 근본적 축소에 대응하여 해외진출을 진행하고 있고, 식품의 경우 지역적 · 문화적 장벽이 매우 높으며, 강력한 브랜드 미구축 시 ME TOO 상품이 매우 빠르게 등장하고 있고 중국 등지에서 해외 유수의 기업과 경쟁하고 있다.

해외생산기지(주로 중국) 등에서 생산된 물품을 국내로 반입하여 자

소비자 소비형태 변화에 따른 유통기업의 대응전략

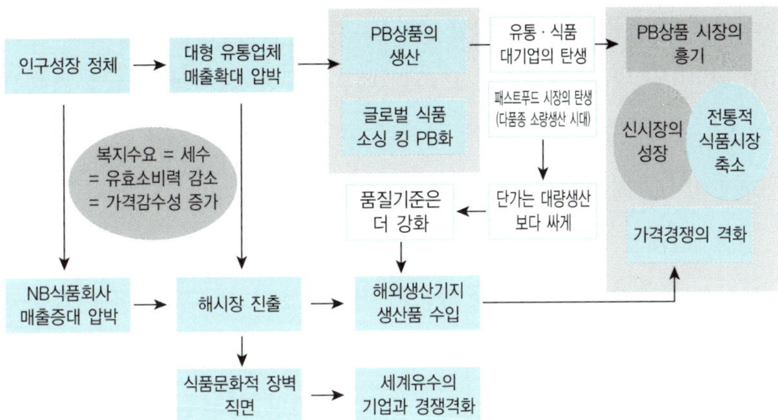

사 브랜드로 판매(롯데)하고 있으며, 필수원료 중 원가율이 높은 원료의 글로벌 소싱(한국 또는 일본인이 해외에 건설한 기업 중 높은 품질수준을 유지가능한 회사를 선별하여 진행)하고 있으나, NB기업은 최초에는 생산설비의 남는 시간에 PB상품을 생산하였으나, 점차적으로 일반 시간에도 일정부분 PB상품을 생산할 가능성이 높으나(일본의 사례), HMR식품의 지속적인 출시를 통하여 돌파구를 모색하고 있다.

또한 노인식 시장의 지속적인 검토(국내시장 미성숙으로 인하여 돌파구 마련의 어려움)가 진행되고 있고, PB상품 및 글로벌 소싱상품, 해외수입 NB상품 등이 어우러진 극단적인 가격경쟁 시장을 형성(일본의 사례를 참조하면 한국과 비슷한 정도의 생필품가격 형성)하고 있으나, 가격경쟁 속에서도 높은 수준의 품질수준을 요구받고 있다.

모바일 쇼핑 거래액이 역대 최대를 기록하고 있는 가운데 국내 온라인 쇼핑의 중심축인 오픈마켓과 소셜커머스의 모바일 매출비중이 급성장하고 있으며, 이 같은 성장세는 오픈마켓과 소셜커머스의 최근 모바일 매출비중이 주목되며 오픈마켓인 G마켓의 2015년 상반기 모바일 매출비중은 47%에 달하였다. 지난 2012년 3%에 불과하던 모바일 매출비중이 약 15배가량 증가한 수치이다.

소셜커머스의 모바일 매출비중은 더욱 압도적으로 증가했으며, 2015년 10월 기준 위메프의 모바일 매출비중은 전체의 80%를 기록하고 있다. 지난 2012년 30%에 불과했지만 2013년 매출의 절반을 넘어섰고, 2014년 말에는 70% 수준에 도달했다

맛집, 디저트 등 먹거리에 대한 소비자들의 관심이 높아지면서 매년 식품상품군 매출이 증가하고 있어서 백화점들이 식품관에 공을 들이고 있으며, 2015년 8월 오픈한 현대백화점 판교점에는 지하 1층에 국내 최대 규모의 식품관(1만 3,860m^2)이 들어섰다. 축구장(7140m^2) 2개를 합친 것과 맞먹는 수준이다.

5.5 신규유통채널 O2O 현황

소비자대상 유통채널은 기존에 존재하는 직영판매점 또는 프랜차이즈매장 등의 형태 이외에 모바일을 활용하여 직거래하는 유통채널들이 증가하고 있다. 대표적인 형태는 인터넷쇼핑몰, 소셜커머스, 그리고 생산자와 소비자의 직거래를 물류 또는 식품생산자금으로 연계해주는 직거래대행서비스 등이 있다.

식품관련 위생문제가 제기되면서 신뢰할 수 있는 식품을 직접 생산

소비자 대상 유통채널

업태	업태
직영매장	자체 쇼핑몰, 자체 직영판매점, 외식프랜차이즈
인터넷 및 모바일쇼핑몰	인터파크, 옥션, 지마켓, 소셜커머스
직거래대행 O2O서비스	헬로네이처, 농사펀드

자로부터 구매할 수 있는 직영매장 등의 다양한 유통채널들이 증가하고 있다.

또한 대형할인점 또는 편의점 등에서 PB식품 제품의 범위를 확장함에 따라 주로 OEM제품 납품과 자사브랜드 제품을 생산하여 유통을 하였던 식품회사의 수익성이 악화되고 있으며, 이런 문제를 해결하기 위한 해결방향으로 다향오리 판매촉진을 위한 '다향착한정육점'의 운영을 예로 들 수 있다.

'다향오리'의 수익확장을 위한 직영점운영 매장

소비자 직거래 O2O서비스로 헬로네이처(www.hellonature.net)를 예로 들수 있는데, 친환경 유기농 먹거리를 온라인 채널을 통해서 고객들에게 판매하는 서비스이다. 고객 입장에서 구매하고 싶은 친환경 신선식품을 원하는 만큼 주문할 수 있으며, 전국 각지의 유기농 먹거리를 신선하게 모아 소포장하여 배송하는 서비스이다.

기존의 농산물 유통경로에서 중간에 있는 도매상, 중매상, 소매상 단계를 축소한 직거래서비스를 제공하여 이익을 창출하는 비즈니스 모델

헬로네이처 홈페이지 화면

이다. 현재 헬로네이처서비스의 주요 고객은 영유아를 둔 엄마들, 장볼 시간이 없는 워킹맘들, 은퇴 후 좋은 식품을 먹고 여가를 즐기려는 실버족들이다.

유기농 자연식품 가정배달서비스(Organic & Natural Food Home Delivery Service)라는 시장은 아직 제대로 형성되어 있지 않기 때문에, 정확히 추정할 수 없지만 지금은 보편화된 온라인 의류쇼핑몰 시장처럼, 유기농식품의 유통채널도 자연스럽게 온라인으로 확대될 것으로 전망된다.

5.6 이마트의 피코크 확장이 식품기업에 미치는 영향은?

국내 대형마트 1위 이마트의 성수점 본점에는 과자 코너 한 면이 '카스타드'로 채워져 있었다. 이 중 3분의 1이 이마트 PB상품(딸기 카스타드)이었고 나머지는 롯데제과 제품이있다. 두 제품은 모두 롯데제과가 만든 것이다. 하지만 가격차는 컸다. 카스타드는 2번들(24개입)에 6,980원, 딸기 카스타드는 2번들(20개입)에 4,980원이었다. 오리지널 제품(NB: National Brand)이 개당 11%(42원) 더 비쌌다.

이마트에 다양한 유가공 PB상품을 납품하는 매일유업도 사정은 비슷했다. NB 바로 옆에 PB상품이 진열돼 가격차이가 확연히 드러났다. 일반 우유(1000ml)가 대표적이었다. NB보다 PB(진심을 담은 우유 · 1,870원)상품이 36%(680원)나 더 쌌다. 또 저온살균우유도 NB가 930ml에 3,430원인 데 비해 PB는 1000ml에 2,980원으로 상당한 차이를 보였다. PB가 100ml당 24%(71원) 쌌다.

이처럼 주요 식품제조사가 자사 히트상품과 유사한 제품을 대형마트의 PB(Private Brand · 자체브랜드)상품으로 납품, '제 살 깎기' 식 경쟁을 하는 사례가 적잖이 보이고 있다. 바로 옆에 값이 싼 PB상품이 진열돼 있어 자사 히트상품 판매에 큰 타격을 받을 수밖에 없는데도 이 같은 결정을 한 것이다. 이유는 대형마트의 요구를 거부할 수 없기 때문으로 전해졌다.

소비자로서는 원제품과 유사하면서 질도 좋고 용량도 별 차이가 없다면 값이 싼 PB상품을 카트에 담기 마련이다. 따라서 제조사가 이처럼 자사 히트상품과 유사한 PB상품을 출시, '제 살 깎기' 식 경쟁을 하는 것은 이해하기 어려운 일이다. 이는 제조사가 '매대 결정권' 을 쥐고 있는 대형마트와 관계를 원만하게 유지하기 위한 것으로 알려졌다.

우리나라의 대표적인 친환경제품 전문매장으로 대상그룹에서 운영하고 있는 초록마을에서 팔리고 있는 가공제품군에서 PB제품의 점유비율이 80%를 넘었으며, 편의점과 홈쇼핑 그리고 대형할인점에서도 경쟁력있는 PB제품 개발에 집중하고 있다.

보편적으로 PB제품이 저가제품에 치중하고 있다고 대중들은 이해하고 있지만 일본의 PB(Private Brand)식품시장은 생협 CO-OP상품, 대형 유통사인 이온 TOPVALU와 세븐프리미엄의 PB상품 취급수 확대로 시장은 계속 확대되고 있다.

또한, PB식품은 수 년 전부터 NB(National Brand)식품과 비교하여 저가격상품을 내세워 소비자의 지지율을 늘려 왔으며, 최근에는 PB식품도 브랜드를 다각화하여 프리미엄화와 소비자 니즈에 부합한 개별식사, 노년층에 대응한 상품 등 NB식품과 브랜드 개발에 있어 차이가 보이지 않게 되었다. 이런 추세는 한국편의점과 대형할인점에서도 같은 경향을 보이고 있다.

CHAPTER 6

외식소비 트렌드 바로 알기

6.1 거시환경요인에 따른 외식산업 소비형태

한국의 외식산업은 국내외적으로 다양한 거시환경요인에 의해 영향을 받고 있다. 전반적으로 사회구성원의 변화 측면에서는 1인가구 및 소수가구가 증가하고 여성의 사회진출이 증가하면서 외식이 일상화되고 외식 빈도수도 증가하고 있다. 또한 HMR로 대표되는 가정간편식 시장이 성장하면서 외식산업에서도 외식매장간편식이라고 하는 메뉴도 개발되고 있다.

2014년도에는 세월호가, 2015년도에는 메르스가 한국사회를 강타하면서 국제적인 경제 저성장과 경기침체는 소비심리를 위축시켰으며, 이에 따라 로케팅소비라는 개인소비 양면화 현상과 함께 소비에 대한 보상심리를 통한 힐링도 구체적으로 나타나고 있다.

IT기술의 발전과 스마트폰의 대중화와 SNS 사용자 증가는 셀카와 먹방으로 대표되는 보여주기식의 외식소비 형태로 나타났으며, 사회적

거시환경요인에 따른 외식산업 소비형태

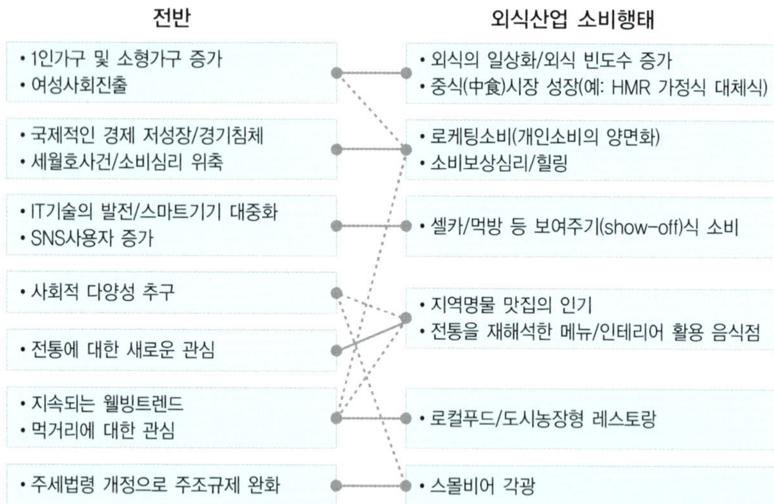

다양성 추구, 전통에 대한 새로운 관심 및 웰빙트렌드 등은 지역명물 맛집의 인기로 나타나거나 전통을 재해석한 메뉴 그리고 로컬푸드 및 도시농장형 레스토랑의 성공을 이끌었다.

로케팅소비라고 불리는 개인적 소비 양면화는 외식빈도가 증가하며 일상적 외식 지출은 줄이고 어떤 항목에서는 작은 사치(small luxury)를 통해 상실감을 만회하려는 두 가지 양극화된 성향의 소비패턴을 보이고 있다. 과거 소득수준에 따른 소비양극화와는 달리 최근에 나타나는 소비양면화는 한 사람의 이중적인 소비를 설명한다.

즉 개인이 자신을 돋보이게 하는 특정한 제품에 대해 높은 가격을 지불하고 나머지 소비는 모두 저가제품으로 소비하는 형태를 이르는데 화장품시장이 대표적이다. 최근에 중가제품을 생산하는 한국의 화장품 기업이 어려움을 겪는 이유이다.

다양성과 전문화적 성격도 대중화되고 획일화된 주류상품에 싫증을 느끼는 소비자들이 새롭고 다양한 비주류상품을 추구하는 성향을 보이며 단순히 다양성을 추구하기보다는 전문성을 갖춘 인증된 음식점을 선호한다. 특히 한 지역에서 유명하던 명물 맛집들이 대형백화점 식품 매장에 대거 입점하는 현상을 설명할 수 있다. 이런 현상은 가공식품을 구매하여 식품기업에서 제시하는 레시피로 음식을 만들어 먹는 것이 아니라 다양한 레시피를 개발하여 자신의 스타일로 바꾸는 조리방식이 유행하는 것도 동일한 현상이다.

전통의 재해석도 최근에 부각되고 있는 외식소비의 한 형태인데, 우리 고유의 전통을 재해석한 한식디저트 등이 큰 인기를 끌었으며, 이는 건강 먹거리를 찾고자 하는 소비자들의 니즈를 만족시키는 동시에 '전통' 적 요소의 고리타분한 이미지를 벗어나 세련되고 현대적인 이미지로 젊은이들에게 인기를 끌고 있다. 이는 대기업이 본격적으로 경쟁하고 있는 한식뷔페의 인기를 반영하고 있으며 빙수시장의 성장 그리고 한방차 프랜차이즈회사의 성장도 같은 개념이다.

스마트기기의 대중화와 SNS의 확장은 맛있는 음식을 사진을 통해 타인과 공유하려는 심리와 맞물려 자신의 일상을 기록하고 공유하고자 하는 방식으로 의사를 표현하고 있다. 또한 SNS를 통해 개별 소비자들이 정보를 생산해내고 소비하며 유명인이 찾은 음식점을 찾아가 사진을 찍어 공유하는 등 보여주기식의 소비패턴이 두드러지고 있다. 이런 소비현상은 소비자들이 제공하는 음식점 평가가 맛있는 음식점이라는 동질감을 주면서 음식점의 인기를 가름하는 척도가 되었으나, 이런 현상을 활용하여 소비자의 의견을 조작하는 부작용이 나타나고 있기도 하다.

6.2 외식소비형태 변화가 미치는 트렌드 키워드 변화

외식소비형태에 영향을 미치는 요인으로는 외식동행인 · 빈도 · 지출에 대한 이해가 필요하며, 주 소비업종이나 메뉴 그리고 외식소비요인에 대한 평가도 필요하다. 외식동행인 · 빈도 · 지출 측면에서는 1인이 하는 외식문화가 자연스러운 현상이 되고 있고, 주중에는 직장인, 주말에는 가족단위 고객이 많은 편이다. 외식이 보편화되며 매식개념의 외식(HMR/Take-out 등)이 증가하고 있으며, 단일 소비자의 이중적인 소비패턴(양극화소비)도 나타나고 있다.

주소비업종과 메뉴의 변화측면에서는 베트남 쌀국수 등과 같은 에스닉푸드가 일상화되고 있으며, 한식의 재해석 그리고 집밥이 인기를 끌고 있다. 또한 코스요리보다는 단품요리를 선호하며 메뉴도 간소화되고 있다. 특히 고객취향에 맞는 맞춤형 식단에 대한 니즈가 증가하는 추세이며, 지방유명브랜드 맛집이 서울로 진출하는 현상이 두드러지고 있다.

한식, 뷔페, 가정식, 컵밥 등이 간편식을 주소비업종으로 분석되고 있으며, 정통 중식은 스낵화 및 간소화되며 업종과 업태가 전환되는 추세이다. 또한 일식/횟집은 일본의 원전사고 이후 지속적으로 감소하는 추세를 보이고 있으며 빙수, 마카롱, 츄러스 등 디저트시장이 큰 폭으로 성장하고 있다.

업종별 측면에서 보면 음식점 방문의 경우 '한식'이 최근 3년간 여전히 높으나 그 이용비중은 점차 줄어드나 대기업에서 운영하는 한식뷔페는 예외이며, '제과 · 제빵'이 큰 폭으로 증가하여 테이크아웃 소비의 한 패턴을 형성했다.

서비스 형태별 음식점의 이용빈도는 월기준 2014년 대비 미미한 변화를 보이고 있다. 주문배달은 최근 3년간 지속적으로 하락하고 있는데 이는 테이크아웃이 서비스형태의 한 축을 형성하면서 이용비중이 옮겨간 것으로 추측된다.

프랜차이즈 매장은 방문, 주문, 테이크아웃 모두 그 비중이 최근 3년간 지속적으로 늘고 있으며, 특히 테이크아웃은 거의 80% 수준에 이르는 것으로 나타났고, 특별한 날 외식소비형태에서 프랜차이즈음식점을 찾는 비율이 일상적 외식소비형태의 경우와 비교하였을 때 상대적으로 높았다. 비프랜차이즈 음식점의 경우 방문, 주문, 테이크아웃 모두 그 비중이 최근 3년간 지속적으로 감소하는 추세이나 특별한 날 외식소비의 경우엔 전년에 비해 소폭 증가하였다.

IT기기 보편화 및 라이프스타일 변화는 휴대폰 사용이 보편화되면서 SNS 및 블로그 등이 외식소비패턴에 지속적으로 영향을 미치고 있으며 특정 배달앱(예: 배달의 민족)을 사용하는 경우가 절반(56.1%)을 상회하는 것으로 나타났다. 2015년 핫이슈가 되었던 배달앱과 관련하여 향후에도 앱의 종류에 관계없이 지속적으로 사용할 의향이 있는 것으로 나타났으며, 메뉴결정이 쉬워 자주 사용하는 것으로 조사되었다.

외식소비요인 측면에서는 합리적인 소비, 가치소비의 고착화로 가격대비 높은 만족을 느끼도록 하고 있다. 또한 가성비가 높은 외식메뉴와 음식점이 높은 인기를 끌고 있으며 식재료의 원산지가 중요시 되고 있고, 배달앱이 활성화되고 있는 것도 중요한 요인이다.

외식소비형태의 변화에 따라 나타나는 외식트렌드는 현재 외식트렌드에 대한 인식과 외식트렌드 반영사례 및 향후 외식트렌드에 대한 인식변화가 필요하다. 현재 외식트렌드는 외식과 오락(엔터테인먼트)적 요소가 결합되면서 새로운 경험을 제공하는 방식의 음식점이 증가하고 있으며, 스마트폰 · SNS의 확대로 전시성(보여주기식) 소비증가가 나타나고 있다.

또한 외식 · 디저트 · 커피 등을 한 곳에서 즐길 수 있는 복합매장이 증가하고 있고, 단맛을 즐기려는 소비자가 증가하면서 디저트 매장도 폭발적으로 증가하며, 캠핑테마형 레스토랑 등 단순한 식사 이외에 이색적인 체험을 제공하는 매장도 증가하고 있다.

현재 외식트렌드를 반영한 성공사례로는 기존의 메뉴에 재료나 조리법을 변형시켜 프리미엄으로 개선한 메뉴도 인기(프리미엄 김밥)를 얻고 있고, 대형 외식업체들의 복합 외식문화공간도 증가하고 식사대용으로 즐길 수 있는 디저트메뉴(아시아롤)도 인기를 얻고 있다. 향후 외식산업소비를 이끌 수 있는 트렌드로는 외식소비패턴의 양극화, 1:1 고객맞춤형 소규모 매장이 증가하고, 외식시장 세분화 · 다양화 · 전문화현상도 나타나고 있다. 1인가구 증가로 나홀로식사 · 도시락 · HMR 산업이 꾸준히 증가하고 있다.

6.3 업소용 가정간편식 시장의 확대

기존 유통채널에서 판매되고 있는 식품업계 HMR처럼 식자재 분야에도 이와 같은 맥락으로 불리우는 용어의 필요성을 느끼고 아래와 같이 업소용간편식에 대한 개념과 용어가 제안되고 있다.

가정식 분야에서처럼 식자재 분야도 전문조리사가 없이도 일정수준 이상의 맛을 구현할 수 있는 조리완제품 혹은 간편식자재의 필요성은 수년전부터 제기되어 왔고 이미 그러한 니즈에 부합되는 상품들이 유통되고 있는 바, 이런 형식의 상품들을 총칭하는 용어로써 '업소용간편식' 이 대표적인 명칭으로 제안되었다. 한글로는 '업소용간편식,' 영어로는 'Restaurant Meal Replacement' 약어로 RMR로 표현한다. RMR로 구분되기 위한 조건과 분류는 다음과 같다.

RMR상품 조건

- 개인용이 아닌 업소용(외식용/급식용) 성격을 지녀야 한다(가격/규격/레시피 등).
- 특정 기술이 없어도 조리가 가능하거나 고객에게 제공이 가능해야 한다.
- 해당 요리(메뉴)에서 가능한 최대의 완제품 완성도를 추구해야 한다(꼭 필요한 요소(재료)가 누락되어서는 안된다).
- 그 자체로 반재료나 베이스가 아닌 완제품이어야 한다.

RMR상품의 분류

- Service to Eat(바로 개봉해서 제공하는 상품): 샐러드류, 콜드컷류, 냉채 등 데우지 않고 바로 제공하는 상품
- Service to Heat(데워서 제공하는 상품): 전자렌지, 중탕, 후라이팬 등 간편히 데워서 제공하는 상품
- Service to Cook(조리해서 제공하는 상품): 90% 이상의 재료가 모두 들어 있어 레시피에 따라 손쉽게 조리해서 제공하는 상품

마케팅적으로는 RMR을 제공하는 기업에서 해당 제품에 RMR 전용 상품임을 홍보하여 차별화된 전략을 구사할 수 있으며, 수요자 입장에서는 새로운 식자재에 대한 부담감과 거부감을 최소화하면서 손쉽게 기존 레시피를 대체하거나 신메뉴를 취급할 수 있게 될 것이다. 또한 완성도 높은 메뉴를 손쉽게 접하는 유통환경이 조성됨으로써 외식분야 전반의 완성도 제고에 기여하여 궁극적으로는 외식업 활성화에 큰 전

기를 마련할 수 있으리라 예상된다.

외식시장 점포포화로 경쟁이 심화되면서 점포경쟁력 제고의 일환으로 브랜드상품, 일명 PB(Private Brand Goods)상품을 판매하는 곳이 늘고 있다. 남들과 같은 상품을 저렴하게 팔거나 무조건 고급 상품만 추구했던 것과 달리, '우리 점포에서만' 살 수 있는 가치차별화를 두면서 고객들에게 좋은 반응을 얻고 있다. 이런 상품의 대부분이 RMR 상품인 경우가 많다.

기존 메뉴를 배달과 포장이 쉽도록 포장상품으로 판매하는 경우가 늘었다. 양이 많아 3~4인으로 시켜야 했던 보쌈이나 족발 등을 1인도시락으로 만들어 인기를 끄는 곳이 있다. '원할머니보쌈 · 족발' 이 내놓은 '원할머니 정성도시락' 은 최근 트렌드에 맞게 집밥 같은 도시락으로 알차게 구성됐다. 직장인과 1인가구를 비롯하여 세미나, 나들이용으로 찾는 이가 많다.

프리미엄 돈가스전문점 '하루엔소쿠' 도 2015년 상반기에 테이크아웃 포장 서비스를 도입했다. 나베류를 제외한 전 메뉴 포장이 가능하다. 일본 정통돈가스와 우동, 메밀국수 포장이 가능해 오피스 세미나, 행사용 등으로 단체 도시락 주문으로 인기 행진 중이다. 하루엔소쿠는 두툼한 고기와 생빵가루, 고품질 튀김기름 등으로 만든 고품질 돈가스를 8,000~10,000원의 합리적인 가격에 판매한다.

요즘 밥과 커피는 항상 붙어 다닌다. 대부분의 직장인들은 밥을 먹고 커피를 먹게 마련이다. '한솥도시락' 은 이점을 공략해 부가수익을 올리고 있다. '한솥도시락' 은 전국 670여 개 매장에서 '찬차마요커피' 를 판매한다. 휴대가 간편한 드립커피백과 아이스파우치커피, 카페라떼, 캔커피 등을 판매한다. 휴대용 팩은 1,000~1,500원, 매장에서 판매하는 커피는 1,500~2,000원대이다.

'한솥도시락' 은 2,000원대부터 시작하는 도시락 50~60종을 판매한다. 점포는 테이크아웃 전용과 홀타입 두 종류가 있다. 테이크아웃에 최적화된 소형점포는 매장타입에 비해 원가를 20% 절감할 수 있다. 모든 도시락 메뉴는 본사에서 일괄 공급하기 때문에 간편조리와 판매만 하면 된다.

6.4 가치소비(로케팅소비)에 대한 이해

'로케팅소비'란 일상적 외식에 있어서는 지출을 줄이고자 하고 자신이 좋아하는 메뉴나 특별한 날의 외식의 경우에는 가격에 대한 민감도가 낮은 개인소비의 양극화 현상을 말한다.

경기침체로 인한 소비위축 기조와 함께 일상적 외식에 있어서는 지출을 줄이고자 하고 특별한 외식의 경우나 자신이 좋아하는 특정 상품에 있어서는 거침없이 소비하는 한 개인의 양면적인 소비패턴으로 한 개인의 소비이중화를 말한다.

고급품을 사고 싶은 소비심리가 경제적 제약과 맞물려 등장한 용어로 경기침체로 인한 소비위축 기조가 있었으나 오히려 고가의 디저트 시장, 프리미엄메뉴 등의 부문(스몰럭셔리, small luxury)에서는 성장

가치소비의 원인

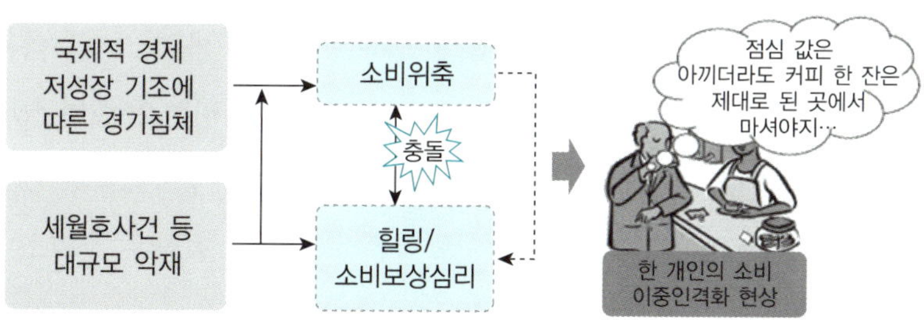

이 있었던 것을 설명하는 현상이다.

경기침체가 장기화되는 경제적 요인과 세월호사건과 메르스사태 등 대규모 악재가 겹치며 일상적 소비지출에 감소가 있었던 반면, 소비보상심리가 이와 상충하며 한 개인의 양면적인 소비형태가 나타난 것으로 분석되며, 로케팅소비에 대응하는 외식업운영자의 마케팅을 펼치기 위해서 소비자의 니즈와 원츠를 적절히 활용하고 소비를 통한 심리적 안정감 추구에 대한 소비자들의 소비욕구를 충족시켜야 할 것이다.

외식업운영자의 로케트소비에 대한 마케팅전략으로 소비자 니즈(needs)와 원츠(wants)를 서로 적절히 활용하는 방법과 특정 품목의 가치소비로 위로받고 심리적 안정감을 찾고자 하는 욕구를 충족시켜주는 것이 제시되고 있다.

한국인의 가치소비에 관한 조사결과

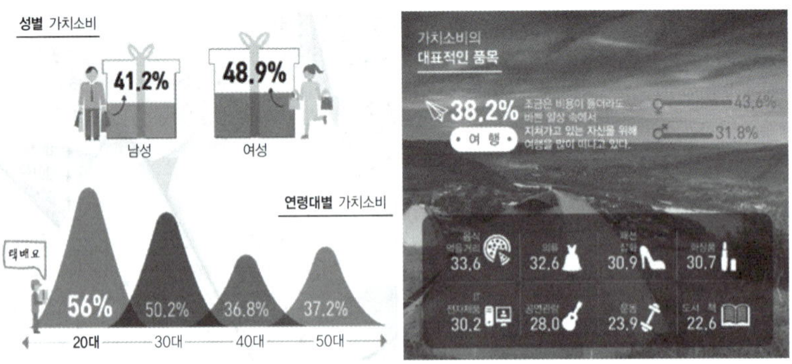

트렌드모니터의 소비자조사 결과에 의하면 한국의 가치소비를 하는 남성이 41.2%이고 여성은 48.9%이며, 연령별 가치소비는 20대가 56%로 가장 높다. 대표적인 가치소비의 품목으로는 여행이 38.2%로 가장 높고 음식 또는 먹을거리가 33.6%를 점유하고 있어 음식은 가치소비의 대표적인 품목이다.

니즈(needs)와 원츠(wants)가 있는데 니즈(needs)는 일반적 소비자의 욕구이고 원츠(wants)는 세분화되고 고도화된 요구이다. 소비자들의 맛있는 음식에 대한 '니즈'를 충족시켜주는 것도 중요하나, 더욱 세분화된 욕구인 '원츠'가 존재하고 있으며 그것을 충족시켜주는 가치창출이 중요하다. 소비자가 부여한 가치를 충족시켜 준다면 소비자는 가격에 덜 민감해지며 상대적으로 premium price를 수용할 가능성이 높다.

특정 품목의 가치소비로 위로받고 심리적 안정감을 찾고자 하는 욕구를 충족시켜주는 마케팅전략에는 세월호사건이나 메르스발병 등 국가적인 재난은 현재 국민의 소비심리뿐 아니라 전반적인 국민심리 위축에 영향을 미쳤다. 그러나 소비자들은 거시적인 소비침체 속에서도 자신이 원하고 추구하는 세분화된 품목에 대해 아직까지 소비를 아끼지 않고 있다.

이렇듯 특정 가치품목의 소비로서 위로받고자 하는 소비자의 심리를 반영한 여러 전략이 필요한데 소비자의 심신을 치료해주는 디저트 개발이나 소비자들이 편안하게 쉴 수 있는 공간을 창출하는 것도 하나의 전략이다.

6.5 한식의 재해석

전통 한식을 그대로 유지 · 재현하는 것에서 나아가 현대화된 컨셉에 맞춰 세련되고 모던하게 재해석한 외식트렌드를 '한식의 재해석'으로 정의하고 있으며, 2014년 한 해 큰 인기를 끌었던 한식 디저트 전문점 '설빙'과 전통 식재료와 스토리를 가진 한식을 캐주얼한 방식으로 제

한식의 재해석 사례

▶ 전통 한식을 재해석한 '설빙'의 대표 메뉴

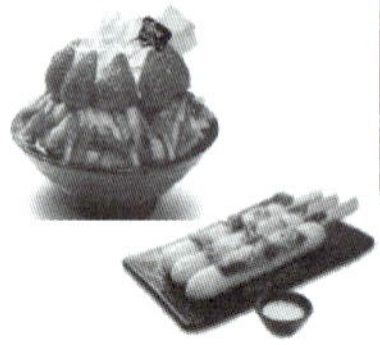

사진출처: 설빙 공식 홈페이지

▶ 트렌디한 한식뷔페

사진출처: 한식, '캐주얼뷔페'로 인기 절정. 메트로. 2014.11.21

▶ 현대적 인테리어를 갖춘 한식 레스토랑/카페

사진출처: 한식의 세계화를 이끄는…. mk뉴스. 2014.9.12

사진출처: 카페 오가다. 전통과 현대의 맛과 멋을 오가다…. 단미(조선닷컴). 2014.7.9

공하는 한식뷔페를 예로 들 수 있다.

전통 한식을 그대로 재현하는 것이 아니라 현대화된 컨셉에 맞추어 세련되고 모던하게 재해석하였다. '전통' 적 요소를 배합하여 건강한 음식의 이미지를 주는 동시에 트렌디한 인테리어나 캐주얼한 서비스방식을 접목한 새로운 범주의 외식트렌드로 한식의 재해석에서는 '한식' 을 결정짓는 요소와 '모던' 을 결정짓는 요소의 항상적인 가치들을 각각 지키는 것이 중요하며, 각각의 항심가치를 침범하지 않는 범위 내에서 전략수립이 필요하다.

한식에 대한 소비자의 인식은 이제 옛 음식이라는 이미지에서 벗어나 한식만의 전통적인 가치를 받아들이는 단계에 있으며, 한식의 제공방법과 그 절반의 차별화, 그리고 스토리텔링 등을 통한 시너지전략이 필요하다.

한식(product)을 제공(place)하는 방법과 그 전반에 대한 차별화가 필요하며, 이와 함께 운영매장 전체에 대한 스토리텔링을 통해 시너지효과를 내는 것이 필요하다. SF이노베이션 캐주얼 한식 브랜드 '스쿨푸드' 는 급격히 쌀쌀해진 초겨울 날씨를 겨냥, 스쿨푸드만의 재미있는 감성이 담긴 퓨전국밥을 출시했다.

직장인들의 단골메뉴인 부대찌개에 전통 국밥 레시피를 더해 이색

한식을 모던하게 마케팅하는 전략

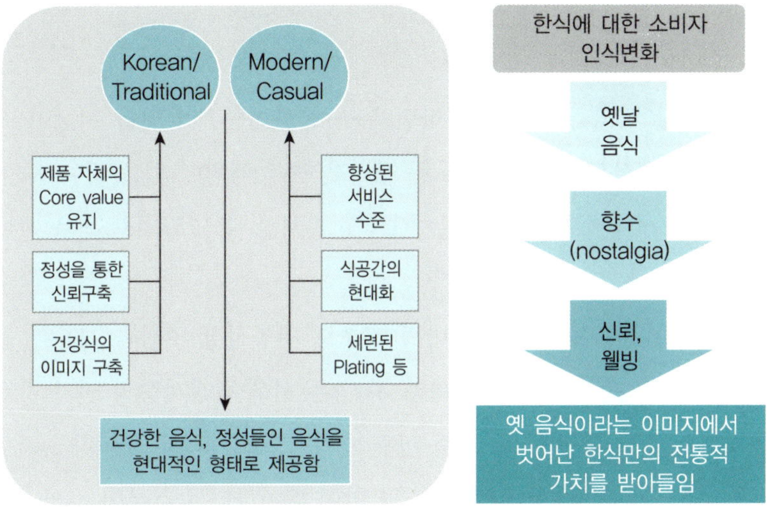

한식메뉴로 재해석한 퓨전메뉴다. '이태원 부대국밥'은 얼큰한 부대찌개 맛에 깊고 진한 국밥 느낌을 더했으며, '서울 부대국밥'은 시원하고 얼큰한 전통 국밥에 햄과 오징어를 올려낸 서울식 하얀부대국밥으로 매운 음식을 못 먹는 사람도 깔끔하고 담백하게 즐길 수 있다.

이탈리아 감성의 퓨전 즉석떡볶이 브랜드 '밀라노분식'은 국민 분식 떡볶이를 세련되게 재해석한 크림떡볶이 퓨전메뉴로 인기몰이 중이다. 스쿨푸드의 세컨드 브랜드로 2015년 8월 현대백화점 판교점에 1호점 매장을 오픈했다. 진한 크림소스에 매콤한 소스를 넣어 로제 스타일로 재탄생한 일명 '밀라노크림떡볶이'가 대표메뉴다. 떡볶이를 다 먹고 난 뒤에는 볶음밥 대신 리조또, 파스타메뉴로 즐길 수 있어 별미다.

6.6 시장 맛집에 무슨 일이

전통시장 내의 맛집을 방문하면 누구나 한번쯤 '이 맛을 시장이 아닌 다른 곳에서도 즐기고 싶다'는 생각을 해본 경험이 있을 것이다. 이에 착안해 신세계그룹 이마트는 전국 전통시장 내 맛집의 음식을 간편 가정식으로 옮기는 데 성공했다.

이마트가 2013년 9월 대형마트 최초로 전통시장 맛집과 제휴해 출시한 '피코크 순희네빈대떡'(아래 사진)은 서울 광장시장의 인기 맛집 중 하나인 순희네빈대떡을 냉동 간편 가정식으로 내놓은 것이다.

출시 이후 원조 순희네빈대떡만큼 맛이 뛰어나다는 소문이 소셜네트워크서비스(SNS) 등에 퍼지면서 이마트 내 인기 간편가정식 중 하나로 부상했다. 포장을 뜯은 뒤 프라이팬에 냉동된 빈대떡을 올리고 중불에 5분가량 조리하면 광장시장에서 즐기던 빈대떡의 맛이 그대로 재현됐다. 순희네빈대떡은 2014년 8월까지 이마트에서 6만 4,000개가 팔렸을 정도로 인기가 좋다.

백화점입점 시장 맛집 사례

부산 국제시장의 명물 '씨앗호떡'을 파는 롯데백화점 광복점

이마트 죽전점에 들어선 '명동 떡갈비' 매장. 이마트 제공.

지방 전통시장의 인기상품은 충남 천안 중앙시장의 '못난이꽈배기', 경기 성남현대시장의 '찬뜰애모듬전', 경남 창원시 오동동 상인연합회의 대표 인기상품인 '오동동 할매아구포' 등이 뽑혔다.

최근 온라인 사회관계망서비스(SNS)상에서 이마트의 자체 간편식품 브랜드 '피코크'에서 출시한 '초마짬뽕' 시리즈가 화제에 올랐다. 초마는 '전국 3대 짬뽕' 대가의 셋째 아들이 홍대에 개업한 짬뽕전문점으로, 양현석 YG 대표 등 유명인사들이 자주 찾는 맛집으로 알려졌다. 이곳의 짬뽕 레시피를 이마트가 간편식으로 제작, 2개들이 8,000원에 판매하고 있는 '피코크초마짬뽕'과 '하얀짬뽕' 두 가지 제품으로 2015년 8월부터 판매하기 시작했다.

CJ푸드빌은 자사 브랜드 식당 '비비고'에서 왕십리의 명물 '깍두기볶음밥'을 선보였다. 최근에는 CJ제일제당 '프레시안'의 간편식으로 깍두기볶음밥 제품을 출시하기도 했다. 심지어 계열사인 단체급식 전문업체 CJ프레시웨이에서 깍두기볶음밥 등 맛집 레시피를 구내식당 메뉴로 개발하기도 했다.

깍두기볶음밥은 원래 왕십리의 유명 맛집 '대도식당'의 간판 메뉴다. 등심구이집인 이곳에서는 고기를 구운 뒤 불판에 볶아주는 깍두기볶음밥이 입소문을 탔다.

2015년 8월 개점한 현대백화점 판교점 식당가도 각 지역 유명 맛집을 다수 입점시켜 손님을 끌고 있다. 이곳에서는 이태원 경리단길 맛집으로 알려진 사천요리전문점 '연화방'과 '마약빵'이라는 별명을 얻을 정도로 소문난 대구의 '삼송빵집' 등이 자리를 잡고 있다. 동네빵집의 '브랜드화' 선구자격인 대전의 유명 빵집 '성심당'은 지난 2013년 롯데백화점 본점에 이벤트 매장으로 문을 열고 1주일만에 1만 7,000여 명의 방문객과 1억 5,000만원의 매출을 냈다.

2015년에는 부산의 유명 빵집 비엔씨(B&C)의 팝업스토어가 오픈되었다. 대기업 입장에서 지역 유명 맛집과의 제휴는 이미 인지도를 갖고 있는 콘텐츠를 통해 수익을 확대시킬 수 있는 가장 효율적인 방법 중 하나이다. 비용과 시간을 들여 신규제품을 개발하거나, 초기비용을 들여 마케팅을 하지 않고도 그 자체로 홍보효과를 누릴 수 있기 때문이다.

여기에 가정간편식 붐이 일어나면서 맛집 레시피를 사용한 제품들은 실제 매장에서 판매하는 음식의 반값 이하로 거의 동일한 맛을 볼 수 있다는 장점으로 소비자들에게 더욱 호응을 받고 있다. 한편, 개인이 개발한 맛집의 인기에 대기업이 손쉽게 편승해 경제적 이익을 얻는다는 비판도 피하기 어렵다. 기업이 신규제품 개발보다는 '편한 길' 을 간다는 지적이다.

6.7 먹방 신드롬을 이해하자

'먹방' 은 '음식 먹는 방송' 을 지칭하는 말로 개인이 먹는 모습을 인터넷방송 등을 통해 여러 시청자들과 공유하면서 시청자들 식욕을 돋우는 행위에서 비롯된 단어이다.

2015년 예능 트렌드를 단 한마디로 정리하면 '음식' 이라고 할 수 있다. 힐링, 연애, 육아 등 매번 달라지는 예능 트렌드의 흐름 속에서 '음식' 이라는 코드가 올해 방송가를 완전히 점령했다. 'TV만 틀면 먹고 있다' 는 말도 틀린 말이 아닐 정도로 신드롬에 가까운 '푸드예능' 의 인기 속에서 각 방송사는 다른 프로그램과 차별화되는 푸드예능을 만들기에 주력하고 있다.

이런 먹방신드롬은 '페이스북, 인스타그램 등의 SNS를 통해 자신이 먹은 음식에 관한 정보와 정서를 남들과 쌍방향으로 공유하는 새로운 형태의 식문화 현상'으로 정의되고 있다. SNS 음식공유는 자신의 일상을 기록하고 유용한 정보를 생산·공유하고자 하는 긍정적 기능의 수단인 한편 자신을 뽐내고자 하는 '적시성' 소비라는 부정적 측면도 있다.

먹방신드롬이란

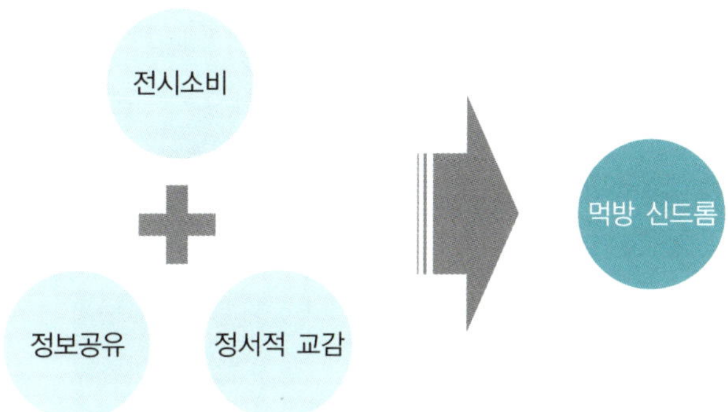

모바일 인터넷 이용자 10명 중 5명(50.4%)이 SNS를 이용하였으며, SNS이용자의 70%는 개인적 관심사를 공유하기 위해서이며, 64.7%가 일상생활의 기록을 위해 이용한다고 응답하였고, SNS를 통한 공유가

연령별 SNS 이용비율

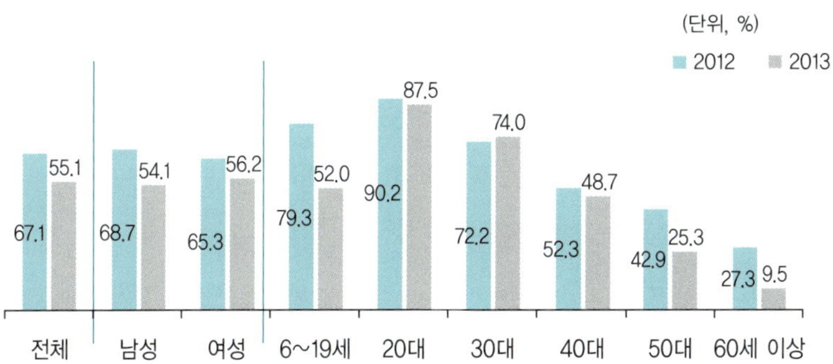

활발히 이루어지고 있는 것으로 보여진다.

SNS 이용률은 여성이 남성보다 다소 높았으며, 연령별로는 20대(87.5%), 30대(74.0%)의 순으로 나타났다. SNS 채널을 이용한 외식 로케팅 성공사례를 조사한 결과, SNS마케팅의 가장 중요한 요인으로는 '소비자입소문(word of mouth)' 으로 나타났으며 소비자들로 하여금 활발한 공유를 하도록 동기부여하는 마케팅이 필요할 것으로 보인다.

자료: 스포츠조선(2015. 10. 19)

외식소비자의 SNS 참여를 유도하여 고객이 SNS를 통해 음식점에 대한 정보를 자발적으로 생성하고 공유할 수 있는 '콘텐츠' 를 개발하여 SNS 이용률이 높은 20~30대의 '먹방 자랑 심리' 를 유도하여 SNS 상에서 자랑(showing off)하도록 하는 게 중요하다.

과거 외식기업을 중심으로 활성화되었던 SNS 홍보활동이 지역의 소규모 음식점으로까지 확대됨에 따라 골목식당 및 지역의 음식점들도 SNS상에 음식점을 지속적으로 홍보함으로써 외식소비자들에게 자연스럽게 노출시켜 홍보효과를 극대화시킬 필요가 있다.

6.8 주방을 소비자가 보게 하라

아래의 사진들은 7호선 건대전철역에서 롯데백화점건대역점으로 가는 지하도에서 현재 영업을 하고 있는 디저트 또는 HMR매장이다. 이 매장들의 공통점은 지나다니는 고객들에게 주방을 모두 공개하고 있다는 점이다.

건대전철역 지하차도의 매장 전면배치 Shop

최근 주변에서 주방을 공개하는 음식점을 심심찮게 볼 수 있을 것이다. 그렇다면 주방을 공개하는 현상은 왜 나타난 것일까? 아마도 첫 번째 원인은 하루가 멀다 하고 터져 나오는 식품불신의 문제일 것이다. 가장 최근에 문제가 되었던 떡볶이 떡 생산 1위 업체의 대장균 오염 떡의 유통문제도 그렇고 신문이나 방송에서 취급하는 단골 방송소재가 되고 있다.

두 번째 문제는 매장을 차별화기 위한 것도 이유이다. 이들 업체들은 사용하는 원료들을 소비자들이 볼 수 있도록 비치해 놓고 있기도 하다. 주방을 고객들이 직접 보게 함으로써 얻게 되는 이익은 신뢰의 문제에다가 음식을 조리할 때는 나는 냄새를 활용한 마케팅이 가능하다는 이

유도 될 것이다.

세 번째는 매장의 규모이다. 서울지역에서 매장임차료가 지역적인 차이는 있겠지만 날이 갈수록 상승하고 있어서 큰 규모의 매장을 운영해서는 수익을 내기가 쉽지 않다. 따라서 점장과 직원 1명이 매장을 운영하는 소규모 형태로 가게 되고 이에 따라 직원의 움직임을 고려하면서 주방이 전면에 배치되고 있는 이유가 되기도 한다.

CHAPTER 7

외식산업 생태계에 대한 이해

7.1 한국외식산업 분류

외식산업을 이해하기 위해서 중요한 요소가 외식에서의 업종분류를 이해하는 것이다. 한국에서는 외식업중앙회와 중소기업청에서 각각의 분류체계를 따로 운영하고 있어서 두 가지 분류를 모두 소개하고자 한다.

중소기업진흥청의 외식업종 분류는 중소기업청의 상권정보시스템에서 확인이 가능하며 전국 1,500개의 상권을 대상으로 업종현황, 경쟁업소현황, 유동인구 및 임대시세 분석정보를 제공하고 있다.

외식산업 업종별 빈도수

(통계청 2013)

업태분류	세분류	사업체수(개)	비율(%)
일반음식점업	한식음식점업	299,477	47.11
	중식음식점업	21,503	3.38
	일식음식점업	7,466	1.17
	서양식음식점업	9,854	1.57
	기타 외국음식점업	1,588	0.25
기관구내식당업	기관구내식당업	7,930	1.23
출장 및 이동음식업	출장음식서비스업	511	0.08
기타음식점업	제과점업	15,313	2.41
	피자 · 햄버거 · 샌드위치 및 유사 음식점업	13,938	2.19
	치킨전문점	31,469	4.95
	분식 및 김밥전문점	45,928	7.22
	그 외 기타음식점업	4,275	0.67
주점업	일반유흥주점업	29,172	4.59
	무두유흥주점업	1,464	0.23
	기타주점업	97,731	15.37
	비알콜음료점업	48,121	7.57
계		635,740	100

외식업중앙회의 업종분류는 메뉴 및 서비스 형태를 기준으로 한식, 중국식, 일식, 경양식, 생선회, 식육취급, 탕류, 출장조리, 뷔페식, 패스트푸드, 김밥(도시락), 분식, 통닭(치킨), 카페, 정종 대포집(선술집), 호프(소주방), 기타 등으로 구분하고 있으며 한식점업의 구체적인 세분류 기준은 없다.

업종별 외식업경기지수 세부기준

업종	세부업종	조작적 정의
한식	일반한식(가정식백반)	밥, 국, 찌개, 반찬으로 구성된 한상차림을 제공하며 주력메뉴가 정해지지 않고 다양한 메뉴를 제공함
	한정식	한국 반상차림을 코스별로 격식을 갖추어 제공하는 고급 한식당
	면류	면류를 전문적으로 제공하는 한식당
	육류(구이점)	육류구이를 전문적으로 제공하는 한식당
	국 및 탕류	특정 식재료를 중심으로 국, 탕, 찌개 등을 전문적으로 제공하는 한식당
	해산물류전문점	한국식 메뉴와 차림새로 해산물 요리를 제공하는 식당
에스닉	일식	해산물을 일본방식으로 요리하는 '일식횟집' 과 일본 전통메뉴를 메인으로 하는 식당을 총칭함
	중식	한국화된 중국음식 배달 식당 또는 중식 전통메뉴를 메인으로 하는 식당을 총칭함
	서양식	프랑스, 이탈리아, 기타 서양식으로 구분함
	그 외 에스닉	태국식당, 인도식당 등의 소수 에스닉 식당을 총칭함
기타	주점	주류를 중점적으로 팔고, 메뉴를 다양하게 제공하는 주류판매 위주의 식당을 일컬음
	비알콜음료점	식사개념의 메인메뉴를 팔지 않고 비알콜음료나 간편식을 파는 커피전문점이나 베이커리전문점

한국에서 분류되고 있는 외식의 종류는 크게 한식, 에스닉 그리고 기타로 나누어지고 한식에는 한정식 · 면류 · 육류 · 국 및 탕류 및 해산물류전문점으로 나뉘며, 에스닉에는 일식 · 중식 · 서양식 그 외 에스닉으로 나누어지며, 기타에는 주점과 비알콜음료점으로 나뉜다.

7.2 한국외식산업 현황

음식점업 및 주점업 사업체의 현황을 살펴보면, 사업체수는 2010년 58만 6천 개에서, 2013년 63만 6천 개로 증가하였으며, 동 기간 매출액 규모는 67조 5천억원 규모에서 79조 6천억원 규모로 크게 성장하여, 사업체수 증가보다 매출액증가율이 더 높은 것으로 조사되었다.

동 기간 업체당 매출액 규모 역시 1억 1천5백만원 규모에서 1억 2천5백만원 규모로 크게 증가하였으며, 음식점업 및 주점업 종사자수는 2010년 161만 명 규모에서 2013년 182만 명 규모로 증가한 것으로 조사되었다.

음식점업 및 주점업의 종사자 규모별 업체 비율을 살펴보면, 종사자가 5인 미만인 업체수가 전체의 88.0%를 차지하고 있어, 비교적 소규모업체수가 절대다수인 것으로 조사되었다. 반면, 5~9인 규모의 업체

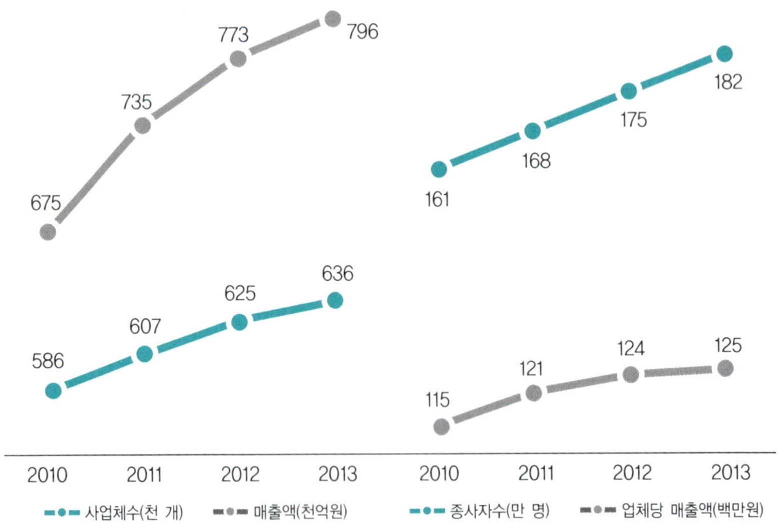

자료: 통계청, 도소매업조사, 각년도

수는 전체의 9.6%, 10인 이상의 대형업체수는 전체의 2.4%에 불과한 것으로 나타났다.

한편, 매출액규모별 업체비율을 살펴보면, 연매출액이 1억원 이하인 업체가 전체의 71.2%를 차지하고 있으며, 연매출액 1억~10억원 규모의 업체가 28.1%, 10억원 이상인 업체는 전체의 0.7% 수준에 불과하였다.

7.3 2015년 외식산업 경기현황

2015년 2/4분기 외식업경기지수는 61.19로 2011년 지수 산출 이후 가장 낮은 실적으로 기록되었다. 2015년 5월말에 발생한 메르스사태는 업종과 지역을 막론하고 외식업체 매출에 큰 타격을 주었던 것으로 보이며, 이는 국민들이 회식이나 모임과 관련된 외식을 자제하고 내식에 치중하였던 결과로 판단된다. 3분기 들어 메르스사태가 진정국면에 접

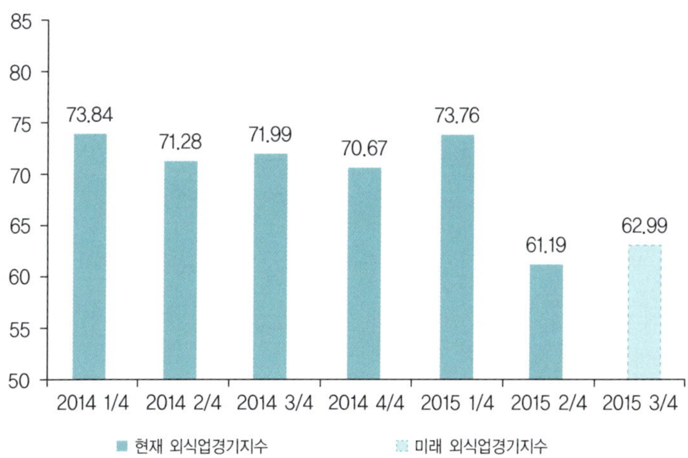

어들면서 다소 외식업의 매출 회복세가 나타났지만, 사태 이전과 비슷한 수준의 외식업체 수익성을 확보하는 데까지는 상당한 시간 이 걸릴 것으로 보인다.

외식업에 미친 메르스사태의 영향력은 2015년 2분기에 발생한 세월호 사건의 영향력을 상회하는 것으로 나타났으며, 세월호사건으로 인한 전분기 대비 지수 감소폭이 2.56p(73.84 → 71.28)인 데 반해, 메르스사태로 인한 전분기 대비 지수 감소폭은 12.57p(73.76 → 61.19)로 조사되었고 그동안 소득여건 개선 등에 힘입어 매출회복세를 보였던 소비가 메르스사태의 영향으로 크게 위축되었다고 판단된다.

2015년 6월 제조업과 비제조업의 BSI(기업경기실사지수)를 살펴보면 제조업 BSI는 66으로 전월 대비 7p 하락하였으며, 비제조업 BSI 역시 11p나 하락한 것으로 나타났고 이는 메르스사태의 영향력이 제조업에 비해 비제조업에 더 큰 타격을 준 것으로 해석될 수 있다.

메르스사태로 인한 충격이 상대적으로 덜한 업종은 중국음식점업, 제과업, 비알콜음료점업과 같은 배달과 테이크아웃 서비스 형태의 업종인 것으로 나타났으며, 업종 중 상대적으로 비한식업종에 비해 한식업종의 매출부진이 큰 것으로 나타났는데, 특히 위생에서 다소 취약하거나 회식, 모임 등과 관련된 한식업종의 매출이 크게 감소하였다.

4대권 권역을 기준으로 살펴본 지역별 동향에서는 상대적으로 다른 지역에 비해 회식과 모임의 목적으로 식당을 많이 방문하는 서울시의 외식경기 하락폭이 다른 지역에 크게 나타났으며, 서울 중에서 강남권에 비해 비강남권의 외식경기하락폭이 컸으며, 경기도 지역에서는 경기북부에 비해 메르스 확산지역에 속해 있던 경기남부지역의 매출감소폭이 크게 나타났다.

좌석수 · 사업장면적 · 연매출을 기준으로 한 외식업체 규모별 동향에서는 회식, 모임 외의 목적으로 방문하는 대형식당의 매출감소폭이 큰 것으로 조사되었다. 세월호사건으로 인한 매출감소가 소형, 중형, 대형에서 비슷한 매출 감소가 대대적으로 저가 식당 보다는 중 · 고가의 식당에서의 매출감소가 두드러졌으며, 규모와 가격의 상관성을 고려하여 살펴보면, 대형이면서 고가격정책을 실시하는 회식, 모임 중심의 식당이 메르스의 타격을 가장 크게 입었다고 말할 수 있다.

프랜차이즈 동향을 살펴보면, 프랜차이즈 식당에 비해 비프랜차이즈 식당의 매출감소폭이 컸으며, 상권별 동향을 살펴보면, 주거지에 비해 상업지의 매출하락폭이 큰 것으로 조사되었고 상업지 중에서도 특히 일반상업지, 재래시장, 그리고 오피스상권의 매출하락폭이 큰 것으로 나타났다.

2015년 3분기의 미래외식업 경기전망치는 62.99로 나타났는데, 이 수치 역시 2011년 외식업경기지수 조사 이래 가장 낮은 전망치로 메르스사태가 진정국면으로 접어들었다고 하더라도 당분간 외식업에서의 매출회복세는 뚜렷하게 나타나지 않을 것으로 예상된다.

고객수 기준 지역별 미래외식업경기지수 역시 매출액기준과 유사한 형태를 보여, 고객수 감소폭이 줄어들 것으로 예상되며, 미래식재료원가지수는 매출증가 예상에도 불구하고 모든 지역에서 현 수준이 유지될 것으로 전망하고 있으며, 미래고용지수는 고용감소의 폭이 줄어들 것으로 예상되어, 종업원수 증가에도 소극적인 모습을 보일 것으로 예상된다.

PART 3

크라우드펀딩 성공하기

CHAPTER 8

소비자 크라우드펀딩 참여하기

8.1 소비자가 식품생산에 투자하는 시대

한국의 식품기업은 소비자트렌드 변화에 따른 유통채널의 전략변화 그리고 모바일 유통시장의 등장과 함께 새로운 변화가 필요한 시기이다. 식품기업의 변화를 요구하는 가장 큰 흐름은 유통채널별로 강력하게 추진하고 있는 PB제품과 HMR제품의 포트폴리오 강화이다.

또한 모바일 유통시장의 성장을 통해 다양한 비즈니스모델이 생겨나면서 소비자가 기업에 쉽게 투자할 수 있는 시대로 진화하면서 극적인 변화의 흐름이 일어나려 한다. 한국에서 크라우드펀딩법 이전에 기부형태의 크라우드펀딩에 참여하는 사람들이 인터넷 가상공간에서 모임을 하는 정도였지만, 크라우드펀딩법 시행 이후에는 투자한 기업이 잘되면 금전적 이익을 볼 수 있게 되었다.

해외에서 주로 많이 활용되던 크라우드펀딩이 이제 점차 국내에서도 초기 시장의 문턱을 넘고 있으나, 아직 국내에서는 크라우드펀딩이 익

숙하거나 자주 접하는 대상은 아니다. 그 이유로는 여러 가지가 있을 것이다.

체면을 중시하고 남에게 아쉬운 소리 하는 것을 부끄러워 하는 유교적 문화가 크라우드펀딩 확산의 걸림돌이라는 지적도 있다. 예를 들어 크라우드펀딩 사이트에 본인의 프로젝트를 올렸는데 막상 이를 자신의 페이스북이나 친인척 네트워크를 통해 열심히 홍보하는 노력을 하지 못하다는 것이다. 자기표현이 분명한 서양에서 크라우드펀딩이 먼저 활성화된 것을 보면 일리 있는 이야기이다.

또는 해외에서도 킥스타터에 혁신제품들이 올라오기 시작하면서 확산이 쉽게 된 반면, 국내에서는 그 정도로 뭔가 혁신적인 제품을 내놓을 만한 기업이 많지 않다는 지적도 있다. 혁신적인 아이디어나 서비스가 회원들을 끌어들이고, 이제 주변의 소소한 프로젝트조사가 빛나 보이게 하는 후광효과를 낸다.

동양과 서양을 나누는 문화의 차이, 영어를 기반으로 글로벌 커뮤니티, 그리고 다양한 세계인들이 만나서 생기는 특이한 프로젝트들의 발현은 당장 국내의 크라우드펀딩 사이트들이 넘을 수 있는 벽은 아니다. 투자자 측면에서의 동기를 이해하면 국내의 크라우드펀딩도 활성화 포인트를 찾는 데에 도움이 될 것이다.

다행스러운 것은 보상형이든지 지분형이든지 크라우드펀딩을 통해 자금을 조달하는 성공사례들이 꾸준히 나타나고 있어 계기가 된다고 하면 국민들 사이에 대중적인 방식으로 자리잡을 날도 멀지 않은 것으로 판단된다.

물론 대부분의 한국에서 크라우드펀딩을 희망하는 식품기업은 IT 스타트업이 아니며, O2O서비스 배달앱 등 일부 모바일서비스에 서비스기반 스타트업에 한정해서 이해를 하면 식품 · 외식산업을 이해했다고 할 수 없다. 그러나 식품제조업과 프랜차이즈사업을 포함하는 식품산업의 전 세계 시장규모는 스마트폰사업 규모의 2배를 넘고 있고 매년 초고속으로 성장하고 있다.

또한 한류의 영향으로 외국에서 한국식품산업으로 성공하는 사례 역시 나타나고 있고, 미국이나 중국에서는 식품산업의 투자에 대한 관심이 높고 또 이런 관심이 대규모투자로 연결되고 있다. 그러나 외국의 관심과 달리 한국식품기업과 외식기업들은 저평가되어 있다. 하지만 이들도 새로운 시장에 들어가고 지속적으로 성장하려면 투자자본이 필요하다. 또한 식품산업은 일부 O2O서비스를 제외하고 생산시설을 기반으로 오랜 기간 동안 직원을 채용하고 성장해 온 장기적이고 지속가능한 기업들이다.

금융위기가 찾아오자, 소규모 기업은 투자받기가 매우 어려워졌다. 갑자기 모든 은행이 신용거래한도를 큰 폭으로 낮췄다. 소규모 기업에 가장 큰 위험은 자본부족이라는 점을 모두 안다. 거물급 재무기업의 합병은 장려하고 동네 은행은 외면하면 소규모 기업은 신용거래에 더 큰 어려움을 겪었다.

한국의 식품기업들은 소규모 기업에서 성장하여 일정규모를 갖춘 기업들이 많고, 외식기업 창업자는 '종업원 기질' 이 없었기 때문에 직장을 구할 수 없었고, 생계를 유지하려고 작은 회사를 차리게 된 사람들이다.

그러나 한국인의 기질로 인해 IT산업의 Test 마켓으로 한국시장이 인정받고 있듯이 한국의 외식기업이나 식품기업의 비즈니스도 한국에서 성공을 거둔다면 다른 나라에서 충분히 대접받을 수 있다. 여기에서 소비자들이 식품 및 외식기업에 투자를 시행할 수 있는 가장 중요한 이유이다.

8.2 소비자에게 식품 크라우드펀딩 투자의 의미

2016년 1월 25일 크라우드펀딩법이 시행되기 전까지는 일반국민이 비상장기업에 투자를 하려면 투자설명회에 참여하거나 지인의 소문, 그리고 신문기사를 통해 얻을 수 있는 단편적인 내용을 보고 투자할 수밖에 없었다. 그러나 비상장회사에 대한 정보를 얻을 수 있었으나 고수익을 올릴 수 있는 유망한 Start-up에 대한 정보접근은 한계가 있었다.

이렇게 기존과는 다르게 크라우드펀딩을 통해 투자자본이 형성되므로 개인이 소규모로 투자하여도 수억원을 모을 수 있고, 모인 돈을 아이디어를 상품화화거나 사업을 더욱 확장하고 성장시킬 수 있는 것이다.

IT나 다른 제품들의 경우와 마찬가지이지만 식품이나 외식은 소비자가 투자자이고 투자자가 소비자인 대표적인 품목이다. 즉 자신이 투자한 제품이 유통채널을 통해 판매되면 자기가 소비하거나 주변 지인들에게 소개하여 구매하도록 유도할 수 있다. 이런 특성으로 인해 식품 · 외식은 크라우드펀딩의 본질과 가장 근접해 있다.

이런 이유로 인해 식품 크라우드펀딩 프로젝트에 소비자가 참여하는 것은 투자에서 그치는 것이 아니라 투자한 식품 또는 외식기업과 함께 한다는 연대감을 투자자 본인이 가질 수 있다. 즉 잠재투자자나 기업은 자신의 친구와 가족이라는 네트워크를 통해 원하는 크라우드펀딩 캠페인을 홍보할 수 있다. 소셜네트워크를 이용하면 친구의 친구에게 홍보할 수 있어, 물결이 사방으로 퍼져나가듯 프로젝트에 대한 지지도가 빠르고 폭넓게 확산될 것이며, 이는 궁극적으로 투자자 노력으로 인해 투자수익을 극대화할 수 있는 기회를 제공하게 되는 것이다.

크라우드펀딩 플랫폼은 투자대상기업의 정보를 확인할 수 있고, 다른 투자자의 생각을 확인할 수 있는 정보플랫폼이자 참여플랫폼이다. 사용자 간 상호작용을 조력하여 더 큰 관계망을 이루게 한다. 기업에 관련된 자 또는 팬이 되는 투자자뿐만 아니라 온라인상 관계되는 각각의 이웃들이 서로 더해져 많은 수에게 정보가 전달될 수 있다.

커뮤니케이션 속도가 빨라져 더 많은 사람에게 순식간에 연락할 수 있기 때문에 웹은 사회적 관계를 형성하고 유지하는 데 값을 매길 수 없을 만큼 귀중한 도구가 되었다. 이 온라인 관계는 정확히 투자성공과 실패에 직결된다. 그리고 개인적 인맥을 이용해 다른 이들과 연결할 수 있는 사람이 3F로 친구(Friends), 가족(Family) 및 팬(Fan)이 큰 힘을 형성한다.

대부분의 캠페인에서 설정한 목표액에 도달했을 때에만 자금을 모집하는 기업이 모금액을 지급받을 수 있기 때문에, 크라우드펀딩은 개념적으로 투자자에게 유리하다. 예를 들어 자금조달 기업이 온라인으로 최대 7억원을 모금하려 할 때 모금액이 80%에 도달하기 전까지는 한 푼도 받을 수 없고, 목표치에 도달하면 모금액을 전부 받을 수 있다.

크라우드펀딩 사이트는 동영상, 재무실적 추정, 회사 및 제품 설명자료, 가타 투자자가 알고 싶어하는 중요한 정보를 올릴 수 있도록 캠페인 도구를 제공한다. 또 투자를 원하는 주식발행자와 펀딩참여자(투자자)가 서로 질문과 답변을 자유롭게 주고받을 수 있다. 게다가 투자자들끼리도 서로 소통할 수 있다. 이것이 명백히 전통적 투자와 다른 점이다.

지역의 학교급식 식품생산사업과 비교해 보자. 급식식품사업에는 이미 정해진 시장이 있고 원료구입비용도 변동폭이 크나, 수년간 운영해 온 기업과 스타트업의 실패율을 비교해 보면, 이런 종류의 기존사업은 아무런 보장도 없지만 분명히 생존율이 높다. 이들 성공적인 기존기업도 크라우드펀딩으로 사업확장, 리모델링, 용량증설, 마케팅에 자금을 활용할 수 있을 것이다. 크라우드펀딩으로 기존 채무를 상환하거나 투자자를 대체할 수 있어 소규모 기업가에게 유동성을 제공해 주는 방안도 될 것이다.

이처럼 크라우드펀딩으로 기존사업에 투자하는 투자자는 앞으로 몇 년간 사업이 지속될 수 있을지 평가해야 한다. 또한 증권형투자뿐만 아니라 배당을 통해 지속적으로 투자수익을 창출할 수 있는 크라우드펀딩 투자상품도 지속적으로 관심을 가질 필요가 있다.

크라우드펀딩이 가지고 있는 마케팅 잠재력은 투자자가 자신을 나타내고 있는 아이덴티티 상황을 독보적으로 보여줄 수 있다는 데 있다. 투자자에게는 크라우드펀딩에 참여하는 것이 자신의 아이덴티티를 만들고 알리는 길이다. 이렇게 참여해야 공동체에 속한 사람으로 정의되고 활동 회원으로서 신뢰를 얻게 된다.

8.3 식품 크라우드펀딩 투자 전에 고민해야 하는 사항

크라우드펀딩에 대한 동 · 서양의 경제 · 문화적 차이를 차치하고서라도, 이제는 세계 경제위기 이후 무르익어가고 있는 크라우드펀딩에 대한 관심과 기존 투자시스템에 대한 대안 및 사회적 경제가치로서의 크라우드펀딩에 대하여 고민하고 고려해야만 하는 때가 도래하였다.

향후에 다가올 크라우드펀딩의 활성화에 앞서 많은 사례는 아니지만, 해외와 국내의 대표적인 성공사례 분석을 통해 해외와 국내의 공통점은 무엇이고 차이점에 대해 인식하고 있음으로써 소비자가 크라우드펀딩 프로젝트에 참여하기 전에 고민할 필요가 있다.

국내 · 외 크라우드펀딩 프로젝트의 공통점, 차이점 비교

구분	공통점	차이점
해외사례	• 철저한 사전준비 • 확실한 보상프로그램 • 신속하고 정확한 정보제공 • 확실한 지지자(팬) 사전확보	• 아이디어의 제품화 • 실용성 추구
국내사례	–	• 시대적 상황 공감 • 공익적 목적 • 실재화된 제품 또는 서비스 • 희소성 추구 • 비교적 작은 프로젝트 금액

성공한 프로젝트에 대한 개괄적 이해와 더불어 크라우드펀딩의 2가지 축인 투자자와 개설자에 대해 각각 투자자에게 투자를 하게 하는 요인이 무엇인지, 개설자는 이러한 투자를 받기 위해서 어떤 전략적 고려와 수행을 해야 하는지를 도출하여 성공적인 크라우드펀딩 수행에 대한 시사점이 제공되었다.

앞에 기술된 대표적인 성공사례를 분석하여 보면 기존의 전통적인 투자동기와 다른 크라우드펀딩 투자자만이 가지는 투자동기를 다음과 같이 도출할 수 있을 것이다.

첫째, 투자에 대한 보상기준의 변화에 따른 것이다. 기존의 투자에 대한 보상과 다른 차별점이 있다면 기존의 투자보상은 오로지 금전적 이익이었지만 크라우드펀딩에 대한 투자는 금전을 포함하며 비금전적인 제품이나 서비스로 보상이 확대되었다는 점을 들 수 있을 것이다. 이런 비전금전적인 보상은 투자자가 SNS를 통해 제품판매에 일정부분 기여함으로써 얻은 심정적 만족감을 포함한다.

둘째, 온라인 커뮤니티 및 SNS 확산에 따라 크라우드펀딩의 지속적 이용을 이끌어내는 상호작용성의 발현에 있다고 하겠다. 웹 2.0시대의 참여와 공유정신을 전파하고 이에 동참하는 사람들이 많아지면서 투자

자와 개설자 간의 활발한 커뮤니케이션이 투자자의 프로젝트 참여에 대한 긍정적인 인식을 이끌어 내었다고 할 수 있다.

셋째, 크라우드펀딩을 통해 개설되는 프로젝트에 대한 관심과 지지의 표명이다. 현재 1~2년 내에 개설되고 있는 크라우드펀딩 프로젝트의 대부분은 매우 새롭고 참신한 아이디어가 많은 프로젝트이다. 이처럼 매우 새롭고 참신한 아이디어가 실용화되고 실제화될 수 있도록 하는 열망에서 관심과 지지를 나타내는 것이 투자의 동기라고 할 수 있다. 또한, 선거펀드의 경우에는 선거자금의 모집이 주된 이유이나 공개적인 투자를 표명함으로써 나타나는 결속과 홍보효과가 대단히 크게 나타났었다는 점에서 긍정적인 요소로 작용하였다고 할 수 있다.

넷째, 투자한 프로젝트가 갖는 희소성과 차별화된 보상이다. 투자자에게 개설자는 다른 사람보다도 먼저 제작된 제품이나 서비스를 리워드로 보상함으로써 투자자에게 조기 접근성과 희소성을 부여하고 차별화된 가치를 소유하게 하였다.

다섯째, 경쟁과 배제가 아닌 상호이익과 우애를 바탕으로 한 사회적 경제에 동참하려는 동기이다. 사람과 사람의 연대, 조직과 조직의 공동체적 협력을 핵심가치로 하는 크라우드펀딩의 취지에 동참하여 사회적 경제에 이바지하고 싶은 동기가 존재한다고 할 수 있겠다.

위와 같은 투자자의 프로젝트 참여 동기를 단순히 투자에 두지 않고 다양한 정서적 만족감을 고려한다면, 크라우드펀딩 투자가 단순히 수익창출을 위한 수단뿐만 아니라 투자를 통해 삶의 만족감을 고취하는 수단이 될 수 있다는 측면을 고려하여야 한다.

8.4 크라우드펀딩 성공투자결정 요인

식품스타트업에 대한 창업단계에서의 투자는 기업의 초기성장을 위해 유입되는 자금으로 성공 시 높은 수익을 달성할 수 있지만, 투자실패의 위험성이 높기 때문에 일반금융기관으로부터 투자를 받기는 쉽지 않다. 이런 문제가 있어서 크라우드펀딩에 참여하는 소비자들은 나름대로의 성공투자 결정요인을 가져야 한다.

연구자들이 스타트업에 대한 투자자의 성향, 투자의사 결정기준 등에 대한 지속적인 연구를 하고 있으나, 연구결과인 사회적 판단이론(Social Judgement Theory)을 기반으로 하여 투자의사결정권자들은 실질적인 기업의 정보를 알 수 없고, 주변의 정보를 통해 기업을 판단할 수밖에 없다.

즉, 기업의 투자적정성을 평가하기 위해서 경영능력, 시장매력, 제품특성과 같은 주변의 정보들을 통해서 적정성을 평가한다는 것이다. 또한, 최근에는 크라우드펀딩이 관심을 받으면서 이전의 벤처기업 투자 시 고려되지 못했던 SNS적 특징인 커뮤니티 이익(community benefit), 네트워크 외부성(network externality) 등과 같은 정보들도 투자적정성을 평가하기 위해 활용되고 있다.

크라우드펀딩 투자자들은 일반 주식시장 상장기업과 유사하지만 다른 개별투자자들만의 투자결정요인을 갖고 있어야 하며, 크라우드펀딩 투자의사결정 시 투자자가 중요하게 고려하는 투자의사결정기준을 제시하고자 한다. 첫째, 크라우드펀딩투자 시 기업의 핵심역량 측면에서 유형자원을 가장 중요한 자원으로 고려하고 있었다. 이는 크라우드펀딩 투자 시 투자자가 고려할 수 있는 보다 객관적인 정보를 제공할 필요가 있다는 점을 시사한다. 이런 객관적인 자료는 온라인소액투자 중개업자 사이트에서 집단지성을 통해 제공되는 정보를 통해 확인할 수 있다.

즉, 유형자원에 비해 조직능력과 무형자본은 데이터에 의한 객관적인 판단보다는 투자자의 주관적인 판단에 의존할 수밖에 없는 핵심역량으로 기업에 대해 보다 명확한 판단기준이 크라우드펀딩 투자자에게 필요하다는 점을 의미한다. 또한, 유형자원 중 재무상태에 대한 중요도가 가장 높았다는 점도 크라우드펀딩 투자자가 기업에 대한 객관적인 데이터에 의존하고 있음을 지지 하는 결과라고 할 수 있다.

둘째, 조직능력 측면에서 크라우드펀딩 투자자는 경영자의 경영능력에 크게 의존하고 있다. 즉, 크라우드펀딩 투자자는 투자 여부에 대한 주관적인 판단 시 벤처잠재력이나 산업의 성장성보다는 경영자의 그간의 경영실적, 마케팅실적에 크게 의존하고 있음을 의미한다.

이는 아직까지 크라우드펀딩에 참여하고 있는 기업이 비즈니스모델 자체에 대한 마케팅과 흥미유발에 초점을 맞추고 있기 때문에 크라우드펀딩 투자자는 기업의 시의적절한 경영전략 수립과 마케팅을 투자성공에 중요한 기준이라고 판단하고 있다고 해석할 수 있을 것이다.

마지막으로 무형자본에 대한 중요성이 가장 낮고, 무형자본 중 창의성을 가장 낮게 고려하고 있다. 이는 해외 유력 기업들이 창의적인 비즈니스모델을 통해 크라우드펀딩을 성공시키고 있음에도 불구하고, 아직까지 국내 크라우드펀딩 투자 시 이러한 비즈니스 모델의 창의성이 주목 받지 못하는 국내 현실을 보여주고 있다고 할 수 있다.

투자성공요인 관점에서 시장활성화를 위한 시사점은, 첫째 크라우드펀딩 투자자가 비즈니스 모델 등에 대한 객관적인 판단을 할 수 있는 계량적 판단기준과 계량적 판단기준에 부합한 투자실패 시 실패를 최소화할 수 있는 기준제시가 필요하다고 할 수 있다. 이를 통해 크라우드펀딩을 고위험 고수익이 아닌 창의적인 비즈니스모델에 대한 건전한 투자로의 인식변화를 유도하여야 할 것이다.

둘째, 창의적인 비즈니스모델의 성공확률을 높일 수 있는 다양한 지원이 필요하다고 할 수 있다. 해외 크라우드펀딩 시장과는 다르게 국내 시장의 크라우드펀딩 투자자는 기업의 비즈니스모델에 대한 창의성보다는 기업의 유형자원과 경영능력에 크게 의존하고 있음을 확인하였다.

따라서, 크라우드펀딩 투자는 일반적으로 상장된 주식투자 등과 달리 초기기업투자에 대한 위험을 감수할 수 있는 수준의 목표를 설정하는 것이 중요하며, 한국의 특성을 고려하여 소비자인 투자자들이 목표치를 설정함과 함께 기업을 판단하는 기준을 갖는데 도움이 되었으면 한다.

8.5 투자자의 크라우드펀딩 참여절차

투자자들이 크라우드펀딩에 참여하겠다고 결정했다면 온라인소액투자중개업체에서 제공하는 식품 또는 외식기업의 회사관련 정보를 보고 지분(주식)에 투자 후 보유한 주식을 높은 가격에 판매하거나 주식시장 상장이 되었을 때 얻게 되는 투자수익과 매년 주어주는 배당수익을 기대하고 투자를 하게 될 것이다. 이런 투자자들에게 정보를 제공하기 위해 정부에서는 투자대상 기업의 정보를 알 수 있는 기업투자정보마당(www.ciip.or.kr)과 크라우드넷(www.crowdnet.or.kr)을 운영하고 있다.

그리고 식품기업이나 외식기업이 발행하는 채무증권에 투자하여 매월 일정금액의 이자를 받기 위해서 크라우드펀딩 투자에 참여하게 될 것이다. 또한 일부 크라우드펀딩회사에서 중개를 준비 중인 투자계약증권에 투자를 하여 투자한 제품의 판매수익에서 일부를 수익금으로 받는 경우도 있다.

이런 모든 경우도 투자자들이 투자를 하려고 결정하면, 첫 번째로 은행계좌와 함께 증권회사 지점을 방문하여 증권계좌를 개설해야 한다. 즉 은행계좌는 투자이익금을 받는 용도로 사용되고, 증권계좌는 투자자가 투자한 지분증권 · 채무증권 · 투자계약증권을 관리하기 위해 사용된다.

소비자의 크라우드펀딩 투자 프로세스

1단계	은행 및 증권계좌 개설
2단계	온라인소액투자중개 웹사이트 회원가입
3단계	집단지성을 활용한 증권발행기업 정보확인
4단계	투자기업 결정 및 투자
5단계	크라우드펀딩 성공 후 투자계약 체결
6단계	투자증권 한국예탁결제원 위탁
7단계	채무증권 및 계약투자증권에 따른 투자 이익환수
8단계	지분증권 매각

두 번째 단계에는 금융위원회에 등록된 온라인소액투자중개업체의 웹사이트를 확인하고 자신의 투자성향에 적합한 웹사이트를 선정하여 회원가입을 하면 된다. 회원가입 시 개인정보이용에 대한 확인을 하면 은행계좌 및 증권계좌에 대해 실명확인 절차를 거치게 된다.

세 번째 단계에는 투자를 할 수 있는 식품 및 외식기업에서 제공하는 정보를 확인하게 되는데 온라인소액투자중개업체마다 정보를 제공하는 방식이 다르기는 하나 증권발행 식품기업이나 외식기업이 기업활동에서 발생하는 성과를 웹사이트에 기재한다. 그러면 투자자들은 기업이 제공하는 다양한 재무·회계, 비즈니스모델, 업력, 수익률 등 기업을 평가할 수 있는 정보와 함께 기업활동을 평가하며 투자가치를 판정하게 된다.

네 번째 단계에서는 온라인소액투자중개업체에서는 일정한 기준에 통과한 업체에 대해 투자를 유치하는 프로젝트를 게재하게 되고 투자자는 관심이 있던 기업의 투자에 참여하면 된다. 크라우드펀딩법에서 펀딩 성공기준은 투자모집예정액의 80%이고, 투자성공 프로젝트로 확정되면 투자자와 증권발행기업 간의 투자계약체결은 온라인소액투자중개업체 웹사이트를 통해 전자거래 방식으로 진행된다.

일반국민은 1년 5백만원이 최대한도이고 한 개 기업에는 2백만원이 투자가능한데 투자자의 투자한도와 관련 정보는 온라인소액투자중개업체에서 중앙관리기관인 한국예탁결제원에 투자참여자 투자정보를 전송하여 관리하게 된다. 즉 일반투자자, 전문투자자 그리고 투자법인의 투자정보를 법에 의해 관리하도록 되어 있다.

일반적으로 온라인소액투자중개업체의 업무범위는 투자자와 증권발행기업 간 투자계약을 체결하도록 지원하고 투자자와 투자증권발행기업에 대한 정보를 중앙관리기관에 송부하는 것에서 종료된다.

나머지 7단계와 8단계의 업무는 투자자가 계좌를 만든 증권회사에서 업무를 수행하며 투자와 관련된 일체의 투자정보는 투자자가 가입한 온라인소액투자중개업자의 웹사이트를 통해 확인할 수 있으며, 일부 온라인소액투자중개업자는 시중은행과 함께 공동으로 시스템을 구축하였으므로 은행계좌와 증권계좌의 신규개설을 요구할 수도 있다.

CHAPTER 9

식품 · 외식기업 크라우드펀딩 진행하기

9.1 크라우드펀딩 프로젝트 진행절차

일반적으로 크라우드펀딩(온라인소액투자중개) 웹사이트를 운영하는 기업들은 집단지성을 활용하여 식품스타트업(증권발행기업)의 비즈니스모델 개발과정을 공개하고 이를 통해 투자자와 식품스타트업이 교류할 수 있는 온라인상의 공간을 제공한다. 또한 이와 함께 크라우드펀딩에 투자자들이 참여하고 결과를 확인하는 공간을 제공한다.

따라서 대부분의 크라우드펀딩 운영기업들에서는 사업화정보를 투자자에게 공개하는 절차와 실제로 투자가 진행되는 절차로 진행된다. 그 중 온라인소액투자중개업 등록을 준비 중인 가상의 식품 · 외식 크라우드펀딩 절차를 중심으로 소개하고자 한다.

식품 및 외식의 사업화정보를 공개하는 공간을 '메이킹' 이라 가정하자. 이 '메이킹' 공간이 스타트업에 제공하는 의미는 '창업자는 비즈니스모델을 완성해가는 공간' , '기존회사는 제품의 유통경쟁력을 인정받

메이킹 & 펀딩 프로젝트	펀딩 프로젝트
크라우드펀딩을 위한 준비가 필요한 기업	크라우드펀딩을 위한 준비가 완료된 기업
STEP 01 메이킹 개설하기	STEP 01 펀딩 개설하기
STEP 02 메이킹 진행하기	STEP 02 크라우드펀딩 진행
STEP 03 최종심사	STEP 03 펀딩성공 시 투자
STEP 04 펀딩 개설하기	STEP 04 보상
STEP 05 크라우드펀딩 진행	
STEP 06 펀딩성공 시 투자	
STEP 07 보상	

는 공간', '투자자와 유통바이어를 만나는 공간', '투자자와 유통바이어의 신뢰를 얻는 공간', '투자유치의 성패가 좌우되는 공간', '컨설팅 회사로부터 지원을 받을 수 있는 공간', '참여기업 간 융합이 일어나는 공간'이다. 즉 투자자들에 투자를 받는 절차 시작하기, 투자자들에게 기업가치를 어필하는 공간이다.

펀딩 전에 투자자들에게 프로젝트를 소개하고 지지를 받는 모든 절차는 '메이킹'에서 이루어진다. 프로젝트 신청 시 회사정보를 입력한 후 프로젝트 소개 및 펀딩을 통해 이루고 싶은 목표 등 투자자에게 하고 싶은 이야기를 이미지, 동영상 등을 활용하여 자유롭게 등록한다. 투자자인 회원들이 가장 먼저 확인하는 페이지로 성의껏 작성하여야 한다.

스타트업은 제품개발, 패키지제작, 시제품제작, 판로개척 등 메이킹 과정 동안 펀딩을 위한 준비 및 진행과정을 자주 업데이트해야 된다.

메이킹 완료 후 소정의 절차를 거쳐 펀딩을 진행하게 되는 스타트업은 회사정보(푸드메이킹 없이 바로 펀딩을 시작하는 기업), 기업개요,

푸드메이킹 진행절차

1 회사정보 입력하기
- 프로젝트 신청이 승인되면 메이킹 개설이 가능하다.
- 신청 시 입력된 회사정보를 확인하고 수정 및 추가입력을 한다.

2 프로젝트 소개하기
- 프로젝트 소개 및 펀딩을 통해 이루고 싶은 목표 등 투자자에게 하고 싶은 이야기를 이미지, 동영상 등을 활용하여 자유롭게 등록한다.
- 회원들이 가장 먼저 확인하는 페이지로 성의껏 작성하셔야 한다.

3 푸드메이킹 설정하기
- 프로젝트를 4단계에 걸쳐 제시하고, 각 단계별로 달성현황이 표시된다.
- 이 과정을 통해 잠재고객 창출 및 유통연계의 기회를 만들 수 있다.
  (예: 제품개발 ⇒ 패키지제작 ⇒ 시제품제작 ⇒ 판로개척

4 메이킹브리핑 업데이트하기
- 메이킹 과정 동안 펀딩을 위한 다양한 준비과정을 수시로 업데이트한다.
- 회사 및 제품에 대한 새로운 소식을 알리고 회원들과의 소통을 통해서 프로젝트에 신뢰를 쌓고, 투자의 성공률을 높일 수 있다.

IR자료, 투자계약서 샘플 등을 등록하게 된다. 펀딩이 잰행되는 동안 사업진행현황을 업데이트하고 투자에 관한 소통의 과정을 진행해야 한다.

펀딩 성공 여부, 즉 목표투자액이 80% 이상 달성되거나, 혹은 투자 유치기간이 끝나고 크라우드펀딩 실패와 성공이 결정되면, 크라우드펀딩 중개회사에서는 실패 시에는 투자금을 반환하고, 성공 시에는 웹사이트에서 온라인으로 투자계약의 체결을 지원하며, 체결된 계약서에 의해 발행된 증권은 투자자와 식품스타트업의 정보와 함께 중앙관리기관인 한국예탁결제원에 송부됨으로써 절차가 완료된다.

펀딩 진행절차

1	**회사정보 입력하기** • 프로젝트 신청이 승인되면 목표금액, 모집기간을 설정한다. • 신청 시 입력된 회사정보를 확인하고 수정 및 추가입력을 한다.
2	**기업개요 입력하기** • 프로젝트 소개 및 펀딩을 통해 이루고 싶은 목표 등 투자자에게 하고 싶은 이야기를 이미지, 동영상 등을 활용하여 자유롭게 등록한다. • 회원들이 가장 먼저 확인하는 페이지로 목표 및 자금사용계획 등 투자자의 이해와 관심을 높이기 위해 성의껏 작성하여야 한다.
3	**IR자료 입력하기** • 기업이력, 사업계획, 재무현황, 핵심역량 등 투자 정보를 자세히 작성한다. • IR자료의 경우 실제 투자를 진행하고자 하는 회원에게만 공개되는 자료이다.
4	**사업진행현황 업데이트** • 모집기간부터 펀딩기간까지 계약관련 변동현황, 매출현황 등 사업진행 현황을 주기적으로 등록해야 한다(분기별 2회 이상). 기업과 투자자가 교류를 한다.
5	**계약서샘플 등록 및 문의하기** • 투자계약 조건 설정 후 펀딩 성공 시 발행할 투자증권 샘플을 등록한다. • 모집기간 동안 투자관련 문의를 하는 곳으로 빠른 답변을 통해 신뢰를 얻는다.

9.2 크라우드펀딩 프로젝트 기획하기

새로운 분야를 처음 접하는 사람들이 모두 그러하듯 크라우드펀딩을 알아가는 과정도 그리 녹록하지 않을 것이다. 한국인들은 대부분 크라우드펀딩을 이야기 하면 영화 '연평해전'을 떠올린다. 그러나 이런 연평해전과 같은 보상형 크라우드펀딩은 단순히 기업을 후원하는 성격이 강하여 직접적 의미의 투자는 아니다.

크라우드펀딩은 식품스타트업 창업자 또는 식품 및 외식기업이 새로운 아이디어를 갖고 있을 때, 인터넷을 통해 비즈니스모델을 일반국민들에게 소개하고 소액투자를 받는 투자유치활동이다. 비록 나의 아이디어가 혁신적이라도 은행 등 금융기관의 문을 두드려 창업자금을 대출받기는 역부족이다, 혁신적인 아이디어지만 이것의 미래 시장가치를 100% 인정하고 내가 필요한 만큼의 자금을 대출받는 것은 더욱 어렵다. 사업계획서 만으로 투자를 받는 것은 한국에서 불가능하며, 어느 정도 준비가 되어도 투자를 받기 어렵다. 이런 경우에 나는 내 아이디어의 잠재력과 가치를 알아봐주는 투자자들을 인터넷을 통해 찾아나서는 활동이 크라우드펀딩이다. 그러나 지금 현실에서 내가 가지고 있는 것은 '아이디어' 뿐이다. 내가 크라우드펀딩에 성공하려면 어떤 과정을 거쳐야 할까?

크라우드펀딩 작동원리와 시스템을 파악하기 위해 이 글에서 우리는 직접 크라우드펀딩에 도전하는 가상의 창업자가 되어보기로 하자. 내 머릿속의 아이디어를 많은 사람에게 알리고 이를 현실화하기 위한 투자자금을 모으는 과정을 생각해 보면 크라우드펀딩이 어떻게 이루어지지는지 좀 더 확실히 그리고 구체적으로 알 수 있을 것이다.

9.2.1 크라우드펀딩은 기업의 자금조달에서 있어서 하나의 대안이다

보상형을 제외한 지분형 크라우드펀딩도 기업이 필요한 자금을 조달하는 하나의 방식이다. 한국은 뉴질랜드 등 식품기업 육성에 직접 보조하지 않는 국가와 달리 다양한 형태로 각종 자금을 조달할 수 있다. 또한 대출금리가 유래 없이 낮아서 초기자금을 일부 대출형태로 받을 수 있을 것이다.

식품 · 외식스타트업이 시중에서 조달할 수 있는 다양한 자금조달 채널이 있으니 이들과 크라우드펀딩으로 조달하는 방법을 모두 고려하고, 자금조달계획을 수립하라는 것이다. 아마 많은 기업이 크라우드펀딩회사에서 대중이 빌려주는 대출금으로 자금을 조달할 수 있을 것이다. 투자자(일이 잘 풀려 기업이 현금을 확보할 때)가 이자수익을 얻는 이점이 있을 테지만, 빌려주는 자와 빌리는 자 사이의 고객이 열성주인이 되는 관계와는 거리가 멀다.

또한 보상형 크라우드펀딩을 통해 기획된 제품을 투자자에게 어필하고 그 결과를 가지고 지분형 크라우드펀딩에 도전하는 방법도 좋은 기획이다. 보상형 프로젝트는 어떤 소규모 기획에서 효과적일 것이고, 크라우드펀딩으로 자본을 조달하거나 차입하는 거래만큼 규제부담의 비용도 들지 않을 것이다.

또한 기업가와 투자자 양쪽에서 고려해야 할 문제가 많다. 예를 들어, '투표권을 어떻게 관리해야 하는가?', '창업자의 과반수 소유지배가 유지될 것인가?', 창업자가 주식을 매각하기로 결정하면 주식을 구매한 투자자도 함께 팔아야 하나?', '회사가 원하면 언제든지 지분을 살 수 있는가?', '투자자를 끌어들이고 법을 준수하고자 영업비밀을 불가피하게 공개해야 하는가?', '미래에 전통적인 벤처투자가 필요할 때 크라우드펀딩구조가 일을 망쳐 놓을 것인가?' 등 투자에 앞서 많은 사항을 고려해야 한다.

대부분의 투자자들은 자금을 투자하면서 손해를 최소화하고 최대의 이익을 얻으려고 노력하기 때문에 다양한 형태로 문제를 제기할 수 있다. 따라서 정확한 목적과 계획하에 크라우드펀딩이 진행되면 그 프로젝트로 인해 기업성장에 방해요인으로 작용할 수 있음을 염두에 두어야 한다.

9.2.2 자금모집과 투자자만족을 동시에 고려한 기업가치를 설정해라

자금조달 프로젝트를 기획할 경우에 스타트업의 대표는 회사의 가치가 얼마나 되는지 밝혀야 한다. 물론 식품 · 외식스타트업은 회사의 가치를 표현하기는 어렵다. 그러나 이런 상황은 투자자들도 고려하고 있으므로 비즈니스를 성공시킬 수 있는 인적 구성, 비즈니스모델, 추진계획, 네트워크 등에 대해 정확하게 파악하고 있고 이를 계획에 포함시켜 투자자에게는 회사의 가치로 판단할 수 있게 하여야 한다.

스타트업 창업자들은 보통 자신의 비즈니스계획 및 자산이 남들이 생각하는 것보다 높은 가치가 있다고 으레 믿는다. 시장에서 적당하다고 생각하는 가격보다 높은 가치를 제시하면 투자가 형성되지 않으므로 이러한 편중을 극복하고자 기업가는 자신의 사업을 보수적으로 평가하고 투자자에게 제시하여야 한다.

기업은 단순 운영자분 모집이 다른 목적으로도 크라우드펀딩을 활용할 수 있다. 적절히 정보공개가 이루어지기만 하면, 기존 빚을 청산하는 데 투자자에게서 모집한 돈을 사용할 수 있다. 기업이 빌린 돈에 높은 이자를 지불하고 있으면 크라우드펀딩으로 끌어온 외부자금으로 기업의 이자비용을 줄일 수 있다.

창의적인 사업주는 크라우드펀딩을 투자회수전략의 형태로 활용할 수도 있다. 사업주가 투자회수를 하는 길로, 회사를 팔거나 상장 후에 공개 주식거래시장에서 주식을 파는 방법이 있다. 대개는 상장기회를 가질 수 없기에 시장에서 구매자를 찾아나서는 데 집중해야 한다.

따라서 대중적인 부분적 소유권을 넘겨줌으로써 회사운영권은 보유하고 개인적 금융재산을 일부 분산시키고자 하는 사업주에게 크라우드펀딩은 흥미로운 대안이다. 그러나 크라우드펀딩으로 투자를 받은 증권에 대해서는 한국의 크라우드펀딩법률에서는 투자자를 보호하기 위해 1년 동안 매매를 금지하고 있다.

투자자는 투자수익률을 보수적으로 계산하기 때문이다. 좋은 수익률을 보일 수 있도록 현실적이고 계획이며, 이를 달성할 수 있는 기업여건을 가지고 있으면 투자자의 호감도가 높아질 것이다. 지분투자형 크라우드펀딩에서도 투자자의 호의를 매출과 이익을 높이는 데 활용해야 한다. 그래야 크라우드펀딩으로 투자한 새 주인들이 투자기업을 더 많이 애용하고 동시에 자신의 네트워크에 홍보할 것이며 투자한 성과를 볼 수 있기 때문이다.

또한 사업주는 장기적 시각으로 투자자 입장에서 차입자본을 활용한다는 점에서 고민해야 한다. 결국 이 주인들도 '투자고객'이고 배당 형태로 투자수익을 보장해 주는 것이 투자자에게 바른 메시지를 보내는 것이기 때문이다. 배당은 반드시 대안투자에서 합리적으로 기대할 수 있는 양보다 많거나 같은 수준이 되도록 해야 한다.

크라우드펀딩으로 투자유치를 기획하고 있는 식품 · 외식스타트업은 객관적인 관점에서 자신이 투자를 요청하는 비즈니스모델이 자기가 아니라 타인이 제안할 경우 투자를 할 수 있을까에 대해 의문을 제기하여야 한다. 물론 자기의 비즈니스모델이 훌륭하다고 생각하면 어쩔 수 없지만 투자를 하는 사람은 냉정하게 판단하므로 투자자의 심정으로 제안하여야 한다. 투자자는 견고한 수익을 원한다. 매번 배당수익을 제공하거나 다른 방법으로 기업의 가치를 증명하면 투자자는 자기가 투자한 회사에 대해 신뢰를 갖게 되고 그것이 또 다른 기회를 제공할 것이다.

9.2.3 내 머릿속의 프로젝트를 구체화하라: 대중의 관심유도 및 신뢰형성

크라우드펀딩 투자자, 즉 대중은 어떤 프로젝트에 열광하는가? 우리 회사가 제안하는 프로젝트가 대중에게 어떤 관심과 흥미 그리고 가치를 줄 수 있을 것인가를 고민하여야 한다. 프로젝트개설자(창업자, 또는 중소식품기업)는 수많은 크라우드펀딩 프로젝트 중에서 자신의 프로젝트가 어떻게 하면 좀 더 돋보이고, 대중의 관심을 더 많이 끌 수 있을지에 대해 고민한다. 투자자들의 관심을 이끌어내기 위해 프로젝트 개설자는 자신의 프로젝트가 갖는 혁신적으로 창의적인 면을 부각시켜 홍보해야 할 것이다. 사람들은 현재 존재하지 않는 상품과 아이디어에 호감을 보이는 경우가 많다.

음식점에서 활용되는 회사의 식권을 모바일로 관리해주는 O2O서비스가 크라우드펀딩을 통해 성공한 이유가 바로 그것이다. 사람들은 새로운 것에 열광하고 세상에 없던 제품 또는 불편함을 해소시켜주는 서비스가 현실화되는 과정에 기여할 때 성취감을 느낀다. 바로 대중의 이러한 성향을 제대로 공략하여 혁신적인 상품과 크라우드펀딩을 결합할 때 가장 큰 성과를 얻는 것이다.

대중의 관심을 끄는데 성공하였는가? 그렇다면 그 관심이 투자로 이어지도록 해야 할 것이다. 그러기 위해서는 반드시 프로젝트 개설자와 크라우드펀딩 투자자 사이에 신뢰관계가 형성되어야 한다. 프로젝트의 아이디어가 아무리 훌륭하다고 할지라도, 스타트업이 그것을 현실화하고 투자자에게 수익 또는 보상을 배분해줄 수 있을 것인가에 대한 믿음이 아직 형성되지 않았기 때문이다. 그러한 믿음이 생겨나야 실제로 대중은 투자결정을 내릴 수 있기 때문에 신뢰관계 형성은 크라우드펀딩의 디딤돌 역할을 한다고 말할 수 있다.

그렇다면 아직 창업단계, 신생기업단계에 불과한 프로젝트 개설자가 무엇을 투자자에게 보여주어야 그들의 신뢰를 얻을 수 있을까? 크라우펀딩을 이용하려는 대부분의 창업자는 아직 내세울 만한 별다른 성과도 없고 재무상태도 안정적이지 않은 경우가 대부분일 것이다. 그러므로 본격적으로 프로젝트를 시행하기에 앞서 기업은 자신만의 비즈니스모델을 확립해야 한다. 비록 기존투자방식과 비교하면 크라우드펀딩의 1인당 투자액이 소액인 편이지만, 크라우드펀딩도 엄연히 투자의 한 방식이며, 대중은 투자결정을 할 때 자신의 지갑을 선뜻 열게 할 확실한 비즈니스모델을 원한다. 투자자가 투자를 망설일 때 그들이 갖는 불안감을 잠재울 수 있는 가장 효과적인 방법은 기업의 확고한 청사진과 비즈니스모델 제시일 것이다.

9.2.4 크라우드펀딩 투자자의 마음을 움직여라: 진정성있는 스토리텔링으로 프로젝트 구성

2015년 보상형 크라우드펀딩으로 1억원의 자금을 유치한 LAB NOSH에 대해 사람들이 이렇게 말했을 것이다. "와, 정말 대단한 걸." 하지만 LAB NOSH 프로젝트를 기획한 스타트업은 투자자들에게 제대로 설명하는 데 어려움을 겪었을 것이다. 투자자를 대상으로 투자설명회를 한 후 잘못된 방식으로 그들의 관심을 유도했다는 것을 깨달았다고 토로했다.

이것이 초기투자금 모금에 계속해서 실패한 이유이고, 크라우드펀딩으로 LAB NOSH를 시작하면서 과거의 실수를 되풀이 하지 않기 위해 노력했고, 이런 노력을 통해 투자자들에게 전하는 메시지를 핵심사항 위주로 간단히 만들어 효과적으로 전달하고자 했다. 그리고 결국 성공을 거두게 되었다.

이런 노력을 통해 대중을 대상으로 하는 크라우드펀딩이 성공하면 추가투자라는 달콤쌉쌀한 투자가 지속적으로 이어질 것이다. 곧 투자를 하겠다는 요청이 폭발적으로 증가하게 될 것이다. 이런 결과는 진정성 있는 프로젝트의 투자자에게 투자를 하면 이익으로 돌려 줄 것이라는 믿음을 주었기 때문이다.

LAB NOSH 창업자의 인터뷰내용은 크라우드펀딩을 시작하려는 창업자와 기업에게 중요한 메시지를 전달한다. 그것은 바로 아무리 아이디어가 훌륭하다고 해도 이를 제대로 투자자에게 전달하지 못하면 펀딩에 실패할 수밖에 없다는 것이다. 프로젝트 개설자는 무엇보다도 펀딩 대상 프로젝트를 효과적으로 구축하는 것이 가장 중요하다는 것을 잊어서는 안 된다.

자신이 왜 이러한 프로젝트를 구상하는지, 이를 결심하고 진행하게 된 과정 등 펀딩 참여자가 관심을 가지고 프로젝트 개설자의 이야기에 귀 기울일 만한 이야기를 들려주기 위해 노력해야 할 것이다. 프로젝트 개설자가 얼마나 열정적인 태도로 이 프로젝트에 임하는지 그의 개인적인 사연을 이야기할 수도 있고, 프로젝트의 강점과 향후 비전 등 사실 위주로 구성해도 좋다. 펀딩참여가 감정적으로 공감할 수 있는 이야기를 꺼내어 그들의 감성을 공략하는 것도, 해당 프로젝트의 시장잠재력과 투자가치를 설명하여 그들의 투자자로서의 이성적인 측면을 공략하는 것 모두 효과적인 방법이다.

크라우드펀딩을 통해 만나는 프로젝트 개설자와 투자자는 사실상 온라인을 통해 처음 만나는 경우가 대부분이다. 이러한 만남은 투자자가 프로젝트 개설자의 열정과 진심을 쉽게 전달받지 못한다는 단점을 태생적으로 안고 있다. 이러한 투자자의 마음을 움직여야 한다. 투자자는 비록 온라인상이라 할지라도 프로젝트 개설자의 진전성 있는 이야기를 접하면 프로젝트 개설자와 감정적인 우대관계를 형성한다.

9.2.5 적극적으로 움직여라: 프로젝트 개설자의 적극성과 능동성

저자가 2002년에 만났던 상황버섯재배농가 '버섯돌이 3형제'의 최용주 대표를 아직까지 잊지 못하고 있는데 이 분은 엄청나게 적극적이고 능동적이었다. 상황버섯라면을 만들기 위해 농촌진흥청 사람들을 엄청나게 괴롭혔고 그런 노력이 성과를 거두었다는 이야기가 아직도 회자되고 있다.

또한 유명한 VC들은 자신의 말에 고분고분하게 수긍하는 스타트업에는 투자를 하지 않는다고 이야기를 한다. 왜 일까? 즉, 스타트업은 매일매일 해결해야 하는 문제에 직면하는데 그 문제에 정면으로 대응하여 이겨나가는 원동력이 스타트업의 창업자의 적극성과 능동성에 있다고 보기 때문이다.

한국인들은 유교문화의 영향으로 남에게 자기자랑을 하거나 부탁하는 것으로 어려워하는 문화가 있다, 그러나 크라우드펀딩시스템의 작동원리 중 가장 중요한 요소는 바로 3F, 즉 '가족(Family), 친구(Friends), 팬(Fan)' 이다. 훌륭한 스토리를 가지고 사람의 마음을 사로잡을 프로젝트를 가지고 있다고 하더라도 먼저 3F가 움직이지 않으면 펀딩 성공가능성은 희박해진다.

프로젝트 개설자는 위의 집단을 자신의 3F로 삼고 이들을 프로젝트를 홍보하는 적극적인 마케터로 활용해야 한다. 스타트업의 창업자들은 살아남기 위해서는 위법적인 일 이외에는 무슨 일이든 해야 하며, 주변 사람들에게 도움을 요청하는 일은 체면의 문제가 아니라 생존의 문제이다.

창업자의 적극적인 노력에 의해 주변사람들을 움직였을 때만 크라우드펀딩 프로젝트가 성공한다는 것은 지금까지 이루어져 온 많은 수의 크라우드펀딩 프로젝트에서 실제 입증된 사실이며 대부분의 크라우드펀딩 플랫폼에서는 프로젝트 개설자에 3F를 적극적으로 활용할 것으로 권하고 있다.

미국의 대표적인 크라우드펀딩 플랫폼인 인디고고(INDIEGOGO)에서 발표한 펀딩 가이드라인에 따르면 프로젝트 개설자는 자신이 설정한 펀딩목표금액의 25%를 3F로부터 충당하는 것이 바람직하다고 한다. 3F는 이미 프로젝트 개설자와 신뢰관계가 형성되어 있기 때문에 이들로부터 펀딩목표금액의 25% 정도를 충당하고 나머지 75%에 해당하는 부분을 대중에게 투자받는 것이 효과적이라고 설명한다. 3F 구성원 각자의 또 다른 3F를 활용하는 방식으로 프로젝트를 홍보하고 펀딩에 참여하도록 유도하는 것이 크라우드펀딩 성공의 불확실성을 낮추는 좋은 방법이 되는 것이다.

3F는 크라우드펀딩의 씨앗이라고도 표현할 수 있는데, 이 사람들은 프로젝트가 개설되어 펀딩이 시작되는 단계에서 각자의 네트워크를 활용하여 최대한 많은 수의 사람들이 프로젝트를 접할 수 있게 하는 역할을 한다. 즉 프로젝트 개설자가 크라우드펀딩 플랫폼에 프로젝트를 개시하면 개설자의 3F가 각자의 페이스북, 트위터 등 소셜네트워크를 이용하여 많은 사람들에게 프로젝트를 소개하여 대중이 프로젝트에 관심을 가지고 크라우드펀딩에 참여하는 과정을 거치는 것이다.

그리고 크라우드펀딩 과정에서 대중은 펀딩투자자로서의 지위에만 한정되는 것이 아니라 프로젝트를 홍보하는 마케터가 되는 동시에 소비자의 역할도 겸한다. 이것이 프로젝트 개설자가 왜 3F를 잘 활용해야 하는지를 설명해주는 이유가 된다. 3F는 프로젝트 자신의 소셜네트워크를 이용하여 홍보한다. 이를 접한 대중들은 프로젝트에 관심을 두고 펀딩에 참여(투자)한다.

그 이후 펀딩에 참여한 투자자들은 프로젝트의 성공가능성을 높이기 위해 SNS 등 각자의 소셜네트워크를 통해 자발적으로 프로젝트를 홍보한다. 즉 3F와 대중은 투자자와 마케터의 역할을 함께 하는 것이다. 그리고 이후 펀딩이 성공하여 프로젝트가 실제 상품화되면 3F와 대중은 이를 직접 사용하는 소비자가 된다. 이 마지막 단계까지 이르면 3F와 대중은 투자자, 마케터, 소비자 이 세 가지 지위를 동시에 갖는 것이다.

기존 시장질서 아래에서는 완전히 구분되어 있던 투자자, 마케터, 소비자가 크라우드펀딩시스템 안에서는 하나로 통합되는 양상을 보인다는 점에서 크라우드펀딩 과정에서 3F와 대중이 상당히 중요한 의미를 가진다는 점에서 그 중요성을 확인할 수 있다. 특히 이 과정의 씨앗이 되는 3F가 초기단계에서 핵심적인 역할을 하므로 프로젝트 개설자는 능동적이고 적극적인 자세로 3F를 펀딩에 참여하도록 노력해야 한다.

9.2.6 비즈니스모델의 검정은 창업자와 관련없는 사람에게

일반적으로 투자자들이 투자요청을 받았을 때 투자경험이 많은 전문투자자를 제외한 일반투자자들은 투자를 했을 때 투자금액을 잃어버리지 않고 투자수익을 거둘 수 있을 것인가를 고민한다. 따라서 투자대상이 되는 기업이 대해 충분한 정보를 얻기를 희망하고 충분한 정보를 획득한 후 확신이나 신뢰가 생겼을 때 투자를 결심한다. 따라서 식품 · 외식을 모르는 투자자에게 제3자 검증은 중요하다.

때로는 제3자 검증의 방법이 유명인이 투자를 하는 것도 하나의 제3

자 검증이 방법이며 소셜네트워크에 속해 있던 누군가가 할 수도 있지만, 전문가가 할 때도 있다. 물론 자체 재무보상액을 투명하고 적절하게 설정하여 신뢰를 구축한다. 투자자들도 투자를 결정할 때 보수적으로 검토하여야 한다.

최근 크라우드펀딩을 앞세운 유사수신행위로 투자자들을 현혹시켜 투자금액을 보장한다거나 확장수익을 보장한다는 등의 미사어구로 투자자를 유혹하는 사기꾼들이 있다. 전 세계에서 가장 유명한 투자자 워렌 버핏도 투자수익률이 20%를 넘지 않는데 무슨 방법으로 30%의 투자수익률을 보장하겠는가?

따라서 투자자들이 신뢰할 수 있는 방법으로 자체 재무보상액을 너무 높거나 낮게 책정하여 프로젝트를 망쳐 놓는 상황을 만들지 말아야 한다. 크라우드펀딩 프로젝트에서 정보공개의 일부로서 다양한 방법으로 투자자의 신뢰를 획득해야 한다.

투자자가 신뢰할 수 있도록 제3자를 통해 검증을 받았다면 프로젝트에 따른 보상을 두 가지 측면에서 제시하여야 한다. 첫 번째 해결책은 투자자에게 제공할 보상방법 및 금액을 투자자에게 투명하게 공개하는 것이다. 만약 얼마를 가져가는지 명확하게 밝히지 않거나 정기적인 재량 보너스와 같은 법률상 허점을 이용하여 잔꾀를 부리면 개인브랜드와 회사브랜드가 타격을 받을 것이다. 정직과 신뢰가 크라우드펀딩 경제의 품질보증서기 때문이다.

두 번째 해결책은 기업가가 솔선수범해야 한다. 성공적인 리더는 배당의 형태로 투자자에게 돈을 돌려줄 것이다. 튼튼한 기업이미지를 일구는 데 시간을 들여서 신뢰를 구축해야 한다. 지분투자형 크라우드펀딩의 세계에서 두 번째 기회란 없다.

9.2.7 끊임없이 소통하라: 프로젝트 개설자와 투자자 간의 소통

애플과 삼성의 스마트폰은 전 세계 사람들이라면 누구라도 알고 있다. 그러나 이들 회사들의 광고는 1년 365일 항상 접한다. 왜 애플이나 삼성이 엄청난 광고비를 써가면서 광고를 할까? 이유는 소비자들은 잠시라도 눈과 귀에서 멀어지면 또 다른 회사의 대안을 찾기 때문이다. 이런 글로벌 회사들도 소비자들과의 대화를 끊임없이 시도하는데 일반 대중들이 인지하지 못하는 회사는 소비자인 투자자와 소통하기 위해 최선을 넘어서는 노력을 해야 하지 않겠는가?

크라우드펀딩 플랫폼에 프로젝트를 게시하고 펀딩을 시작하면 프로젝트에 관심을 가진 사람들이 프로젝트의 내용, 상품의 상세한 정보 등 궁금한 사항을 질문한다, 이렇게 프로젝트 개설자는 질문에 대한 신속한 답변을 통해 잠재적 투자자들과 소통하는데, 이때 프로젝트 개설자가 얼마나 신속하게 업데이트를 하느냐가 관건이 된다.

킥스타터, 인디고고 등 미국의 중요한 크라우드펀딩 플랫폼을 살펴보자. 프로젝트 개설자들이 자신의 프로젝트를 소개하는 동영상, 자료 등을 정성스럽게 준비하는 것은 기본이다. 그러나 프로젝트에 대한 업데이트도 자료준비만큼 철저히 이루어지고 있을까? 한 연구결과에 따르면 킥스타터에 개설된 프로젝트 중 86%가 동영상을 제작하여 첨부한 반면, 런칭 후 3일 이내에 업데이트 비율이 17%에 불과하였다고 한다.

이 결과는 무엇을 의미하는가? 프로젝트 개설자들이 업데이트에는 그다지 큰 관심을 쏟지 않고 있음을 여실히 보여주는 것이다. 실제로 킥스타터에 개설된 프로젝트들을 살펴본 결과 신속한 업데이트가 이루어지지 않았을 경우 펀딩 성공가능성이 13% 낮아지는 것으로 분석되었다.

프로젝트에 대한 빠르고 정확한 업데이트가 크라우드펀딩 성공에 중요한 요소가 되는 이유는 바로 이것이 '프로젝트 개설자의 열정과 소통에의 의지'를 그대로 반영하는 것이 때문이다. 크라우드펀딩에 관심을 가진 대중이 다수의 프로젝트를 접할 때 '내가 투자할 만한 가치가 있는 프로젝트는 과연 어떤 것일까?'를 고민하게 된다. 이때 프로젝트 개설자가 프로젝트 성공시키기 위해 열정을 가지고 대중과 소통하여 자신의 프로젝트를 홍보하는 모습을 보여준다면 대중은 이를 투자의사결정 과정에 중요한 요소로 참고하는 것이다.

프로젝트에 대한 업데이트 이외에도 프로젝트 개설자는 투자자에게 감사 e-메일 보내고, 투자자의 질문에 신속한 피드백을 제공하는 등 다양한 방법을 통해 투자자와 소통하도록 노력해야 한다. 이 과정을 거치면 투자자는 프로젝트 개설자에 대한 신뢰도가 제고되는 동시에 프로젝트에 대한 관심 또한 커질 것이다.

이는 앞에서 살펴본 바와 같이 투자자가 마케터, 소비자로 변모하는 과정에도 영향을 끼친다. 바로 투자자가 좀 더 적극적인 마케터로 활동하고 소비자로서 충성도 또한 높아지는 것이다. 결론적으로 프로젝트

크라우드펀딩 성공효과에 따른 투자자성향 변화

- 펀드자금 확보
- 잠재고객들과의 관계 맺기
- 제품의 시장성을 미리 확인받기
- 크라우드펀딩에 성공한 주변 사람들 따라하기
- 소셜미디어상의 인지도를 늘리기

⇨

- 지지표명
- 커뮤니치 기여와 참여
- 조기 접근권(Early Access)
- 한정판 보유
- 부가적 제안에 공감

개설자와 펀딩 참여자 사이에 이루어지는 원활한 소통은 크라우드펀딩의 성공을 결정하는 열쇠가 될 뿐만 아니라 펀딩 완료 후 창업자(기업) 또는 신생기업이 성장하는 데에도 결정적인 역할을 한다.

프로젝트 개설자 측면에서는 자금확보 이외에도 다양한 요인들이 프로젝트 개설자들을 크라우드펀딩 사이트로 불러 모으는 것으로 알려졌다. 제품의 수요조사를 통해 시장성 자체를 판단하는 잣대로 이용하거나 해당 과정에서 제품에 대한 사전 인지도를 높이는 등의 다양한 부수효과들이 생기는 것을 기대한다는 측면에서 이러한 능력을 제공할 수 있는 크라우드펀딩 사이트 운영회사의 노력 또한 필요하다고 하겠다.

지지표명은 보상형 크라우드펀딩의 대표적인 동기 중 하나이고 지금도 핵심적인 가치이다. 참여자들에겐 프로젝트 개설자가 추구하는 목적과 자금을 지지하고 이의 실현을 보고 싶다는 욕망이 있다. 펀딩 성공 후에 프로젝트 개설자가 설정한 목표의 진척상황을 보면서 일종의 대리여정을 체험한다. 커뮤니티 기여와 참여가 중요한 동기가 된다는 점 또한 눈여겨 볼만 하다.

크라우드펀딩에서 제일 중요한 것은 프로젝트 개설자가 이루고자 하는 이상향의 공감수준, 약속이 진정성 있게 지켜지고 있느냐가 더 중요한 척도가 된다. 그래서 든든한 커뮤니티를 배경으로 하고 이런 기대와 손해가 모호한 환경에서 펀딩이 일어날 수 있다. 그밖에 처음 출시되는 제품을 누구보다 먼저 접해볼 수 있고, 다른 제품과는 구별되는 특징을 가지는 한정판의 희소성, 가타 프로젝트 개설자가 직접 쓴 편지를 넣어준다든가 하는 부가적 제안들이 프로젝트 참여를 이끄는 주요한 요인이다.

9.3 크라우드펀딩 성공 후 준비사항

9.3.1 프로젝트에 참여했던 투자자들과 좋은 관계를 유지해라

크라우드펀딩을 통한 투자가 되었든, 아니면 신제품을 구매하였든 소비자에게 신뢰감을 주는 회사나 제품에 대해서는 애정을 갖게 되고 그런 애정이 그 회사나 제품의 수명을 지속시켜주는 동력이 된다. 스포츠팀이 갖는 가장 큰 자산인 팬(Fan)을 생각하면 가장 적절한 비유가 될 것이다. 크라우드펀딩 역시 마찬가지 원리가 적용되는데 보상형 프로젝트에 참여하였든, 증권형 프로젝트 투자에 참여하였든, 프로젝트에 참여하였든 투자자들을 지속적으로 관리하는 것은 기업 활동에 있어서 가장 중요한 일 중의 하나이다.

그러나 연차 재무내역에서 공개의무를 포함하여 지속적인 규제사항은 존재할 것이다. 따라서 주로 캠페인에 참여했던 전문가의 도움을 요청하고 관리하여야 한다.

크라우드펀딩으로 투자를 받은 회사입장에서 규제준수만을 위해 투자자를 관리하는 것이 아니다. 투자자 관리는 기업을 대중에게 인도해주는 마케팅 기회를 우선 확보하는 길이다. 투자자관리를 위해 노력하는 CEO의 열정이 투자자 단체를 전략적으로 기업을 위한 강력한 대변자로 성장하도록 도와 줄 것이다. 크라우드펀딩에 성공하든 실패하든 지속적인 소통이 신뢰를 만든다. 고객이 금전적 투자를 하지 않았다면 불가능한 방법이겠지만, 기업을 투명하게 운영함으로써 고객과의 관계를 강화할 수 있다.

이를 위해서 기업은 지속적으로 정보를 공개해야 한다. 동영상, 소셜미디어, 전화응대 등의 서비스를 제공하는 웹사이트를 운영해야 한다. 이런 정보를 크라우드펀딩을 중개한 회사의 웹사이트에 지속적으로 업데이트하고 또 관심을 표명하는 투자자들이나 고객들에게 진정성 있는 응대를 하여야 한다. 이런 노력은 컨설턴트에게 의뢰할 수도 있지만 지속성은 CEO의 관심과 애정에서 출발한다.

9.3.2 프로젝트 성공 후의 대처방안을 미리 고민하라

크라우드펀딩법으로 하나의 기업이 12개월 내에 최대 7억원까지 자금모집이 가능해졌다. 이에 따라 많은 기업이 크라우드펀딩 캠페인을 연간 계속 진행하는 마케팅전략으로 활용할 수 있다. 이런 마케팅전략에는 장 · 단점이 있다. 항상 고객과 소통할 수 있는 길이 생겨 참여가 계속 진전될 것이며, 상황에 따라 사업확장이나 일부 유통화도 가능한 장점이 있다. 반면 시간과 지속적 노력이 들어간다는 단점이 있다.

마진을 높이고 직원도 관리하면서 깨어 있는 모든 시간을 고객과 일하는 데 쓰는 사업주에 당연히 이와 같은 지속적인 노력에 소중한 시간을 쏟는다는 것은 거의 불가능할 수도 있다. 크라우드펀딩의 핵심은 일일 운영 이상의 것에 신경을 써서 기업가치를 높이는 것이다. 크라우드펀딩에 참여하는 투자자는 기업과 제품, 사업주를 신뢰하기 때문에 사업주는 회사의 성장을 촉진해 줄 투자자에게 집중해야 한다.

한국이나 미국에서 보상형 크라우드펀딩 프로젝트를 진행했고, 기대하던 수준보다 엄청나게 많은 투자를 받은 제품배송이 4개월이나 지연된 점은 그리 놀라운 일이 아니다. 문제는 투자자에게 배송을 약속한 날짜보다 4개월이나 지연되면 그 사이에 경쟁기업이 시장에 들어올 수 있으므로 철저한 준비가 필요하다.

전통적으로 벤처업계는 제조와 유통, 물류관리가 복잡하여 하드웨어 프로젝트에 투자하기를 꺼린다. 소프트웨어는 이런 제조회사와 같은 공급망관리 문제가 없어 응용프로그램을 신속하게 만들고 버그를 수정하여 온라인 다운로드 방식으로 유통시킬 수 있다. 페블 스마트워키의 성공이 증명하듯이 크라우드펀딩 플랫폼은 기술이나 서비스에 열광하는 사람이 차세대제품이나 서비스를 고려할 수 있는 훌륭한 기회를 제공한다.

반면 준비가 안된 하드웨어 상품을 팔고자 하는 스타트업 기업에는 잠재적으로 난감한 상황도 알려준다. 페블 스마트워치가 성공한 이야기인건 분명하지만, 대량판매하는 제품을 자동생산하는 것은 시제품 몇 개를 생산하는 것보다 훨씬 복잡한 일이다. 결과적으로 크라우드펀딩을 통해 발생할 수 있는 상황을 가정하고 상황별로 준비상황에 대한 대응방안을 마련하고 실행할 수 있도록 준비하여야 한다.

9.3.3 새로운 마케팅 도구로서의 역할을 잊지 말라

크라우드펀딩 프로젝트는 비즈니스를 확장할 수 있는 기회를 제공해주는 몇 가지 특징이 있다. 첫 번째는 크라우드펀딩을 이용하면 스타트업은 특정 엔젤 또는 VC 1명의 의견에 신경 쓸 필요 없이 사업이나 비즈니스 프로젝트를 만들어 갈 수 있다는 측면이다.

두 번째는 크라우드펀딩을 이용하는 기업은 대중이 제품에 어떻게 반응할지에 대해 상대적으로 정확한 척도를 갖게 된다. 대량으로 생산해 내기 전에 주문 1만 개를 미리 받을 수 있다면, 그 제품을 많이 팔수 있을 것이라는 좋은 징조이다.

세 번째는 크라우드펀딩으로 투자할 때면 전통적인 투자에서 기대하는 수익보다 보통 더 합리적인 수익을 기대한다. 크라우드펀딩에 참여하는 개인투자자는 펀드 투자회사가 사업모델을 유지하기 위해 필요로 하는 높은 수익률을 요구하지 않는다.

네 번째는 크라우드펀딩 프로젝트에 참여하는 투자자는 펀드투자회사에서는 제공해 줄 수 없는 독특한 기술이나 노하우를 가졌다. 재무경험이 있는 투자자와 마케팅 경험이 있는 투자자 중 하나를 선택하는 것이 아니라, 투자자 모두로부터 혜택을 볼 수 있다. 대중을 활용하여 만능팀을 만드는 길이다. 이들 투자자는 프로젝트에 참여하고 있기에 기꺼이 도움을 줄 것이다.

다섯 번째는 기업의 성공을 기대하고 투자한 많은 사람이 직접 피드백을 준다. 사업이 잘못되어 갈 때 일반적으로 고객은 그저 다른 회사 제품으로 이동하려 한다. 그러나 투자자는 무엇이 잘못되어 가고 있는지 알려준다. 크라우드펀딩으로 투자받은 기업은 재무성과가 줄어들어 문제가 있다는 사실을 알게 될 때까지 더 이상 기다릴 필요가 없다.

여섯 번째는 크라우드펀딩에 성공하면 대중으로 인정받은 비즈니스로 간주되어 후속적인 투자유치가 가능해진다. 한국정부에서는 2016년부터 크라우드펀딩 금액에 동일한 금액을 매칭 해주겠다는 발표가 있었고, 또 VC들도 투자에 관심을 가질 것이기 때문이다. 즉 크라우드펀딩법에서 최대한도는 7억원이지만 정부매칭 또는 VC투자를 통해 몇 배의 투자도 유치할 수 있게 해준다.

마지막으로 크라우드펀딩 투자자는 자신의 주위 사람들에게 홍보함으로써 기업의 잠재고객층을 확장하는 혜택을 준다. 만약 1명의 투자자만 있다면 거래 결과로 얻게 될 마케팅 효과에 제한을 두게 되는 셈이다.

흥미로운 제품이나 서비스가 있다면 우선 시장에 이를 알려야 한다. 이때 전형적으로 소셜미디어나 블로그를 이용한다. 시장에 더 많이 홍보하면 할수록 더 성공적인 제품이 생긴다. 이처럼 제품을 팔기 위해서는 인지도를 높여야 한다. 그러나 마케팅에서 정말로 중요한 것은 고객이 진정으로 참여하는 방안을 찾는 것이다. 이것이 정확히 크라우드펀딩의 역할이다.

사업주는 크라우드펀딩 덕분에 주인인 동시에 고객인 팬들과 지속적으로 진심어린 관계를 만들어 갈 수 있다. 크라우드펀딩으로 투자받은 회사들은 제품과 서비스를 무척 좋아해서 친구를 찾아가서 자랑하고 다니는 열성분자를 양성한다. 고객의 직접적인 칭찬은 일정한 메시지 중심의 상업광고로는 복제할 수 없는 것이다. 이것이 회사가 광고캠페인에서 고객 추천을 가공하지 않고 사용하는 이유 중 하나이다.

한국 크라우드펀딩법률에서는 유사수신행위 방지를 위해 크라우드펀딩 프로젝트를 진행하는 것을 크라우드펀딩 중개사이트와 펀딩 진행기업의 웹사이트에 기재하고 이런 내용이 실린 신문기사나 온라인보도의 웹주소만 기재하도록 하고 있다.

기업에서 제품 이용후기를 신경 쓰느라 상당히 많은 시간을 투자하는 이유는 실제로 사람들이 믿고 말하는 것이 회사가 홍보하는 것보다 더 중요하기 때문이다. 크라우드펀딩은 여러 면에서 스포츠팀과 투자하는 것과도 비교할 수 있다. 사람들은 스포츠팀에 '동지애' 라는 감정을 느끼기 때문에 투자한다.

크라우드펀딩 영역에서도 여러 가지 면에서 동지애를 느낄 수 있다. 따라서 고객을 열성 주인으로 만들어, 그 사람들이 헌신적인 전도자로서 기업을 홍보할 수 있는 기회를 부여할 수 있다. 성공적인 프로젝트에서는 참여자가 프로젝트의 목적에 기여한다고 느낄 수 있도록 투표와 같은 피드백 장치를 사용하기도 한다.

이렇게 주인들과 좋은 관계가 형성되면 오래도록 브랜드에 몰입하게 하는 '끈끈함' 이 생긴다. 시장을 확장하는 기회로 보아야 한다는 것이다. 여러 면에서 지분투자형 크라우드펀딩은 고객을 확보하고 고객들을 재구매고객으로 만드는 궁극적인 도구이다.

9.3.4 투자자들은 작은 지분으로 주인노릇을 하려고 한다

온라인으로 자금을 모집하는 데는 많은 위험이 따른다. 경험이 일천한 소규모 기업의 리더는 꿈을 달성하기 전에 돈을 바닥낼 수 있다. 투자자가 계속 더 많은 정보를 요구할 수도 있다. 혹시 90 대 10의 법칙을 들어 본 적이 있는가? 90%의 투자자는 사업주를 미치도록 괴롭게 만든다는 뜻이다.

이 10%의 투자자 요구에 너무 잘 대응하느라 90%퍼센트의 시간을 허비하게 된다. 이는 절대 바라는 상황이 아니다. 질문하는 것은 인간의 본성이다. 사업가는 이처럼 항상 뒤따르는 표준질문에 대답해야 한다. 따라서 크라우드펀딩 업계에서 자금을 구하고자 하는 사업가는 이런 정보를 제공할 수 있도록 사전에 대응할 필요가 있다. 투자자도 정보를 요구하지만 법에서도 정보를 요구할 것이다. 새로운 법이 생기면서 규제내용도 달라지면, 이에 대응하기 위해 위험을 무릅써야 한다.

이런 상황이 발생하면 투자자는 투자금의 반환을 요구할 수도 있다. 따라서 모든 투자자에게 공명정대하게 투자자를 대하는 신탁의무 수행에 실패한다면, 즉각적인 문제제기에 직면하게 될 것이다. 실망한 투자자가 예상 손실을 만회하고자 소송을 제기할 가능성도 있다.

이처럼 어떤 자금원이든 자금모집의 위험은 존재한다. 따라서 크라우드펀딩의 세상으로 뛰어들기 전에도 신중하게 고려해야 한다. 커다란 투자자 기반을 유지하는 데 필요한 위험과 재무적 약정 사항을 제대로 파악하지 못한다면, 순진해 빠진 기업주는 결국 '재앙적인 실패' 라는 결말에 도달할 수밖에 없다.

펀딩 중개업체에서 표준화된 책임부인과 의무교육자료를 제공하더라도 '소수의 야단스러운 투자자' 라는 난제가 남아 있을 것이다. 현재로서는 크라우드펀딩으로 지분에 투자하는 편이 삼성이나 애플과 같은 주류주식에 투자하는 편이 위험할지 덜 위험할지는 시간이 지나야 알 수 있다.

여하튼 성공적인 기업이라 할지다도 고객을 소유주 이상으로 대우하고자 기꺼이 시간과 에너지를 투입해야 한다, 기업은 고객을 투자자와 같이 대우해야 한다는 점을 기억해라.

9.4 크라우드펀딩 프로젝트 'DIY C Bob' 기획 사례

닭고기를 전문적으로 생산하여 유통채널에 공급해온 ㈜○○식품이 경쟁자들의 진입으로 매출규모가 줄고 있다. 따라서 이런 시장상황을 탈피하여 새로운 수익모델을 만들고자 한다. 다행히 ㈜○○식품은 그 동안에 닭을 활용한 외식프랜차이즈회사인 ㈜가나다와 친밀한 거래를 관계를 유지하고 있었다.

저자는 ㈜○○식품으로부터 새로운 수익모델 개발을 위해 협력기업과 협력이 가능한 새로운 비즈니스모델 개발과 함께 필요한 자금은 크라우드펀딩으로 해결할 수 있기를 요청받았다. 저자가 제시하는 비즈니스모델 개발과정은 실제로 자금이 투입되는 상황을 고려하여 크라우드펀딩 프로젝트 기획사례로 제시되었다.

실제 상황을 고려하여 어떤 비즈니스모델을 개발하여야 크라우드펀딩 프로젝트를 수행하면서 수익성이 높은 비즈니스모델을 사업화할 수 있을 것인가에 대한 답을 찾아보기로 하자. 다만 저자가 제시하는 비즈니스모델 개발과정은 저자의 방식으로 스타트업의 프로젝트개발에 방향을 제시하는 정도로 활용되었으면 한다.

저자가 아래 그림의 순서대로 비즈니스모델을 개발하였으며 단계별로 활용한 방법을 기술하고자 한다. 1단계에는 오마에 겐이치의 3C분석을 분석에 따른 경쟁우위 확보전략을 활용하여 문제점도출 및 비즈니스아이템을 선정하였고, 2단계에서는 보편적으로 마케팅전략에 쓰이는 SWOT분석을 통해 사업목표 및 내용을 도출하였다. 마지막으로 3단계에서는 게리 하멜의 핵심역량이론을 변경하여 4C방식으로 통합마케팅전략을 도출하였다.

컵밥전문점 DIY C Bob 비즈니스모델 개발 프로세스

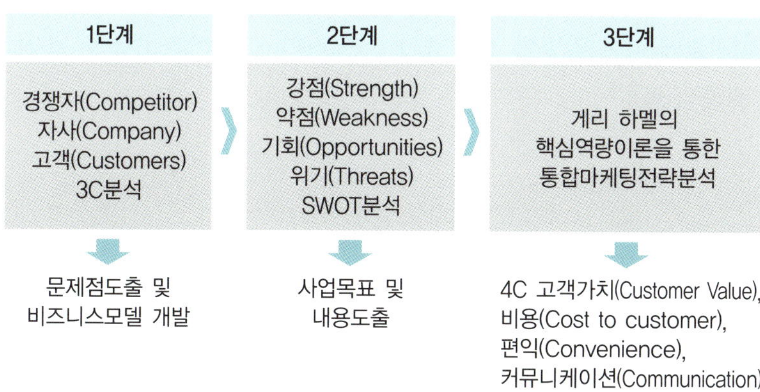

9.4.1 1-1단계: 시장분석을 통한 비즈니스모델 컨셉 개발

닭고기를 활용한 프랜차이즈 사업을 전개해온 ㈜○○○과 함께 새로운 판로를 개척하기 위해 컵밥전문점을 추진하기로 협약하고, 닭을 유난히 좋아하는 한국소비자를 고려하여 닭고기를 중심으로 메뉴를 개발하고 조리실 전면배치와 생산자실명제 등을 통해 소비자신뢰를 확보하고자 한다. 1인가구의 증가와 음식소비의 패턴의 변화에 대응하여 가까운 매장에서 조리한 간편조리식 메뉴를 집밥에 가까운 맛으로 제공하고자 한다.

컵밥 시장현황을 분석하면 간편조리식 컵밥 시장은 출시 18년이 된 간편식의 원조 '햇반' 의 지난해 기준 시장규모가 1,500억원인 데 비해 컵밥 시장은 향후 1,000억원대 시장으로 성장할 것으로 전망되었는데 이같이 컵밥 소비가 빠르게 늘어나는 것은 '1인가구 증가' 와 '여성의 사회진출에 따른 맞벌이 부부 증가', '요리인구 감소' 가 주요한 요인으로 분석되었다.

간편조리식 컵밥 시장규모

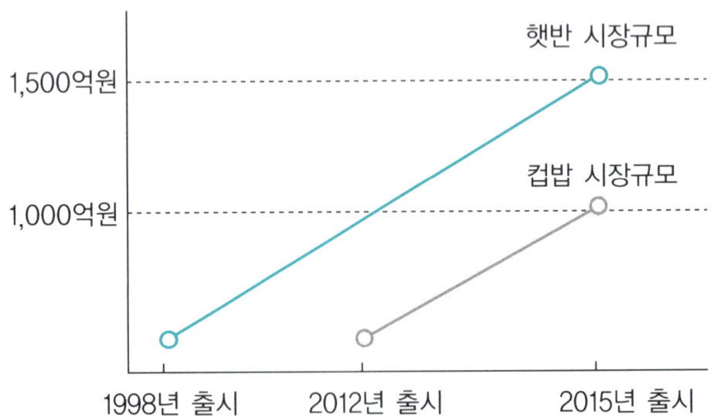

자료: 파이넨셜뉴스(2014. 10. 24)

2014년 3월 통계청 자료에 따르면 1인가구는 전체 가구의 약 4분의 1 수준을 넘어선 414만 명으로 조사됐으며, 이는 결혼을 미루는 싱글족, 이혼을 한 돌싱남녀, 가족과 떨어져 사는 기러기족 등 다양한 형태의 사회구조가 변화하면서 2015년에는 국내 1인가구가 전체의 27%를 차지한 것으로 조사되었다.

또 여성의 사회진출로 맞벌이 부부가 증가하고, 이른바 '집밥'을 하는 요리 인구가 줄어들면서 최소한의 재료로 간편하고 든든하게 먹을 수 있는 식품에 대한 수요가 늘어나 '컵밥' 시장 성장에 불을 지폈다는 보고를 바탕으로 닭고기만을 활용한 컵밥이라는 컨셉을 도출하였다.

9.4.2 1-2단계: 3C분석을 통한 컵밥전문점 문제점 도출

3C 중에서 소비자분석을 통해서 '먹밥신드롬 대응전략이 부족', '한식의 재해석이 적용된 메뉴개발이 미흡', '로케팅소비 대응전략이 미흡'이라는 문제점이 도출되었다.

'먹방신드롬'은 페이스북, 익스타그램 등의 SNS를 통해 자신이 먹은 음식에 관한 정보와 정서를 남들과 쌍방향으로 공유하는 새로운 현상을 컵밥전문점 메뉴에 도입하기 위한 방안 마련이 제안되었다.

한식의 재해석이 적용된 메뉴개발의 미흡을 보완하기 위해서는 현대화된 컨셉에 맞추어 세련되고 모던하게 재해석한 메뉴가 유행하고 있으며, 컵밥 메뉴에도 한식의 재해석개념이 적용된 메뉴개발이 필요할 것으로 분석되었다.

로케팅소비 대응전략이 미흡한 점은 '로케팅소비'란 일상적 외식에 있어서는 지출을 줄이고자 하고 자신이 좋아하는 메뉴나 특별한 날의 외식의 경우에는 가격에 대한 민감도가 낮은 개인소비의 양극화현상을

소비자(Customers) 외식트렌드 분석

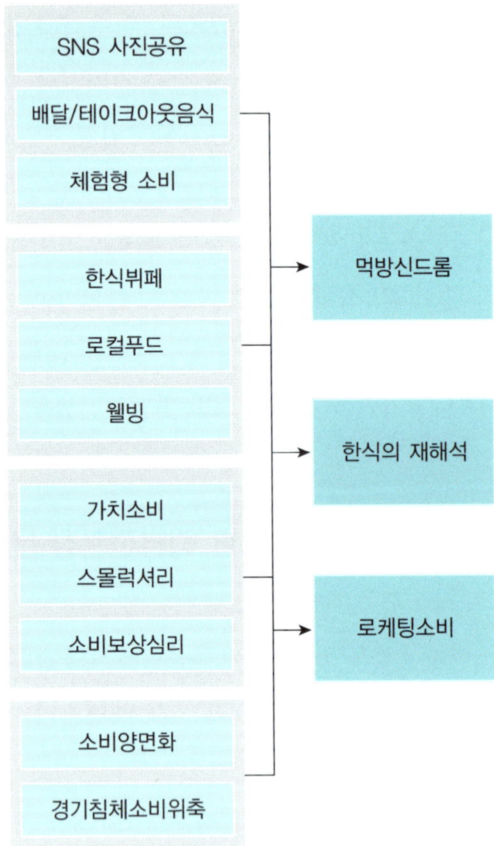

일컫는데 컵밥은 지출을 줄이기 위한 대표적인 메뉴이며, 저가메뉴도 가격 대비 품질이 보장되는 메뉴를 제공하여야 하는 방향으로 전략이 제시되었다.

경쟁자분석(Competitors)에 의한 문제점 분석에서는 '컵밥(도시락 포함) 시장 성장에 대한 대응전략', 'DIY C Bob의 강점인 소재 중심의 메뉴개발', '밥맛에 대한 관리' 에 대한 문제점이 도출되었다.

컵밥(도시락 포함)시장 성장에 대한 대응전략의 미흡을 해결하기 위해서 소비자가 선호하는 패스트푸드와 분식전문점 그리고 제과 · 제빵

외식형태로 선호하는 품목

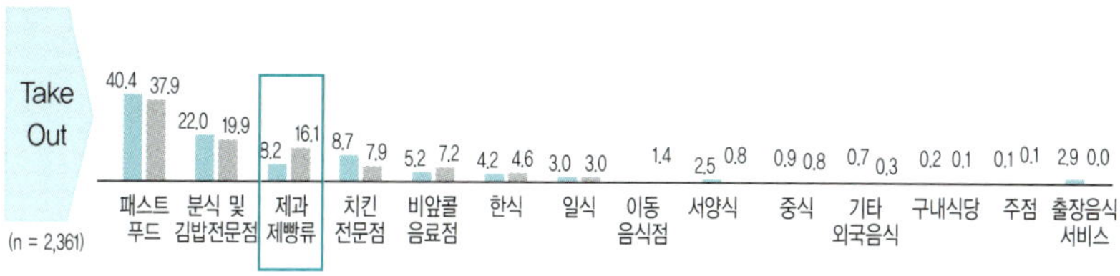

자료: 2014년 국내외식트렌드 조사용역보고서, 한국농수산식품유통공사

류가 각각 높은 순위를 차지하고 있고, 밥을 쉽게 접할 수 있는 음식점은 아직도 부족한 것으로 조사되고 있어 컵밥전문점은 성장가능성이 높다는 점이 부각되었고, DIY C Bob의 강점인 소재중심의 메뉴개발 측면에서는 밥중심의 외식은 크게 밥+반찬개념의 도시락, 밥버거, 밥에 각종 토핑을 첨가하는 컵밥 형태가 주로 판매되고 있으나, 한국인이 좋아하는 닭고기, 채소 등 소재중심의 기능성 메뉴를 제공하는 노력이 필요한 것으로 제안되었다.

밥맛에 대한 관리 부족 측면에서는 밥 간편식 시장은 최근 큰 폭으로 성장하며, 2016년 통계청 양곡소비량조사 통계를 보면 쌀을 활용한 식사용 조리식품의 소비량이 2012년 7만 4,495톤에서 2014년 9만 8,369톤으로 약 32% 증가하고 있고, 밥에 대한 소비자의 요구도 커지고 있으나 경쟁자들은 밥에 대한 인식이 부족하여 밥맛강화를 통해 경쟁력을 강화할 필요가 있음이 제안되었다.

자사(Company)분석에 의한 보완점은 '닭고기 소비추세에 대응한 새로운 유통채널로서 프랜차이즈 사업의 확장', '급변하는 소비자에 대응하는 홍보시스템 구축을 통한 브랜드 가치향상', '프랜차이즈화를 위한 운영시스템 구축'이 제시되었다.

닭고기 소비추세에 대응한 새로운 유통채널로서 프랜차이즈 사업의 확장측면에서는 2014년 농촌진흥청의 수도권 소비자를 대상으로 닭 ·

오리고기에 대한 소비자 의식조사를 한 결과 조사 가구의 52.6%가 일주일에 한 번 이상 닭고기를 먹고, 1인당 연간 12.45kg을 소비하는 것으로 조사된 결과를 바탕으로 한국이 좋아하는 닭고기 소비의 지속적인 증가에 편승하여 기존 닭고기 원육 및 특수부위 판매에서 탈피하여 새로운 방향의 유통채널을 개척할 필요성이 제시되었다.

또한 기존 닭을 요리하여 간식 등으로 판매하는 프랜차이즈의 경우 경쟁이 너무 치열한 쇠퇴기 시장으로 진입하였으므로, 새로운 유통채널의 구축을 통해 안정적인 수익구조 창출이 필요한 것으로 판단되었다.

급변하는 소비자에 대응하는 홍보시스템 구축을 통한 브랜드 가치향상이 필요한데 SNS 등 다양하게 정보를 획득하고 이를 자유롭게 활용할 수 있게 됨으로 식품의 소비방식도 다양하게 변화하고 있고, 이런 소비자의 식품제품에 대한 인식 및 소비방식에 대응한 홍보전략의 수립이 요구되고 있고, 이를 위해 프랜차이즈 본사 및 가맹점에서 활용할 수 있는 다양한 홍보프로그램을 실행해보고 이를 시스템으로 구축하는 노력이 필요한 것으로 조사되었다.

프랜차이즈사업의 성공적인 운영을 위해서는 홍보와 메뉴개발과 함께 중요한 방향이 식재료 등 프랜차이즈 운영에 따른 수익률을 관리하는 것으로 수익률은 프랜차이즈 운영과정에서 수행되는 모든 행위를 평가하고, 평가된 결과를 반영하여 홍보 · 마케팅 프로그램과 신메뉴 투입 등으로 높은 수익을 얻을 수 있도록 하는 관리 및 운영프로그램의 개발 및 적용이 필요한 것으로 조사되었다.

9.4.3 1-3단계: 3C분석을 통한 컵밥전문점 문제점 도출 해결방안제시

최종적으로 3C분석을 통해 'DIY C Bob' 프랜차이즈 운영시스템 구축을 위해서는 소비자와 경쟁자 그리고 자사관점에서 문제점을 도출하고 해결방안을 제시하였다.

꿀처럼 맛있는 컵밥전문점 'DIY C Bob' 프랜차이즈 운영시스템 구축

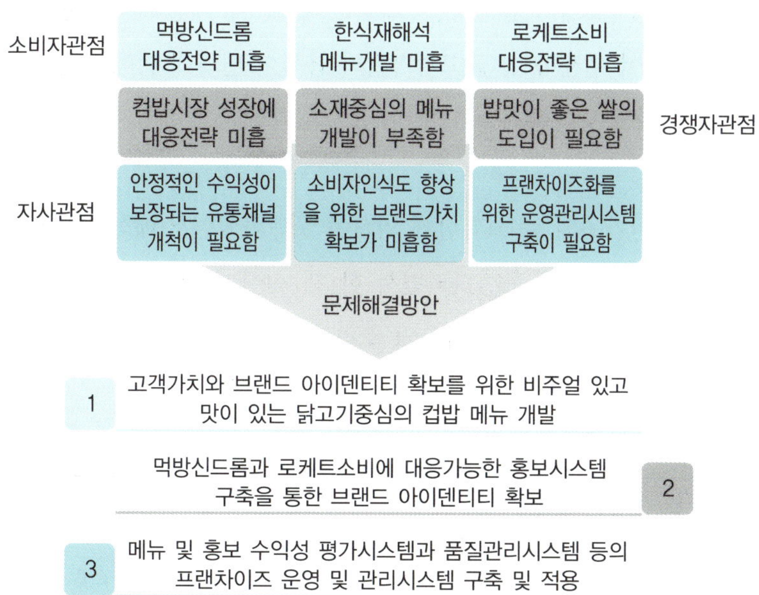

9.4.4 2-1단계: SWOT분석

SWOT분석을 통해 강점은 DIY C Bob을 운영하는 ㈜○○식품은 닭을 가공하여 1차상품인 닭고기제품을 생산하고 있고, ㈜다우린은 닭고기 특수부위를 활용한 프랜차이즈사업을 전개하고 있어 닭고기를 주력

메뉴로 하는 비즈니스에 대한 원가경쟁력이 있다.

협약기업 ㈜가나다는 프랜차이즈(40개 가맹점)를 운영하고 있어서 새로운 프랜차이즈사업을 추진하는 데 필요한 검증된 경영진과 주요 영역에서의 핵심역량을 보유하고 있고 닭고기 전문기업으로서 역량 및 경험에 기반하여 다양한 메뉴개발에 대한 차별화된 기술과 제조역량의 우위를 가지고 있다.

약점은 닭고기를 활용한 새로운 프랜차이즈 비즈니스모델을 성공시키기 위해 필요한 프랜차이즈 운영시스템 개발되어 있지 않고, 컵밥(도시락)전문점 시장에서 급변하는 소비자 트렌드에 대응하기 위한 비전과 장기전략이 부재하며, 닭고기가격의 급격한 변화에 이에 따른 수익성 구조 변화에 대응하기 위한 기업내부의 다양한 전략이 부족한 점이 지적되었다.

기회는 1인가구의 증가와 함께 외식이 보편화되면서 매식 개념의 외식(HMR/Take-out)이 보편화되면서 한 끼 식사개념의 외식소비가 증가하고 있고, 한국인 1인당 닭고기 소비량이 증가하고 있고, 가정 내에

컵밥전문점 'DIY C Bob' 프랜차이즈화 사업화를 위한 SWOT분석

강점(S)	약점(W)
• 주력소재인 닭고기의 원가경쟁력 보유 • 검증된 경영진 • 주요 영역에서의 핵심경험과 역량보유 • 닭고기 메뉴개발 역량 보유 • 메뉴 등의 제조역량 보유	• 중소기업 자금력 미흡 • 프랜차이즈시스템 운영시스템 미비 • 소비자 트렌드에 대응한 비전과 전략 미비 • 수익성 변화에 대응전략 미비
기회(O)	**위협(T)**
• 한끼 식사개념의 외식소비 증가 • 닭고기 및 외식에서 쌀소비의 지속적 증가 • 외식시장의 세분화 · 다양화 · 전문화 경향 • 먹방신드롬 등 셀카문화의 급속한 확산	• 경쟁기업의 진입 • 비즈니스모델에 대한 부정적 인식 확산 • 식자재 공급가격 상승

서의 쌀소비는 감소하고 있지만 HMR이나 외식에서의 쌀소비는 증가하고 있다.

위협은 새로운 도시락 문화의 확산에 따라 대기업 또는 대체재 외식의 판매가 증대하고 있고, 닭고기 관련 사회의 부정적 인식 또는 컵밥 전문점의 부정적 인식이 확산될 우려가 있으며, 닭고기 이외의 타 식자재 공급가격 상승문제도 제기되었다.

SWOT분석을 통해 제안된 전략방향으로 경쟁우위전략(SO)에서는 소비자가 사진을 찍을 수 있는 비주얼과 맛을 가진 메뉴개발 및 직영점 적용을 통해 소비자 트렌드 대응을 위한 브랜드가치 확보전략 수립이 필요하다.

제약요인제거전략(WO)으로는 메뉴개발 및 평가시스템, 품질관리시스템 등 수익성 제고를 위한 맞춤형 프랜차이즈시스템 구축을 통해 외부의 긍정적 기회로 활용하는 것으로 제안되었으며, 경쟁우위 보완전략(ST)으로 메뉴 차별화와 맞춤형 홍보전략 수립 및 적용을 통해 가맹점과 본사가 적용할 수 있는 맞춤형 홍보시스템 확보가 제안되었다. 문

SWOT전략 방향

SWOT	전략방향	세부내용
경쟁우위강화전략 (SO)	닭고기와 쌀밥을 테마로 비주얼과 맛을 동시에 가진 메뉴 제공	소비자 트렌드에 대응한 브랜드가치 확보전략 수립 및 적용
제약요인제거전략 (WO)	수익성이 보장된 프랜차이즈 운영시스템 구축	메뉴개발 및 평가시스템, 품질관리시스템 등 수익성제고를 위한 맞춤형 프랜차이즈 시스템 구축
경쟁우위보완전략 (ST)	메뉴 차별화와 맞춤형 홍보전략을 통해 소비자 트렌드 대응방안 마련	가맹점 단위와 본사차원에서의 맞춤형 홍보전략 구축
문제해결전략 (WT)	소비자가치의 지속적 제공	CRM을 통해 충성고객의 확보강화전략 추진

제해결전략(WT)으로 가맹점 단위의 맞춤형 홍보 및 메뉴 적용을 위한 CRM을 구축 및 활용함으로써 외부적 충격에 대응할 수 있도록 제안되었다.

9.4.5 2-2 단계: SWOT분석을 통한 목표설정

본 프로젝트의 목표는 컵밥전문점 'DIY C Bob' 프랜차이즈 운영체계 구축 및 브랜드 아이덴티티를 확보함으로써 도시락 프랜차이즈 업계 최고의 브랜드로서 자리매김시키고자 함이며, 이를 위해 소비자니즈를 반영한 프랜차이즈 운영시스템을 구축하고 이를 직영점에서 실행하여 평가해 봄으로써 최적의 모델을 구현하고자 한다.

9.4.6 3-1단계: 통합마케팅 전략 수립

현재 컵밥전문점 프랜차이즈산업의 경쟁은 치열하게 전개되고 있고, 도시락, 컵밥 그리고 김밥류 및 유통채널에서 판매되고 있는 HMR도 경쟁제품으로 1인가구가 지속적으로 증가하고 있고, 국민들도 집에서 식사를 하는 것보다 외식 또는 HMR로 한 끼 식사를 해결하고 있는 추세가 높아지고 있다.

'DIY C Bob' 프랜차이즈 차별화전략

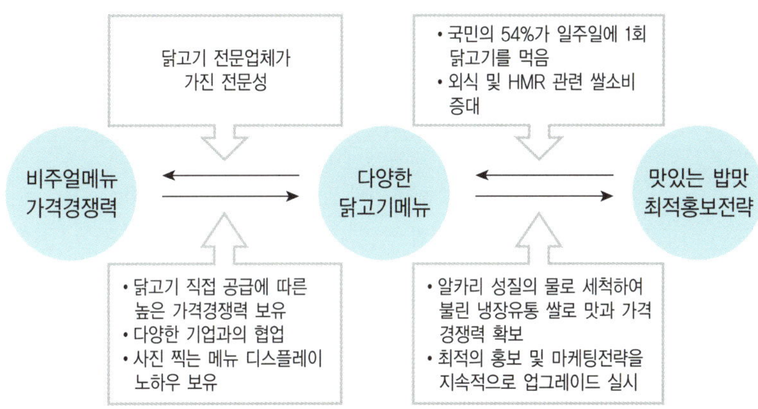

'먹방신드롬'에서 보듯이 소비자들은 사진을 찍을 수 있는 음식에는 반드시 사진을 찍어서 페이스북, 익스타그램 등의 SNS를 통해 공유하고 있어, 사진을 찍을 수 있는 메뉴를 지속적으로 제공하기 위해서는 원료단계에서 원료가공기술, 메뉴별 디스플레이 숙련도 그리고 원가경쟁력이 필요하다.

닭을 전문적으로 가공하는 가공기업으로 닭고기와 계란으로 할 수 있는 전 세계의 모든 요리를 메뉴로 제공하고, 밥맛을 보장하기 위해 알칼리수로 세척하여 일정 수분을 침지한 냉장 쌀제품을 공급 후 밥맛의 균일성을 유지하고 구곡을 활용함으로써 원가경쟁력 및 품질경쟁력을 보유하였다.

브랜드 아이덴티티와 소비자 트렌드를 고려한 다양한 판촉전략을 통해 지속적으로 소비자에게 브랜드를 어필함으로써 경쟁력을 확보해나가고자 하였다.

9.4.6 3-2단계: 컵밥전문점 4C전략

DIY C Bob의 브랜드 아이덴티티를 효율적으로 홍보하기 위해서는

<table>
<tr><td rowspan="3">고객가치</td><td colspan="2">닭고기로 만들었는데 사진을 찍을 만큼 비주얼이 있고 밥도 맛있다</td></tr>
<tr><td colspan="2">브랜드 – 꿀처럼 맛있는 컵밥 'DIY C Bob'
특징 – 비주얼이 있는 닭요리와 밥이 맛있는 컵밥전문점</td></tr>
<tr><td colspan="2">사진 찍으면서 먹는 컵밥</td></tr>
<tr><td rowspan="2">가격정책</td><td colspan="2">합리적 프리미엄</td></tr>
<tr><td colspan="2">5천원 / 음료 포함</td></tr>
<tr><td rowspan="2">편익</td><td>전략</td><td>한 끼라도 멋있는 밥을 맛있게 먹자</td></tr>
<tr><td>실행</td><td>• 사진을 찍어 이를 공유하고 공유된 사진으로 다양한 혜택을 제공함
• 요일별 메뉴를 통한 차별화 마케팅전략으로 충성고객을 확보함</td></tr>
<tr><td rowspan="2">커뮤니케이션</td><td>전략</td><td>• 기본 메뉴에서 요일별 메뉴를 제공하여 할인혜택 제공
• 사진을 찍어서 SNS에 공유하면 할인혜택 제공
• 소비자를 직접적으로 메뉴개발과정에 참여시키고 적절한 보상을 제공함
• 개발된 신메뉴에 대해 다양한 시식기회 제공</td></tr>
<tr><td>실행</td><td>• 브랜드가치의 확대를 위한 브랜드 운영매뉴얼에 따라 모든 프랜차이즈시스템을 개발하고 운영함
• 가맹점에서 활용할 수 있는 홍보프로그램을 개발하고 이를 적절하게 활용할 수 있도록 함
• 본사와 연계하여 가맹점이 SNS 홍보를 원활하게 하고, 이를 통합관리함으로써 고객과의 일관적 커뮤니케이션을 유지함</td></tr>
</table>

소비자들의 필요와 욕구, 관심과 이해를 상품이나 회사에서 발견하도록 신뢰성 있는 정보를 제공하거나 노출시킴으로써 소비자 만족과 구매를 증진시키기 위한 전략적인 통합마케팅으로 4C, 즉 고객가치(Customer Value), 비용(Cost to customer), 편익(Convenience), 커뮤니케이션(Communication)전략을 제시하였다.

9.5 크라우드펀딩 성공을 위한 바이럴마케팅을 알자

크라우드펀딩 프로젝트는 SNS에서 이슈화되어야 한다. 아이템이 지역특산물이라면 지역민들과 고향을 떠나 타 지역에서 거주하는 사람들을 설득하여 이슈화될 수 있도록 하여야 한다. 펀딩 포털도 이전투자자와 다른 캠페인 참여자에게 프로젝트를 알리기 위해 정보를 전달 할 것이다.

시작을 잘하려면 야단스럽게 홍보해야 한다. 이는 크라우드펀딩 프로젝트가 성공하는 가장 결정적인 요소이다. 따라서 초기 기여자를 많이 확보해야 한다. 초창기 물결이 점점 더 많은 기여자로 귀결될 것이다. 사람들은 자신의 SNS내에서 누군가 이미 기부한 프로젝트에 더 참여하고 희망하기 때문이다. 이것이 참여의 첫 번째 방아쇠다.

볼 것이 없는 이슈라도 길거리에서 한 사람이 어떤 곳을 바라보고 있다면 주변사람들은 무관심하게 지나가지만 세 사람이 한 곳을 바라보면 그때부터는 여러 사람들이 동참하여 관심을 표현한다. 즉 인터넷의 대중화뿐만 아니라 최근에는 스마트폰과 SNS를 통한 정보공유도 점점 더 큰 규모로 활성화되면서 바이럴(입소문)마케팅도 점점 더 중요한 역할을 하고 있다.

바이럴마케팅은 일반적으로 기업이 직접적으로 광고나 홍보를 하지 않고도 소비자의 입소문을 통해 광고가 이루어지기에 그 효과가 더욱 큰 것으로 알려져 있다. 최근에는 모 제과업체의 과자가 블로그와 SNS 등에서 맛있다는 입소문이 퍼지면서 실제 가격의 3배가 넘는 프리미엄이 붙기도 했다. 가장 놀라운 점은 제과업체에서 해당 과자를 출시했을 때는 어떤 광고도 하지 않았다는 점이다.

식당이 텅 비었다면 그곳에서 음식을 먹고 싶은 생각이 드는가? 손님이 없는 텅 빈 식당의 음식 맛은 그다지 좋지 않다고 으레 짐작한다. 따라서 사람들로 가득 찬 식당이 텅 빈 식당보다 더 성공하는 것이다. 그러면 크라우드펀딩 캠페인의 세계에서 무엇이 '북적여' 보이는데 도움이 되겠는가?

크라우드펀딩의 프로젝트는 성공적으로 개시해야 한다. 캠페인이 시작된 후 48시간 이내 목표액의 25%를 모금할 수 있으면 성공할 가능성이 커진다. 서서히 시작하는 캠페인은 거의 실패한다. 다시 한 번 생각하면 이는 정치캠페인과의 유사하다. 오랫동안 연락을 하는 것보다 선거일이 다가 왔을 때 사람들에게 연락하는 것이 유권자를 투표장으로 향하게 하는 가장 효과적인 방법으로 생각해 왔다.

그러나 이런 방식은 크라우드펀딩에서 효과적이지 않다. 아무에게나 연락한다고 해서 투자로 이어지지 않는다. SNS상의 입소문을 성공적으로 구축하는 것은 갑작스럽게 이루어지지 않으므로 지속적인 노력을 기울여야 한다.

효과적으로 입소문을 낼 수 있는 프로젝트를 기획하는 방법은 프로젝트에 투자자들이 호감을 갖게 하는 요소와 기획된 프로젝트가 투자자들 사이에 입소문을 퍼지는 단계를 이해하는 것이 중요하다. 따라서 저자는 로히트 바르바가의 '호감경제학' 과 조나 버거의 '컨테이저스

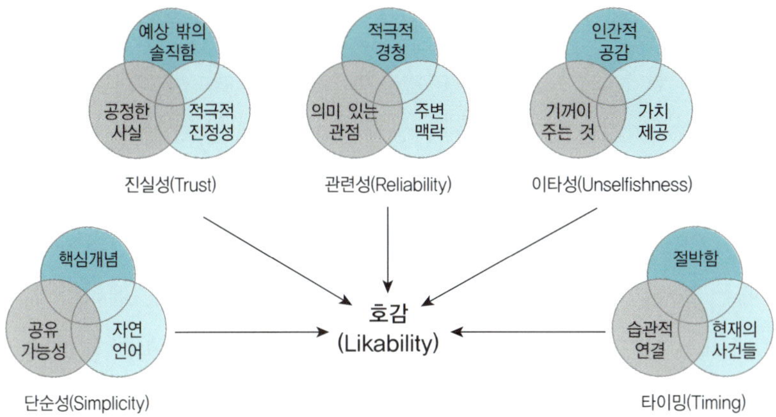

자료: 매일경제신문(2013. 7. 26)

전략적 입소문' 으로 효율적인 입소문을 만들어 내는 방법을 제안하고자 한다.

'호감경제학(Likeonomics)'이라는 새로운 개념을 들고 나온 로히트 바르가바 조지타운대학교 교수는 매일경제신문 2013년 7월 26일자 인터뷰에서 '진실성(Truth), 연관성(Reliability), 이타성(Unselfishness), 단순성(Simplicity), 타이밍(Timing), 즉 T.R.U.S.T를 통해 호감을 얻을 수 있다' 고 설명했다.

식품 · 외식에서의 진실성은 자기가 구매하는 제품의 표기상황이 정확한지, 원산지를 속이지 않았는지, 또는 치킨을 튀길 때 튀김기름을 제때 교환해주는지 등 소비자를 속이지 않은 식품이나 외식메뉴를 소비자에게 제공하는 것에서 신뢰성을 표시한다.

이 문제를 해결하기 위해 기업에서는 그 원료의 생산지역을 브랜드로 만들어서 홍보한다. '의성마늘햄' 이라던가 '보성녹차' 가 대표적인 사례이다. 또한 생산자인 농부가 브랜드화되기도 한다. 외식업계에서 소비자들에게 신뢰감을 주는 방식은 기존에 지역브랜드나 생산자브랜드를 앞세우는 것에 더하여 조리대를 거리에서 쉽게 볼 수 있도록 배치하기도 하고, 또 일부 외식매장에서는 사용하고 있는 원료를 포장그대로 고객이 볼 수 있도록 비치하기도 하고, '옥반식품'과 같은 식품기업에서는 홈페이지를 통해 제품의 생산과정을 실시간 중개하기도 한다. 이런 사례들이 호감을 만들어가는 요소에서 진실성(Truth)을 활용한 사례이다.

때론 불편한 진실을 수용하는 것도 진실성의 덕목이다. 렌터카 업체인 아비스가 13년간 적자에 허덕이면서 근근이 버텼던 1960년대 '아비스는 2위에 지나지 않습니다. 그래서 우리는 더 열심히 노력합니다'라는 광고캠페인을 통해 바로 흑자전환에 성공한 것, 2009년 도미노피자가 소비자조사에서 '골판지맛이 난다'는 혹평을 무시하지 않고 오히려 그 혹평을 한 고객들을 광고에 출연시키고 새로 출시한 피자를 맛보게 하는 '솔직한 광고'로 다시 매출을 회복한 것은 진실성의 좋은 사례이다.

관련성(Reliability)은 누군가 관심이 있는 일을 활용하라는 의미로 사용되는데 이는 유통회사에서 종종 사용한다. 즉 한국이 월드컵 16강에 진출하면 외식매장에서 특정 메뉴에 대한 할인행사를 진행한다거나 하는 방식으로 판촉을 진행하는 것이 관련성이다. 영월의 '다하누촌'이라는 한우공동브랜드 유통회사는 한국의 모든 기념일이나 스포츠행사들과 연관하여 이벤트를 1년 내내 개최함으로써 호감 요소인 관련성(Reliability)을 적극적으로 활용한 사례이다.

하지만 관련성엔 함정이 있다. 관련성이라는 것은 막연한 것이라 여기기 쉽기 때문이다. 예를 들어 "당신이 이런 문제에 관심이 있습니까?"라고 물었을 때 '네'라는 답변을 받기는 쉽지만 실제로는 그렇지 않을 수 있다. 또 사람마다 관련성이 있는 주제는 천차만별이라 철저한 개인화 작업도 필요하다. 적극적 경청과 이해뿐만 아니라 정확하게 의미 있는 것을 짚어내고, 주변 맥락을 파악하는 영리함이 필요한 이유다.

호감의 중요한 요소인 이타성(Unselfishness)은 어쩌면 기업의 궁극적 목표인 '이윤추구'와는 반대되는 개념으로 보이기도 한다. 시대가 변하면서 점점 더 윤리적인 기업들이 성공하고 있는 추세가 보인다. 에티스피어재단이 2007년부터 해마다 '세계에서 가장 윤리적인 회사' 순위를 선정하고 있는데 점점 더 많은 기업이 선정되고 있으며, 이들 윤리적인 회사들의 실적은 S&P500에 오른 회사들보다도 30%나 좋았다.

대표적인 기업은 코스트코이다. 이 기업은 공개적으로 제품가격을 15% 이상 인상하지 않겠다고 공표하고, 동종업계 평균급여보다 훨씬 높은 급여를 직원들에게 준다.

글로벌 유명기업들이 제시하는 제품의 슬로건은 보면 이들 기업의 슬로건은 10자 이내로 단순명료하다. 즉 소비자들은 제품의 구매를 결정할 때 복잡하게 설명받는 것을 힘들어 한다. 물론 제품을 이해해 가면서 구매하기도 하지만 단순성(Simplicity)이 구매에 작용한다. 따라서 식품 · 외식기업이 크라우드펀딩 프로젝트를 기획하고자 할 때에 소비자에게 주는 제품설명은 단순명료하여야 한다.

저자가 타이밍(Timing)을 이야기할 때 자주 언급하는 사례가 있다. 몇 년 전에 모 연예인이 선전하는 머드팩으로 화장품에 대해 모든 이들이 칭송하고 있었다. 그러나 불과 한 시간 만에 이 칭송은 불신을 바뀌었다. TV고발 프로그램에서 이 화장품의 문제점을 제기했고 이 문제가 사회적 이슈가 된 것이다.

즉 식품 · 외식 스타트업이 기획하는 프로젝트가 사회적 이슈에 적합한가를 항상 고민해야 한다는 것이다. 물론 이 머드팩 화장품을 생산하는 기업도 이런 문제가 있을 것이라고 상상하지 못했지만, 프로젝트가 사회적 이슈가 될 만한지 고민해야 공들여 기획한 비즈니스가 어려움을 겪는 문제가 발생하는 것을 미연에 방지할 수 있다.

어떤 사람이 똑같이 '좋다'고 평가한 식당 2곳이 있다고 하자. 그런

데 한 식당에 대해선 블로그에 포스팅을 남겼고, 다른 식당은 그냥 넘어갔다. 이는 '호감갭(Likablility Gap)' 때문이다. 한 사람을 움직여 자발적으로 행동하게끔 하는 수준까지 호감의 정도를 끌어올리는 것이 내가 말하는 호감의 핵심이다. 사람들은 이런 호감을 갖고 있는 기업의 제품을 더 많이 구입하고, 전파한다.

크라우드펀딩 프로젝트를 시작하는 시점에는 SNS를 이용하여 고객과의 관계를 구축하는 것이 중요하다고 한다. 일단 캠페인이 시작되는 시점이 되면 컨설턴트와 펀딩포털은 각각 1차와 2차 투자자 모두에게 가능한 많이 연락할 방안이 준비되어야 한다. 고객이야말로 가장 중요한 1차 연락처라는 사실을 기억해라.

3F(가족, 친구, 팬)의 입에서 시작된 프로젝트에 대한 입소문은 어떤 경로로 다른 사람에게 전달되는지 이해하고 있어야 한다. 조나 버거 교수는 인터뷰에서 '아니다' 고 단언했다. "입소문은 운이 아니에요. 과학입니다. 태어나는 게 아니라 만들어지는 거니까요"라고 이야기했다.

조나 버거 교수는 미국 유타주 출신 발명가인 톰 딕슨이 1995년 가정용 믹서를 제작하고 이를 팔기 위해 믹서판매회사 브랜텍(Blendtec)을 설립한 예를 들었는데, 이 회사는 창업 후 11년간 품질이 괜찮은데도 매출이 없다가 2006년 갑자기 엄청난 입소문을 타면서 대박을 쳤다. 똑같은 제품이 왜 11년 만에야 히트를 쳤을까?

딕슨의 믹서는 애당초 평범한 제품이었다. 11년이나 소비자들의 호응을 못 받았다는 게 증거다. 치리오스는 아예 지루하기까지 하다. 그러나 두 제품은 엄청난 입소문을 타고 히트상품으로 자리 잡았다. 그렇다면 딕슨의 믹서는 어떻게 입소문이 난 것일까? 2011년 딕슨이 단돈 50달러로 제작한 유튜브 동영상이 계기였다. '이게 갈릴까요' 라는 제목의 동영상에서 딕슨은 대리석 구슬 50개를 믹서에 넣는다. 믹서를 돌린 결과는 놀라웠다. 대리석들이 전부 가루로 갈려 나온 것. 순식간에

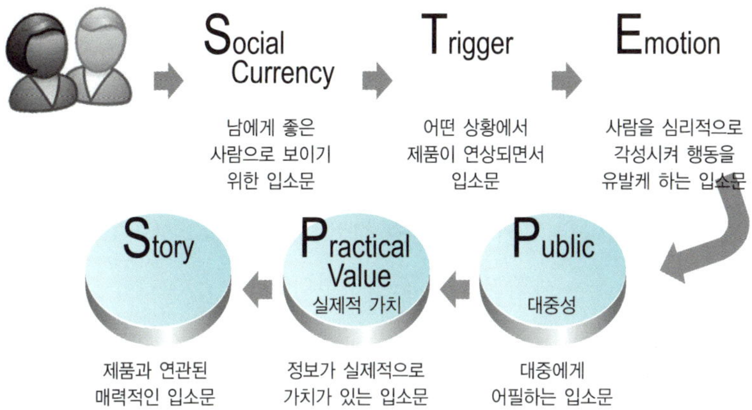

자료: 조나 버거, "컨테이저스 전략적 입소문", 문학동네

딕슨의 믹서는 '극강의 믹서' 라는 입소문을 탔다.

제품에 내재된 특별한 점을 찾아냈기 때문이다. 딕슨은 자신의 믹서가 대리석을 몇 초 만에 가루로 만든다는 것을 보여줬다. 가장 지루한 제품인 믹서에서 '특별한 점' 을 찾아낸 것이다. 덕분에 매출이 700%나 급증했다. 아무리 평범한 제품에도 특별한 점은 내재돼 있다는 것을 보여준 사례다. 평범한 제품도 특별한 점을 찾아내 부각하면 특별한 제품이 되고 입소문을 타게 된다는 뜻이다. 화장실 휴지에서도 특별한 점을 찾아낼 수 있다고 버거 교수는 말했다.

STEPPS의 첫 S는 사회적 화폐(Social currency)이다. 제품의 특별한 점과 어떤 관계인가. 사람들이 좋은 차를 타고 좋은 옷을 입고 싶어 하는 이유는 무엇인가. 남들에게 좋은 모습으로 보이고 싶어서다. 자기가 남들하고 다른 물건을 소유하고 또 생활하고 있다는 것을 보여주고자 하는 마음이 인간의 본성이기 때문이다. 한때 한국에서는 한 개 1,500원하는 붕어빵이 공전의 히트를 기록했다. 붕어빵이 히트한 이유는 먼저 접한 고객이 주변 사람들에게 거리에서 300원이면 하는 붕어빵을 1,500원에 먹었다는 사실을 자랑하고 싶어 하기 때문이다.

사람들이 입소문을 내서 정보를 공유하려는 이유도 똑같다. 똑똑하고 시대에 앞선 좋은 사람으로 보이고 싶은 욕구 때문이다. 입소문은 우리를 더 좋은 사람으로 보이게 한다는 점에서 '사회적 화폐' 다. 남들에게 멋진 사람으로 보이기 위해 차를 사는 사람은 실물 화폐인 돈을 지불한다. 그러나 정보의 공유를 통해 멋진 사람으로 보이고 싶은 사람은 '입소문' 이라는 사회적 화폐를 지불한다.

제품의 특별한 점을 찾아내 입소문을 내는 것은 사회적 화폐의 대표적인 예다. 사람들은 스스로가 특별한 사람으로 보이기 위해 제품에서 특별한 점을 찾아내 전파한다. 덕분에 딕슨의 믹서가 입소문을 탈 수 있었다.

실제로 소비자들은 제품에서 남이 모르는 특별한 기능을 찾아내면 얘기하고 싶어 안달이다. 페이스북 등에는 이런 내용의 글을 쉽게 찾을 수 있다. 물론 이런 사회적 화폐(social currency)가 특별한 것은 아니다. 붕어빵처럼 쉬운 제품에도 가치를 부여하여 고객들로 하여금 주변에 자랑거리로 여기게 만들면 사회적 자본이 되는 것이다.

STEPPS의 T, 즉 방아쇠(Trigger)효과 때문이다. 방아쇠는 특정한 상황에서 특정한 제품을 떠올리게 하는 자극을 뜻한다. 예를 들어 월드컵 축구대회 때가 되면 사람들은 맥주와 통닭을 떠올린다. 중국 사람들은 한국드라마 '별에서 온 그대' 에서 주인공이 맥주와 통닭을 먹는 장면을 보고 맥주와 통닭을 폭발적으로 소비하기 시작했다. 여기에서 방아쇠는 드라마에서 주인공들이 맥주와 통닭을 함께 즐기는 모습이다. 즉, 수만 명의 미국인들이 아침으로 치리오스를 먹는다. 그래서 아침이면 자연스럽게 치리오스를 떠올리고 이야기하게 된다. 트위터에서 치리오스에 대한 언급은 오전 7시 30분~8시에 정점에 이른다. 덕분에 디즈니월드보다 입소문을 훨씬 더 많이 타게 됐다. 한국의 가수 싸이가 부른 '강남스타일' 의 가사는 B급 문화를 담고 있었다. 역대 최악의 노래라는 평가까지 받았다. 그러나 입소문은 엄청났다. 유튜브에서 뮤직 비디오의 클릭수만 10억 회를 넘었다. 재미있는 춤이 중독성이 발휘했고 전 세계는 한국인을 만나면 강남스타일을 이야기한다. 실제 중독성 있는 춤과 가사가 심리적 방아쇠 구실을 한 것이다.

STEPPS의 셋째 요소 E는 감정(Emotion)인데, 입소문과의 관계에 있어 감정은 사람들이 무엇인가를 공유할 때 엄청난 역할을 한다. 우리는 무엇인가에 더 많이 마음을 쓸수록 더 많이 이야기하게 된다. 그러나 모든 감정이 입소문을 촉진하지는 않는다. 사람을 심리적으로 각성시켜 행동을 유발하게 하는 감정이야말로 정보공유를 촉진한다.

긍정적 감정으로는 경외감 · 흥분 · 유머, 부정적 감정으로는 분노 · 불안 등이 그런 감정이다. 할리우드 음악인 데이브 캐럴의 유튜브 동영상 '유나이티드가 내 기타를 망가뜨렸어' 는 감정이 어떻게 행동과 입소문을 유발하는지 보여준다. 2009년 캐럴이 시카고에서 유나이티드 항공을 탔을 때였다. 짐꾼이 그의 기타를 함부로 내던져 완전히 망가뜨렸다. 캐럴은 항공사에 배상을 요구했으나 무시당했다.

캐럴의 분노는 행동으로 이어졌다. 자신의 억울한 사연을 동영상으로 만들어 유튜브에 올린 것이다. 이 동영상은 나흘 만에 조회 수가 130만 회를 넘길 정도로 폭발적인 입소문을 탔다. 항공사의 무책임한 서비스에 미국 소비자들이 함께 분노해 입소문을 낸 것이다. 경외감이 입소문을 촉진하는 사례로 당신은 과학 기사를 든다. 재미도 없고, 유용하지도 않을 과학 기사가 입소문의 대상이 되는 까닭은 한 기사를 읽는 독자는 놀라운 발견에 대해 경외감을 느낀다. 그래서 타인과 기사를 공유하게 된다.

STEPPS의 넷째 요소 P는 대중성(Public)이다. 더 많은 사람의 눈에 쉽게 띄는 아이디어 · 제품일수록 더 쉽게 입소문을 탄다는 뜻으로 '연평해전' 이나 '영철버거' 의 사례가 대표적이다. 대중성(Public)을 띈다는 것은 사회적 이슈와 관련성이 있는 주제 이외에 소비자들이 생각할 때 신선하게 또는 가치 있게 수용될만한 문제도 포함된다. 어류 양식에 있어서 무항생제 양식이 힘들다는 것을 소비자들이 인식하고 있는 상황에서 각고의 노력 끝에 한국수산물품질관리원으로부터 처음으로 무항생제 양식장으로 인증받았다는 사실도 대중성을 갖게 된다.

STEPPS의 다섯째 요소 P는 실제적 가치(Practical value)를 뜻한다. 실제적 가치가 높은 제품일수록 입소문을 많이 타는 것은 당연해 보인다. 특히 SNS는 실제적 가치가 중요한 요소를 가진다. 창업자가 식당을 내고 고객을 유치하기 위해 준비가 되어 있지 않은 채 SNS 마케팅 회사를 통해 맛집으로 소문을 나게 하였다고 하자. 곧 이렇게 실제적 가치를 가지지 못한 식당은 맛집인지 알고 방문한 고객들의 실망감으로 인해 곧 심각한 문제에 직면한다.

앞서 실제적 가치와 별로 관련 없는 감정의 중요성을 말했지만, 정보의 내용 역시 매우 중요하기 때문이다. SNS는 입소문을 빨리 유포하기도 하지만 실제적 가치를 가지지 않는다면, 반대적인 문제도 쉽게 확장하여 유포되기 때문이다. 버거 교수에 따르면 소셜커머스 회사인 그루폰 · 소셜리빙 등이 입소문을 타고 유명해진 것도 실제적 가치가 높아서이다.

STEPPS의 마지막 요소 S, 즉 스토리(Story)에 대한 질문이다. 크라우드펀딩 프로젝트를 기획할 때 '트로이의 목마'와 같은 훌륭한 스토리에 제품과 아이디어를 담으라고 권한다. 트로이의 목마는 수천 년간 입소문을 타고 전승된 이야기이다. 이런 스토리를 만들려면 반드시 지켜야 할 원칙이 있다.

당신의 제품 · 아이디어에 대한 세세한 내용까지 스토리에 통합돼 있어야 한다는 점이다. 당신의 제품 · 아이디어를 얘기하지 않고는 해당 스토리를 다른 사람과 공유할 수 없을 정도로 스토리와 일체가 돼야 한다는 뜻이기도 하다.

마지막으로 중요한 요소는 오프라인으로 전해지는 입소문의 중요성이 강조되고 있다. 즉 사람들은 온라인에서의 입소문에 더하여 지인으로부터 얼굴을 맞대고 또는 전화 수다를 통해 듣는 입소문에 신뢰를 갖기 마련이다. 입소문에서 온라인의 비중은 겨우 7%다. 한국의 고객이 식당을 선택하는 정보를 얻은 방식도 80%가 길을 가다가 보는 간판이나 신문에 끼워져 오는 홍보전단 그리고 냉장고에 붙일 수 있도록 제공되는 전화번호를 통해서라는 소비자조사 결과도 있다. SNS 미디어가 중요하기는 하다. 그러나 대부분의 대화와 정보의 공유는 얼굴을 맞대고 이루어지거나, 또는 대화 및 수다를 통해 지인으로부터 직접 추천받는 것이 효과적이다.

9.6 식품 스타트업 유통채널 및 프랜차이즈기업 입점전략

크라우드펀딩에 참여하기 위해 식품을 생산하는 창업자는 홈쇼핑의 라이브방송과 이마트 같은 누가 봐도 유명한 유통채널에 납품하는 것을 목표로 한다. 그러나 높은 진입장벽과 많은 경쟁상품들 사이에서 어디에 제안을 넣고 어떻게 MD와의 미팅기회를 만들 것이며, 무엇을 준비 하여야 하는지에 대해서는 모른다. 그러면 입점을 위해 어떤 절차가 필요한 것인지, 그리고 절차보다 더 중요하게 내가 준비해야 할 것들은 무엇인지 확인하는 것이 필요하다.

첫 번째 선택할 문제는 자사제품의 특성을 파악하고 어떤 유통채널을 선택할 것인가를 결정하여야 한다. 유통경로를 선택하는 방법으로 시장분석을 하기 위해서는 통계청, 인터넷검색, 식품유통연감, 유통업체연감 등을 이용하면 확인가능하다. 최소한 내가 만들고 있는 상품이 어느 시장에 속해 있으며, 어떤 경로에 가장 많이 파는지 정도는 알아두도록 한다. 정확한 시장분석 없이 일명 감으로 상품을 생산하면 아무리 상품성이 있다 하더라도 시장에서 구매하는 소비자는 아무도 없다는 것임을 명심해야 한다.

아래의 그림을 보면 홈쇼핑과 대형마트 급식경로가 전체 시장의 약 80% 정도 된다. 시장분석 후 경로별 장 · 단점을 확인하고 어느 시장에 들어갈 수 있는지를 파악한다. 업태의 점유율 순으로 우선순위를 정해보되 점유율이 크지 않더라도 먼저 진입할 수 있는 경로의 순을 정해서 진입 전략을 수립한다.

편의식 곰탕의 시장점유율 표

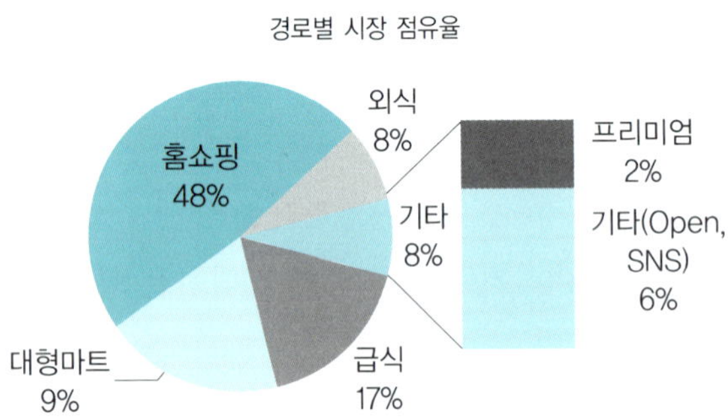

자료: 안성 향토산업 자료 발췌(2011. 11).

목표로 하는 유통채널이 결정되었으면 납품가를 결정하여야 하는데 여러 가지 방법의 가격결정방법이 있다. 원가중심가격결정은 제품의 생산과 판매에 들어가는 모든 비용+기대이익을 고려하여 결정한다. 이 방법은 수요자의 의견을 고려하지 않는다는 한계가 있다. 소비자중심가격결정방법은 소비자가 지각하는 가치를 직접 물어보는 방식으로,

즉 소비자에게 이 상품을 얼마에 구매할 의사가 있는지를 확인하는 것이다. 마지막으로 경쟁자중심가격결정은 시장에서 경쟁사들의 유사제품이 가지는 상품의 가격을 기준으로 결정하는 방법이다.

완제품으로 한우곰탕을 가공식품화하는 식품기업의 가격결정이 어떻게 이루어지는지 살펴보면 아래와 같이 제조 → 도매 → 소매의 3단계 구조로 이루어진다. 구조전략을 설정한 후에 가격이 어떻게 변동되는지 알면 내 상품이 얼마의 가치가 있고, 경로별 마진에 대한 부분을 이해할 수 있다.

① 생산원가(원재료비+포장비+수도광열비+인건비+감가상각비 등) 검토 확정

② 도매상에게 납품하는 가격결정(제조마진, 물류비, 가격할인, 리베이트 등 고려)

③ 경쟁제품이 일반적으로 희망하는 경로(하이퍼마켓)에서 얼마에

한우곰탕 가격구조(2011년)

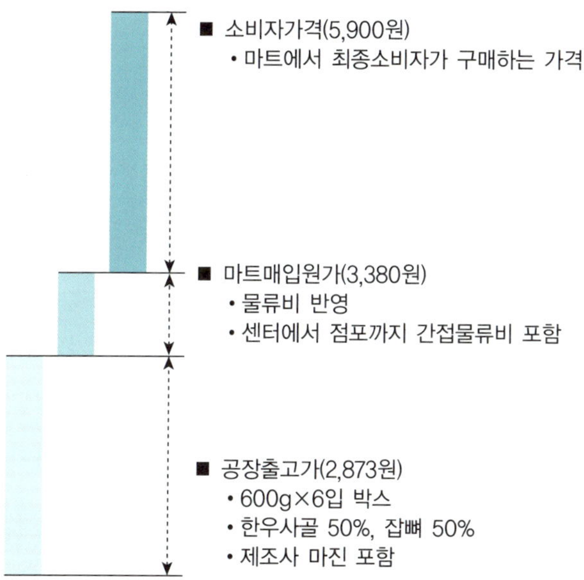

팔리는지 검토

반가공원료를 식품회사에 납품한다면 일반적으로 판매되고 있는 과일주스는 주재료의 경우에도 판매가격의 10% 정도에서 책정되고, 따라서 실제는 냉동키위 퓨레를 P사에 납품해본 결과 실제 판매가격의 비율로 보면 6.5%를 점유하였고, 식품대기업에 원재료를 납품할 경우 제품판매가의 범위를 고려하여야 납품할 수 있을 것으로 판단된다.

식품기업에 납품하는 원료의 가격비율

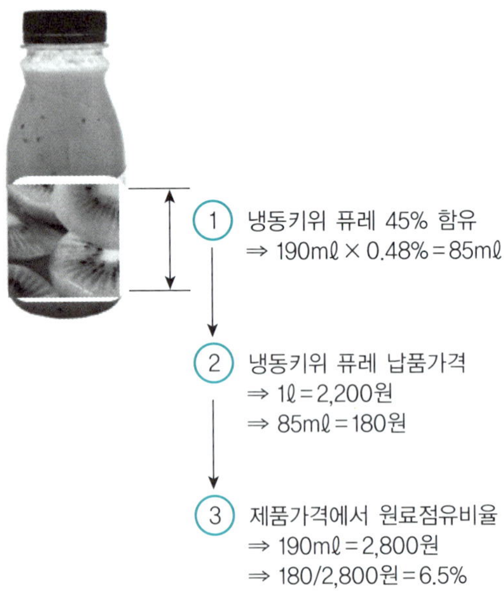

식품기업 B2B거래에 따른 결제조건을 보면 식품대기업의 경우 대부분 월말에 그 달에 납품금액을 결산한 후 다음달 말 또는 2달째 마지막 날 결제를 하는 경우가 대부분이며, 따라서 대부분의 기업이 해당식품기업의 주거래은행으로부터 임대보증부 대출방식으로 소정의 이자를 지급하고 납품대금을 수령하기도 한다.

그러나 최근에는 대형유통회사들은 월말 정산 후 다음달 15일 결제를 하는 유통기업도 증가하고 있으나, 매년 납품단가를 조정요구를 하여서 대응방안을 마련하여야 한다.

최근에 식품스타트업의 유통채널로 부상하고 있는 프랜차이즈기업 납품을 위한 원재료 원가구조 분석 및 결제조건을 파악할 필요가 있다. 프랜차이즈기업의 경우 본사와 가맹점이 수익을 나누어야 하는 만큼 다른 유통채널보다 판매가에서 납품금액이 낮으며, 커피프랜차이즈의 경우 커피 매출이 높아서 음료의 경우 커피와 같은 수준의 매출을 보장할 수 있는 가격경쟁력이 있는 제품의 납품이 가능하다. 기타 커피와 음료를 제외한 품목은 상대적으로 높은 납품가격을 보장받을 수 있으나, 이 또한 판매가격의 50% 이상을 받을 수 있는 품목은 한정되어 있다.

커피프랜차이즈 매장에서 음료 및 기타가공제품의 납품조건

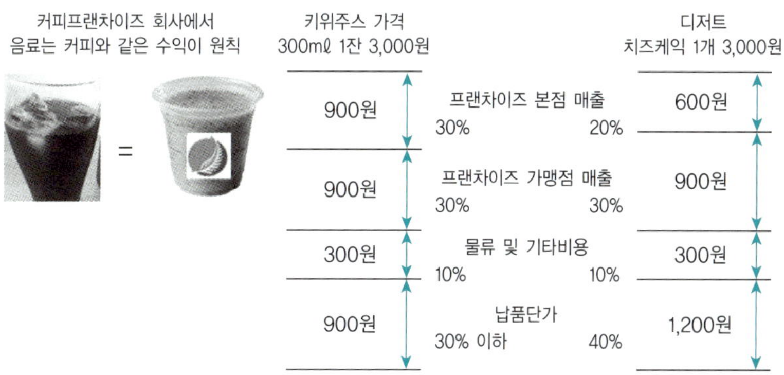

프랜차이즈기업 납품조건은 프랜차이즈기업 본사가 판매가격에서 30%, 프랜차이즈 가맹점에서 30%, 물류 및 기타비용 10%이며, 납품단가는 통상적으로 30% 수준으로 커피 대체식품인 음료의 경우 통상적으로 판매가격 30%보다 낮은 25%를 요구받는 경우가 대부분이다.

프랜차이즈 기업에로의 식재료 B2B 납품절차는 통상적으로 식품대기업 납품절차와 유사하나, 다만 프랜차이즈기업이 자체 물류를 보유하거나, 또는 3자물류를 통해 가맹점에 물품을 공급하는가에 따라 납품 및 결제조건이 달라진다.

프랜차이즈기업이 자체적인 물류시스템을 구축하고 있는 경우 가맹점에 공급하는 제품에 대해 직접 대금을 받음으로써 자금흐름을 좋게 유지하려는 경향이 강하며, 자체적인 물류시스템을 보유하고 있는 프랜차이즈기업의 경우 대금결제가 통상적으로 월말 마감 후 2달 이상 후에 결제를 해주는 경향을 보인다.

3자물류를 활용하는 프랜차이즈기업의 결제조건은 물류와 납품대금 수납을 3자물류 기업에 맡김으로써 가맹점관리의 편의성을 가져가며, 3자물류의 경우 최근에는 물류를 전문으로 기업 이외에 식자재기업 그리고 자체적인 물류를 가지고 있는 유업기업들도 3자물류 시장에 진입하고 있다.

따라서 3자물류 기업을 통해 가맹점에 제품을 공급하는 프랜차이즈기업의 경우 납품평가는 본사에서 하지만 계약은 3자물류 기업과 실시하며, 대부분의 3자물류 기업이 중견기업 이상으로 결제조건은 월말 결산하여 다음달 15일 결제조건이 대부분이며, 다만 자체물류를 보유하고 있는 프랜차이즈기업보다 물류비용이 높은 경우가 대부분이다.

유통채널과 가격을 결정하였다면 마지막으로 입점주체를 정해야 하는데 입점주체는 유통채널 상황에 따라 달라질 수 있다. 일반적인 입점을 위한 첫 고려사항은 벤더를 통해 진행한 것인지 또는 직접 진행할 것인지이다. 예를 들어 홈쇼핑과 마트에 상품을 유통하기 위해서 제일 먼저 벤더사를 통해 유통할 것인가 자체인력을 가지고 입점을 진행할 것인가를 선택해야 한다.

벤더진행의 경우 벤더사는 일정 수수료를 계약에 의해 가져가며, 또한 계약에 따라 방송의 진행 또는 마트의 유통 벤더사의 코드를 통한 상품입점 등 방송/마트와 관계된 유통부분 전반을 책임지게 되며, 업무의 비중에 따라 수수료는 천차만별이다. 개인사업자이거나 재무구조가 약한 법인(신용평가 CCC 미만)은 자체입점이 어렵고 이는 입점 진행 시에 지정 신용기관의 신용평가 후 판단한다.

입점을 진행함에 있어 최소한의 관리인원이 안 되는 업체인 경우 물류관리부분에 대한 클레임이 생길 수 있고 진행미숙에 의한 사고가 생길 수 있으므로 어느 정도 홈쇼핑/마트유통에 대한 지식이 없는 업체의 경우 벤더를 선택하여 운영하는 편이 유리하고 시간이 지나고 역량이 향상되면 독자진행하는 부분을 고민해 보는 것이 좋다.

직접진행은 벤더사에 줄 수수료를 자신이 직접 관리하면서 손익구조에 긍정적인 영향을 줄 수 있고, 여타 다른 경로의 영업을 진행할 시에 바이어에 대한 상대적 신뢰도가 상승한다. 홈쇼핑과 마트를 직거래한다는 점은 금융기관의 신용평가에 좋은 점으로 작용하며, 기업자금 융통 시에도 도움이 된다.

최근에서는 우수 중소기업에 각 유통대기업이 직접 금융을 지원해주는 창구역할을 하기도 한다. 홈쇼핑의 경우 한 방송사의 코드는 방송/카탈로그/인터넷 공용으로 사용한다. 이마트의 경우도 오프라인 · 온라인이 공용코드를 사용한다. 단 직접진행은 그만큼의 인력과 비용이 발생하며, 진행의 위험성 또한 크다.

벤더를 통할 것인지 직접 거래할 것인지에 대해서는 스스로 판단하는 것도 중요하겠지만, 판매를 목적으로 하는 시장의 유통담당자와 먼저 상담을 해보고 결정하는 것이 가장 중요하다. 사실 벤더를 통할 것인지 직접 거래할 것인지는 상품에 대해 어느 정도 유통담당자와 협의된 상황에서 진행되는 부분이기 때문에 초기에 심도 있게 고민할 필요는 없고, 유통업체의 개별 특성에 맞게 고려하여 진행하는 것이 좋다.

직거래의 장점도 많지만, 간접거래(벤더)를 통해 이익을 볼 수 있는 부분도 많기 때문에 꼭 어느 한 부분만을 좋다고 말하기는 어렵다.

기업체(B2B) 대상 유통마케팅을 추진한다면 그동안의 기업체(B2B) 대상 식품의 유통은 식품원료를 납품하는 형태였으나 현재 대부분의 유통채널이 PB브랜드를 강화하고 있고 이런 PB제품의 확대가 기업체(B2B) 대상 유통채널로 확대되고 있다.

최근의 편의점의 매출성장은 PB(자체브랜드)상품이 인기를 끌고 있는 것과 상관관계가 크다. 특히 편의점 PB 열풍의 중심에는 MD(상품기획자)가 있으며, 이들 편의점 업계를 뒤흔들었던 PB상품들이 바로 이 MD들의 손에서 만들어졌다.

편의점 MD는 단순히 상품을 고르고 계약하는 바이어가 아니라 기획에서부터 제조, 유통, 마케팅에 이르기까지 모든 것을 총괄하는 멀티플레이어이자 사령탑으로 이들 바이어와의 관계를 구축하는 것이 기업체(B2B) 대상 유통의 성공요인이다.

최근에 가장 성장세가 가파른 유통채널이 편의점과 모바일유통시장인데, 그 중에 편의점은 '틈새상품' 에 불과했던 PB상품이 편의점 성장을 이끌고 있으며 이는 1~2인가구가 증가하면서 PB상품에 대한 수요도 늘어났기 때문이다. 주요 편의점들은 독특한 제품으로 소비자를 끌어들이기 위해 경쟁사에 없는 다양한 PB상품들 출시하고 있으며 매출의 32~35%를 PB상품 판매로 올리고 있다.

특히 도시락, 삼각김밥 등 예전부터 PB가 장악해 왔던 일배상품군뿐만 아니라 아이스크림, 라면, 주스 등 강력한 NB(제조업체브랜드)상품이 즐비한 부문에서도 판매 1위를 차지하고 있다.

따라서 주요 편의점의 전략을 고려한 '맞춤형 단독상품' 을 만들기 위해 노력하고 있는 편의점 바이어를 공략하여야 한다. 편의점에 직접 진입하는 것도 중요하지만 이를 위해서는 가맹점에서의 판매전략을 위한 많은 판촉비가 필요하기 때문에 벤더사를 이용하여 진입하는 것이 합리적이다.

벤더사는 유통회사의 벤더 코드를 통한 상품입점, 가맹점관리 등 유통부분 전반을 책임지고 있으며, 업무의 비중에 따라 수수료는 판매가의 7~10%를 부과함으로써 유통구조에 대한 지식이 없거나 영세한 업체의 경우 클레임처리 및 진행미숙에 의한 사고가 생길 수 있으므로 벤더를 선택하여 운영하는 편이 유리하고, 이후 역량이 향상되면 독자 진행하는 부분을 고려하는 것이 좋다.

편의점에서는 고부가가치 제품의 런칭을 위해 프리미엄 원료 가치에 초점을 맞춰서 기준제품에서 평균 2~3% 정도 과일원물을 사용하고 나머지는 식품첨가물 등으로 저가제품을 생산하는 패턴에서 탈피하여 과일의 함량을 10배 이상 높이면서 가격을 높이는 전략을 통해 수익성을 제고하고 있다.

원료의 함량을 10배 이상 증가시킨 고부가가치 제품화 사례(편의점)

원료함량을 높인 고부가가치 가공식품

프랜차이즈기업 진입전략으로 최근 프랜차이즈기업도 다른 경쟁회사의 제품을 따라가기보다는 경쟁회사에서 보유하지 않은 독자적인 제품출시를 우선적인 목표로 하고 있으며, 특히 해외 유명한 제품 및 메뉴 도입뿐만 아니라 지역특산물 또는 명인 등을 활용한 제품을 통해 브랜드의 차별화와 수익성을 확보하려는 프랜차이즈기업의 전략에 대응하여 적합한 제품을 개발해야 한다.

백화점은 대부분 프리미엄급 자체브랜드(PB)에 주력하고 있으며 PB라는 표현도 자제하는 추세로 최근 400여 개의 PB상품을 구성한 신세계는 프리미엄 채널수준에 맞춰 PB도 고급화하겠다고 밝혔고, 'PB상품보다는 고급화 · 차별화를 높인 백화점 고유의 상품으로 보는 게 맞다' 며 '대한민국 1%를 위한 상품을 구성하는 것이 특징' 으로 전통적이 아니어도 소비자의 가치를 만족시킬 수 있는 제품이면 명품으로 인정하고 있다.

한화갤러리아에서만 유통되는 강진맥우

명품의 기준으로 축산물의 경우 백화점 PB는 자체 기준에 따라 맛, 이력추적, 산지 등의 가치를 부각시키고 있으며 기존상품과 구분되는 희소성에 주목, 최초유통을 강조하고 있으며, 한화갤러리아는 발효숙성 막걸리를 이용해 사육한 '갤러리아 강진맥우' 를 선보이고 있으며 신세계백화점은 드라이에이징 한우를 차별화로 내세우고 있다. 현대백

화점은 옛 사육방식으로 키운 소인 '화식한우' 를 판매 중이다.

백화점 명품브랜드 육성목적은 고부가가치 명품생산지역으로 지역 브랜드 가치를 확보하기 위해 백화점에서 판매율이 높은 명인 또는 명품생산 기업의 육성이 필요해서이며. 백화점 명품브랜드 육성 대상은 백화점의 자체기준을 고려하여 맛, 이력추적, 산지 등의 가치를 부각시키고 있고 기존상품과 구분되는 희소성에 주목, 최초유통을 강조할 수 있는 제품을 발굴하여 런칭하는 것이다.

또한 백화점이 선호하는 차별화전략인 현대백화점의 '명인명촌' 을 비롯해 신세계백화점 'SSG장방' 등은 명인의 스토리를 활용할 수 있는 제품의 개발을 할 필요가 있다.

대형 슈퍼마켓기업의 고부가가치 제품육성 현황으로 이마트는 피코크를 통해 파주 장단콩으로 제조한 프리미엄 가공식품 '두부는 콩이다' 를 출시했다. 친환경 · 유기농식품을 선호하는 소비자들을 표적으로 한 친환경 가공식품인 PB제품이다.

파주장단콩을 활용한 고부가가치 제품화 사례(이마트)

CHAPTER 10

식품 · 외식기업 프로젝트 개발사례

10.1 간편한 한 끼 식사를 한 병에 'LAB NOSH'

크라우드펀딩으로 LAB NOSH를 구매한 네이버 블로거(자료: http://blog.naver.com/yrn564/220539428625) 율리 씨의 LAB NOSH 시음 후기를 보자.

"아침운동 갈 때 간편한 'LAB NOSH'. 아침에 운동갈 때 없는 시간에 아침 먹기는 참 애매하다. 오늘 마침 아침 7시 PT수업이 있어 간편하게 랩노쉬 하나 들고 가서 헬스장에서 물을 타 먹어 보았다.

운동 전 간단한 식사는 필수라(살을 확확 빼려는 다이어트 목적이 아니라면) 두유를 먹곤 했는데, 마침 새롭게 런칭해 구매해본 랩노쉬, 운동 전엔 탄수화물, 운동 후엔 단백질을 보충해 주는 것이 좋은데 랩노쉬는 단백질, 탄수화물, 지방 세 영양소를 골고루 섭취할 수 있다는 장점이다.

'이거 너무 맛있잖아~!!' 곡물가루가 들어가 약간 미숫가루 같은 느낌이 나면서도 진한 초코맛! 아침 먹기 귀찮은 날 간단하게 먹기 딱 좋다. 단, 잘 섞이지 않아 열심히 흔들어 줘야 가루덩어리를 삼키는 불상사가 생기지 않는다. 크라우드펀딩으로 구매할 때 4~5천원선으로 가격이 조금 부담된다는 단점이나, 이제 정식 런칭하면 더 다양한 가격대의 상품이 나오지 않을까 기대하고 있다."

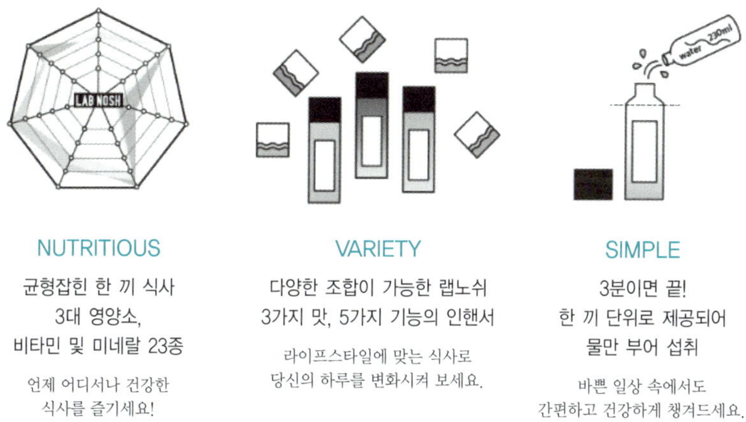

자료: http://www.labnosh.com/main/index

세 종류의 분말 한 세트 가격은 1만 6,900원으로 랩노쉬 전용 인터넷 홈페이지(labnosh.com)에서 온라인으로만 구입할 수 있다. 와디즈 크라우드펀딩 사이트에서 1억원을 넘긴 프로젝트는 랩노쉬가 처음이라 더욱 눈길을 끈다. 이그니스 관계자는 '지난 16일 선 배송 이후 제품을 받아본 체험자들이 와디즈 페이지와 SNS에 긍정적인 내용의 리뷰를 많이 올리고 있다' 고 말하며, 체험자의 긍정적인 반응을 프로젝트 인기 원인으로 분석했다. 실제로 제품을 받아본 사람들 중 약 20% 정도는 3주 사이에 재구매했다. 이에 대해 이그니스는 '재구매를 하려면 다시 펀딩에 참여해 일주일가량 기다려 제품을 수령해야 하지만 재구

크라우드펀딩 보상형 플랫폼

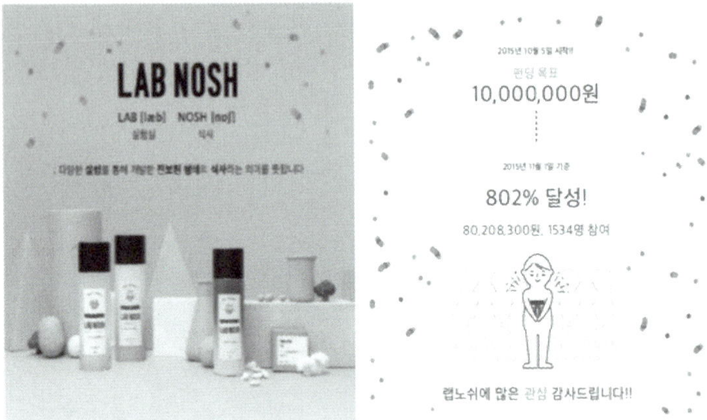

자료: www.wadiz.kr 캡처화면

매를 원하는 체험자들은 열정적이었다' 고 전했다.

2015년 11월 정식으르 판매를 시작한 '랩노쉬(LAB NOSH)' 통에 담긴 가루에 물만 섞어 흔들어 마시면 필수영양소 섭취가 가능한 '식사 대용 식품' 이 국내에서도 처음 출시되는 제품이다.

랩노쉬는 이그니스가 지난 1년간 개발한 끝에 출시한 제품으로 균형 잡힌 영양을 갖춘 간편 대용식이다. 제품명 랩노쉬는 실험실(Lab)과 식사(Nosh)가 결합한 말로, 다양한 실험을 통해 개발한 '진보적인 식사' 라는 뜻이다. 필수영양이 고루 함유된 분말을 물과 혼합해 먹는 유동식 제품으로 바쁜 일정에 쫓겨 끼니를 챙기기 힘든 소비자들이 간편하게 식사를 대체할 수 있도록 만들어졌다.

이 제품은 2013년 미국 실리콘밸리에서 같은 목적으로 개발된 '소이렌트(Soylent)' 에서 모티브를 얻었다. 이그니스는 한국영양학회 영양섭취 기준량을 바탕으로 랩노쉬 영양소 밸런스를 맞췄다. 랩노쉬 1개 제품의 총칼로리는 340kcal이다. 한국인 식습관을 고려해 탄수화물과 지방함량을 기준치보다 낮췄다. 한 끼 식사를 대체한다는 목적에 맞게

300ml 1회 용량을 섭취 시 5시간 동안 포만감을 유지할 수 있도록 개발됐다.

'랩노쉬(LAB NOSH)'는 보상형 크라우드펀딩이라는 비교적 한국에서는 생소한 마케팅전략을 통해 보상형 펀딩 최초로 1억원이라는 펀딩을 달성함으로써 성공적으로 소비자에게 제품을 어필하는 데 성공했다.

간편 대용식 시장이 국내에서 아직 생소한 만큼 이번 신제품이 과연 미국에 이어 한국에서도 성공할 수 있을지 주목된다. 이른바 '먹는 즐거움'을 중시하는 최근 국내 소비자 특성과는 다소 거리가 있다는 지적도 나온다.

지금은 초기 스타트업이라 자사 홈페이지를 통해 제품을 판매하고 있지만 다양한 유통채널에서 입점 제안이 쏟아져 올 것이다. 또한 베끼기에 선수인 식품 및 유통기업에서도 주목을 하고 있을 것이다. 즉 자본과 유통망을 가진 무서운 경쟁자가 시장에 진입할 것으로 예상된다.

비록 훌륭한 이벤트로 시장에 진입하였지만 컨셉이 아니라 다른 경쟁자가 시장에 진입할 수 있는 제품제조 기술 확보, 맞춤형 마케팅전략 수립 및 추진 등 어려운 난제들을 해결해 나갈 ㈜이그니스를 소비자인 투자자, 투자자인 소비자가 응원해주는 것도 흥미로운 일이 될 것이다.

10.2 프랜차이즈회사와 농장과의 협업 '순땅콩호박빵과 고창수박우유'

먹거리 안전과 건강에 대한 관심이 높아지면서 제품의 성분, 기술력 등을 꼼꼼하게 확인하고 구매하는 컨슈니어(Consuneer · Consumer +

Engineer)가 새로운 트렌드로 떠올랐다.

컨슈니어는 기술자처럼 매우 자세하게 제품에 대한 성분을 일일이 확인하고 철저히 분석하면서 구매하는 사람들로, 식품업계에서는 이들을 사로잡기 위해 국내산 재료를 강조하는 마케팅을 활발하게 펼쳐 눈길을 끌고 있다. 원재료의 지역명을 브랜드화하거나 패키지에 새기는 등 국내산임을 부각해 제품의 성분을 철저하게 확인하는 까다로운 소비자들도 만족시키는 것이다.

자료: 뚜레쥬르 웹사이트

자료: GS25 웹사이트

식품기업과 유통기업 협업의 대상은 농장, 식품기업을 가리지 않고 진행되고 있다. 즉 소비자에게 신뢰를 줄 수 있고, 식품기업이 요구하는 물량을 제공할 수 있다고 하면 식품기업 또는 유통기업과의 협업을 통해 다양한 제품을 출시할 수 있는 기회를 얻게 된다.

지역농장이나 지역특산물을 가공하는 기업은 충분한 유통판로를 확보하면서 또 대기업을 통해 지역브랜드를 소비자에게 알리는 기회를 얻게 되고 이는 엄청난 홍보비를 절약하는 기회를 제공한다.

'대상FNF 종가집 파주 장단콩 두부'는 청정지역 DMZ에서 재배한 장단콩을 원료로 만든 프리미엄 두부다. 제품명에 파주 장단콩 두부인 점을 강조한 것이 특징이다.

특히 파주시와 함께하는 공동브랜드로 생산이력제시스템을 이용해 생산부터 수확까지 철저한 품질관리가 이루어지고 있다. 또한 천일염으로 두부를 제조해 고소한 옛 두부맛까지 그대로 구현, 두부전문점에서나 맛보던 깊고 담백한 두부의 맛을 집에서 즐길 수 있도록 만들었다.

튀긴 과자를 대신할 건강 먹거리도 인기다. 청정원의 '감츄'는 100% 경북 청도산 반시를 건조해 만든 스낵으로 예로부터 즐겨 먹던 곶감에서 영감을 얻어 기획된 제품이다. 기존 감말랭이보다 더 건조시켜 청도 반시의 달콤함과 쫄깃한 맛을 극대화시켰다.

지역에서는 원료를 제공하고 식품대기업이나 유통채널에서 지역브랜드로 제품을 판매하는 역할분담을 통해 수익을, 대기업이 자본을 통해 브랜드를 홍보해주면서 얻게 되면 소비자인식이라는 무형의 수익은 지역에 새로운 비즈니스 기회를 제공하고, 이런 비즈니스를 통해 상당한 수익을 거둘 수 있다.

대기업이나 유통기업과의 협업은 제안을 통해서도 또는 제안을 받아서 진행할 수 있으며, 순땅콩 호박빵은 '순(純)' 컨셉의 시리즈 신제품을 개발하기 위해 대기업의 제안을 통해 프로젝트가 기획되었으며, 이런 경우 공동협업이 가능하다. 기업이 유통회사에 제안을 통해 개발된 사례인 수박우유는 식품기업이 개발한 수박에서 라이코펜을 추출하는 기술을 적용하기 위해 GS리테일과 손잡고 GS25 PB제품 개발을 진행했고, 지역산업을 육성하기 위한 행정의 노력과 중소기업의 기술력, 대기업의 상품개발 및 마케팅 노하우가 더해져 지역경제 활성화에 도움이 되는 상품의 개발을 진행하였다.

10.3 주변기업과의 제품통합

일반적으로 이 비즈니스모델은 수직통합과 수평통합으로 나뉘지만 엄밀히 말해 둘 중 어느 쪽에도 속하지 않는다. 주변산업과의 통합에서는 자사제품과 주변산업이 제공하는 제품을 융합하고 변경하여 새롭게 탄생한 제품이나 솔루션을 제공한다.

주변산업과의 통합 비즈니스모델

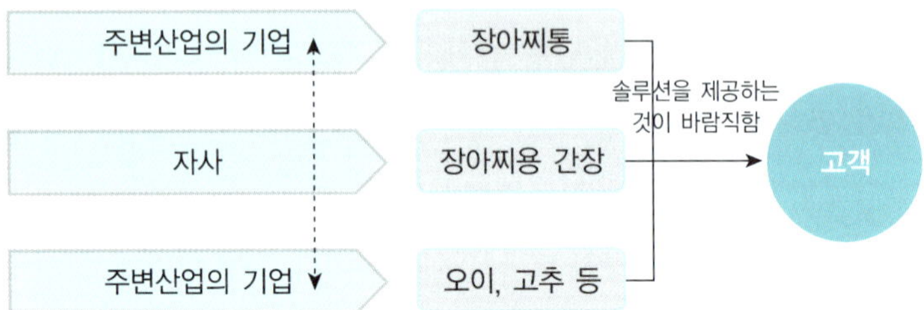

- 고객이 동일한 목적으로 사용하는 제품을 생산하는 기업, 공급체인을 공유하는 기업을 서로 통합한다.
- 고객에게 높은 차원의 가치를 제공하고 많은 경우 솔루션을 제공해야 한다.

이 모델은 소비자가 최종적으로 소비하는 제품이 하나로 형성되는 것이 아니라 다른 제품 2개가 필요한 경우에 제품화될 수 있다. 기존에 개발된 제품이 소비자의 불편을 해소할 수 있으며, 최종적으로 이 제품을 구비하더라도 다른 성격의 제품이 필요하기 때문에 동시에 제공할 수 있으면 소비자들에게 만족감을 줄 수 있다.

식품제품 중에서 장아찌와 김치 그리고 매실 등이다. 장아찌는 간장과 장아찌를 숙성시킬 통, 그리고 핵심원료가 되는 농산물이다. 김치는 김치통과 김치냉장고가 세트상품이며, 매실청은 매실과 설탕 그리고 매실을 숙성시킬 통이다. 이들은 세트로 필요한데 김치를 제외하고 대부분 동시에 구매하는 것이 불편하다. 따라서 세트상품으로 판매하는 것이 소비자에 편익을 제공하게 된다.

제품통합형 비즈니스의 수익모델은 모바일마케팅의 영역에서는 장아찌를 만들기 위한 간장+통+마늘 · 고추 · 양파 등을 함께 구매하여 따로 각각 구매하는 불편함을 해소시켜 준다는 측면에서 소비자의 구매욕구를 자극함으로써 수익을 증대시킨다. 또한 장아찌 전용간장은 장아찌를 만들 때 간장을 3회 정도 비어내서 다시 간장을 가열한 후 식혀서 용기에 간장을 첨가하는 과정을 생략하게 함으로써 소비자의 불편을 감소시켜준다는 측면이 중요한 요소이다.

제품통합형 수익모델

또 하나는 오프라인인 유통채널의 디스플레이에서 효과를 발휘한다. 장아찌용 채소와 간장 그리고 통을 함께 구매할 수 있도록 매대 구성을 한다면 평소 반찬을 만들어야 하는 주부의 구매욕구를 자극하고 이는 매출상승으로 이끌어 낼 수 있다.

주변산업과의 통합은 수평통합처럼 생산설비를 통합하거나 구매규모를 확대하는 방식이 아니라, 물류나 채널의 공급체인을 통합하는 방식이다. 따라서 이 비즈니스모델을 통해 규모의 경제를 달성하기에는 한계가 있다. 그러므로 고객에게 제공하는 가치를 얼마나 개선하고 과거 개별적으로 운영하던 기업들이 얼마나 시장우위를 점할 수 있는가가 통합의 성패를 좌우하는 열쇠가 된다.

원스톱쇼핑은 채널단계에서도 실현가능하기 때문에 고객에게 의미있는 가치를 제공하기 위해서는 단순히 원스톱쇼핑만으로 충분하지 않다. 그것은 융합된 제품일 수도 있고, 제품 간 튜닝일 수도 있고, 솔루션 서비스일 수도 있다. 통합을 꾀할 때는 주변산업과의 통합에서 그것들의 기능이 어떻게 발휘되는지를 미리 예측해야 한다.

10.4 마을기업 외식비즈니스 '솔트카페'

비즈니스모델로서 '솔트카페'가 선정된 이유는 염리동이 천일염이 모이는 항구라는 상징성 이외에 천일염이 식품문화에서 가지는 위치를 주목하였다. 유럽에 커피가 소개되면서 제일 처음 커피에 넣기 시작한 것이 소금이었으며 이런 솔트커피는 아직도 유럽에 문화로 남아 있어 좋은 아이디어로서 선택되었다.

또한 마을기업의 지속적인 발전은 지역민들이 마을기업에 얼마나 참여하는가가 중요한데 염리동은 자치위원회를 중심으로 작은 도서관을 운영하고 있어서 충분히 성과를 도출할 수 있을 것으로 판단되었다. 또한 '마을의 문화적 가치를 가지고 상품화를 해보자'는 지역주민의 의지는 마을기업인 솔트(salt)카페가 문을 열게 된 원동력이다.

서울 염리동 마을기업인 솔트카페에서 영광 · 고창의 천일염 공동브랜드인 '천혜보금' 천일염도 팔고, 천혜보금을 넣어 만든 쿠키도 커피

염리동 마을기업 '솔트카페' 사진

와 함께 팔고 있으며, 설립 1년만에 3명의 고용을 창출하였고 현재 한 달 700만원 정도 매출에 10% 이상의 흑자를 내고 있다. 외부지원금은 없지만 솔트카페가 소문이 나면서 선물용으로 천혜보금을 구입하는 단체도 많이 늘었다. 이런 성과가 널리 알려지면서 61개 지자체에서 2,000여 명이 견학을 하였다.

염리동 마을기업 성공의 첫 번째 요인은 염리동주민자치위원회의 적극성이다. 저자가 2011년 염리동 마을주민을 대상으로 실시한 팸투어 행사에서 '태풍이 오는데도 그것을 뚫고 서해안 염전을 방문하는 극성을 보이기도 했다' 며 '수차례 천일염 생산지 고창 · 영광 · 무안을 방문했지만 즐겁고 재미있었다' 고 할 만큼 주민의 참여가 적극적이었다는 점이다.

두 번째 요인은 '백문이 불여일견' 이라는 속담이 있듯이 3년간에 걸쳐 시행된 천일염생산지인 영광 · 고창을 방문하는 팸투어 행사로 이 행사를 통해 300여 명의 염리동 주민이 천일염사업을 눈으로 봄으로써 사업의 적극적 참여자로 되었다.

염리동 마을기업 비즈니스

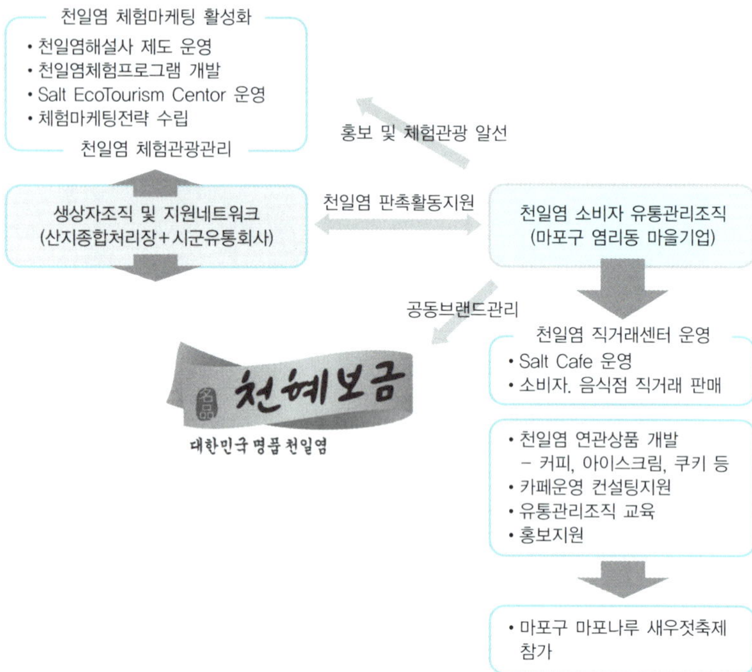

세 번째는 소재의 선택이다. 천일염은 건강 관련하여 중요한 식문화로 솔트커피, 아이스크림, 쿠키 등 다양한 스토리텔링이 가능하며, 다양한 상품이 개발가능한 아이템이다.

네 번째는 지역주민들이 함께 활용할 수 있는 공간의 도입이 중요한 성공요인 중에 하나이다. 이런 의미에서 솔트카페와 함께 운영되는 북카페는 아이들뿐만 아니라 모든 지역주민들이 편안하게 사용할 수 있는 사랑방이다.

다섯 번째는 마을기업의 비즈니스모델의 수익모델이 사회적 자본의 성격을 갖도록 하는 것이다. 염리동 마을기업인 솔트카페의 수익은 '소금길' 등 지역민들을 위한 사업에 재투자되기 때문에 마을주민들이 기꺼이 솔트카페의 커피를 구매하게 되었다. 이를 통해 지역 내에서 지역주민들에 의해 충분히 수익이 발생할 수 있는 것이다.

염리동 마을기업의 역할은 Salt Cafe 운영(천일염커피, 아이스크림, 쿠키 등 판매), 시군유통회사(고창군, 영광군) 천일염 판촉활동지원, 식탁용 천일염 · 식자재 천일염 판매, 천일염 원산지표시 음식점관리, 천일염 체험관광 알선, 천일염 연계협력사업 홍보 등으로 규정하고, 이의 활성화를 위해 마을기업 참여자에 대한 천일염 유통관련 교육지원, 서울시내 천일염 판매촉진행사지원, 직거래센터(Salt Cafe) 운영컨설팅 지원, Salt Cafe 판매제품 개발 및 홍보물 제작지 및 홍보지원을 추진하였다.

염리동주민센터 2층에 자리 잡은 이 카페는 마을을 상징하는 소금을 테마로 한 이색 카페다. 카페의 한쪽 벽에는 염리동에 얽힌 소금 역사를 설명하는 코너를 만들었고, 전남 영광 · 무안 · 고창에서 생산한 고급 천일염 브랜드인 '천혜보금'을 직거래로 구매할 수 있도록 했다. 한국농어촌공사는 이 사업에 대한 지원으로 백석대 외식학부에 천일염을 넣은 쿠키와 음료의 메뉴 개발을 의뢰하고 이를 솔트카페에 제공했다.

저자가 염리동 주민자치위원회 분들과 사업을 추진하면서 가장 중요하게 생각한 것이 사람숫자에 대한 환상을 버린 것으로 소수라도 애정을 가진 사람이 참여하는 것이 중요한 요인이었다. 이것은 유럽의 협동조합이 구성될 때 중요시 하는 요인과 일맥상통한다. 또 하나는 지역주민들과 충분한 대화를 통해 서로 간의 의견을 조절해나가는 과정 또한 중요하였다. 이런 요소들과 염리동 마을기업의 성공요인이 결합된다면 타 지역에서의 마을기업도 성과를 창출할 수 있을 것이다.

10.5 지역맛집 식품의 새로운 유통모델 '헤이브레드' 벤치마킹

모발일기기만 있다면 언제 어디서든지 다양한 정보를 찾을 수 있는 시대이다. 특히 먹거리와 관련해서는 양질의 음식을 원하는 소비자들의 욕구는 점점 높아지고, 더 맛있고 좋은 재료를 사용하는 맛집을 찾기 위한 검색은 우리 생활에서 필수가 되었다. 그러나 이런 맛집의 메뉴를 맛보고 싶지만 소비자가 원하는 식품을, 원하는 지점에 보내주지 않으면 한계에 직면하게 될 것이다. 따라서 최근의 소셜커머스 업체가 물류를 위해 엄청난 투자를 하고 있는 이유가 된다.

헤이브레드의 비즈니스모델

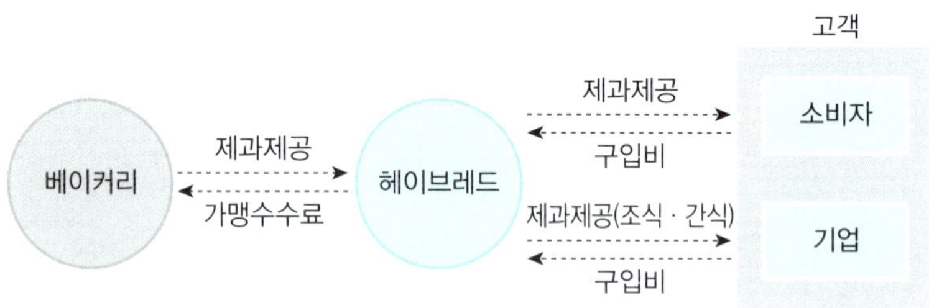

또한 해당 음식점이 어디에 위치하는지에 따른 물리적 접근성의 어려움 역시 개인이 해결하기 어려운 문제 중 하나이다. 그러나 이런 물리적 접근성의 어려움 때문에 서울이라는 지역적 한계를 가지고 있다. 물론 큰 시장이지만 성장성 측면에서 문제점이 발생할 수 있다.

물론 '헤이브레드'는 정보의 과잉 속에서도 아직 발견은, 특히 동네 곳곳에 숨겨진 서울 유명 장인들의 '빵집'을 찾아 소비자와 연결해 준다. 대형 프랜차이즈와 유명 브랜드 베이커리들의 활발한 마케팅에 가려져 높은 품질에도 알려지지 못한 곳곳에 숨은 빵집을 찾고, 모든 소비자들이 만족할 수 있도록 엄격한 기준으로 심사하여 통과된 양질의 방을 제공한다. 이런 헤이브레드의 노력은 식품마케팅의 새로운 지평을 제시했다는 의미를 제공하였다, 이런 노력이 제2, 3의 '헤이브레드' 탄생을 촉발할 수 있을 것이다.

헤이브레드모델을 식품 스타트업이 어떻게 적용할 수 있을까? 전국에는 유명한 지역특산물 빵도 있다. 대표적인 것이 천안삼거리 호도과자도 있고, 경주와 안동도 유명한 특산물을 활용한 지역대표 빵집이 있다. 또 떡은 어떠한가? 전라도 영광에 가면 먹을 수 있는 모시떡, 정선의 취떡, 횡성의 구름떡, 그리고 경남 의령의 망개떡도 있다. 이런 지역특산물을 모아서 판매할 수 있도록 하는 것도 헤이브레드와 같은 좋은 비즈니스모델을 만들 수 있다.

선주문 후 생산시스템을 통해 당일 생산된 신선한 빵을 소비자에게 배달함으로써 기존에 알지 못했던 양질의 베이커리를 소개해 줌과 동시에 물리적 제한으로 인해 직접 가지 못했던 어려움까지 한 번에 해결한다. 그러나 전국의 명물인 빵을 소비자에게 전달하기 위해서는 거점을 확보하는 것도 중요하다. 중요한 것은 배달가능한 거리에 권역별로 제조시설을 확보하고 관리하는 것도 좋은 방법이다.

"서울에서 가장 맛있는 동네빵집을 배달합니다." 헤이브레드는 높은 질의 빵을 만들지만 잘 알려지지 않은 베이커리의 빵을 모아서 한 번에 주문할 수 있는 서비스를 제공하는 기업이다. 기존 프렌차이즈 베이커리들은 다양한 빵을 오프라인에서 손쉽게 구매할 수 있다는 장점이 있으나, 품질만족도가 높지 못하다는 단점이 있다.

전통과 고집이 있는 장인과 글이 만들어 내는 제품에 대한 관심이 높아지고 있으며, 베이커리분야는 이러한 트렌드가 명확하게 드러나는 업종 중 하나이다. 하지만 이러한 수요를 만족시킬 수 있는 유명장인이 운영하는 빵집들은 매장을 늘리거나 배송시스템을 갖추기 힘들다. 헤이브레드는 이러한 변화와 이를 충족시키기 어려운 오프라인시장의 한계점에 주목하여 생산자와 소비자가 윈윈할 수 있는 식품의 유통구조를 만들고자 한다.

헤이브레드에서 마케팅부터 영업, 배달까지 대신해줌으로서 개인 베이커리는 접근하기 힘들었던 고객들에게까지 수요층을 늘릴 수 있고, 고객들은 장인들이 만든 맛있는 빵을 시간과 노력을 크게 들이지 않고 신선한 상태로 배송받을 수 있으며, 잘 알지 못했던 베이커리까지 접할 수 있다는 장점이 있다.

헤이브레드의 주 수입원은 동네베이커리와 고객의 거래 사이에서 창출되는 수수료이다. 이와 더불어 고객의 범위가 기업 간 거래로 확장되면서 NHN, 다음카카오, 티켓몬스터 등의 기업에도 조식이나 간식용 빵을 제공하고 있다. 기업과 소비자 간 거래와 기업 간 거래가 약 6:4의 비율로 구성되어 있다.

10.6 협동조합 연계 프랜차이즈 가맹점 모집

협동조합모델은 무분별한 경쟁으로 인한 공멸을 방지하고 협력과 상생을 도모할 수 있는 경제모델의 하나이다. 협동조합이란 공동으로 소유하고 민주적으로 운영되는 사업체를 통해 공통의 경제적 · 사회적 · 문화적 필요와 욕구를 충족하고자 하는 사람들이 자발적으로 결정한 자율조직을 의미한다.

뉴질랜드의 대표적인 협동조합인 제스프리 인터내셔널은 협동조합모델을 키워 농가에 적용하여 농가 간 불필요한 경쟁을 감소시켜 농가

제스프리의 협동조합 성공모델

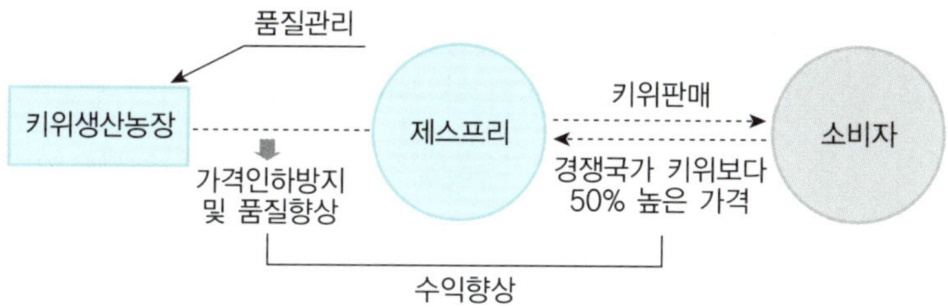

의 손실을 최소화하고 제스프리 브랜드의 글로벌 경쟁력을 높여 키위 농가 수익을 향상시킨 성공적인 비즈니스모델이다.

문제는 이런 제스프리의 협력모델을 다른 부분에 적용할 수 있는가이다. 즉 크라우드펀딩과 협동조합을 연결할 수 있는 방향을 찾아야 한다. 어떤 의미로서 대중들이 기업에 투자하고 함께 기업의 성공을 위해 노력하는 진정한 의미와 공통의 경제적 · 사회적 · 문화적 필요와 욕구를 충족하고자 하는 사람들이 자발적으로 결정한 자율조직이라는 의미가 있다.

최근의 외식산업도 포화상태에 달하면서 프랜차이즈본사와 가맹점 간에 공생하기 위해서 로열티를 받지 않거나 또는 소액을 받고 있는 추세이며, 본격적인 수익구조로 식자재 공급을 통해 프랜차이즈본사가 수익성을 추구하는 추세이다.

이런 프랜차이즈 가맹점이 5개 이상이면 본사 매출액이 0원이라도 가맹사업법의 적용을 받게 돼 정보공개서를 등록해야 한다. 그러나 최근에 가맹점이 폭발적으로 증가하고 있는 과일주스 프랜차이즈 'J', 저가커피 프랜차이즈 'P' 등과 같이 본사에 의해 주도적으로 운영되고 있다. 그러나 이들은 가맹정보를 제시하지 않는 등 여러 가지 문제점이 있는 것이 주지의 사실이다.

따라서 협동조합의 특성을 고려하여 지역별 프랜차이즈 협동조합을 구성하고 또 지역별 협동조합이 모여 구성하는 협동조합중앙회(프랜차이즈본사) 개념을 적용할 필요가 있다. 제스프리는 조합원들의 협력과 상생을 통하여 제품의 품질을 더욱 향상시켰다. 제스프리의 강점은 독점적인 유통 · 마케팅을 구축하여 경쟁력을 키운 것이다. 제스프리는 수출업자의 횡포에서 벗어나기 위해 키위농가들이 출자한 협동조합이다.

크라우드펀딩을 통한 외식프랜차이즈가맹점 모집 모델

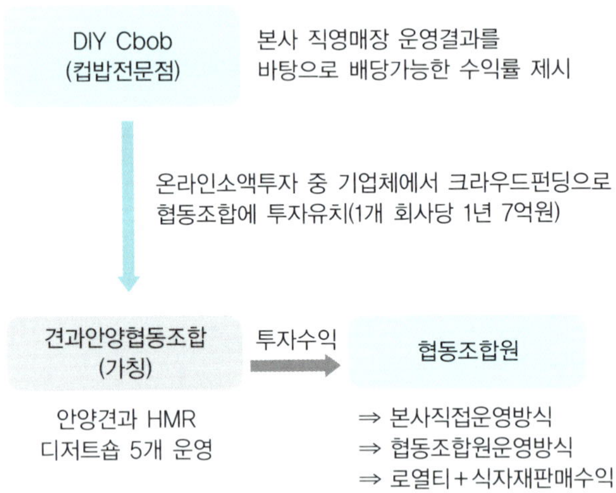

정부도 특별법을 제정해 제스프리의 탄생의 법적 근거를 마련해 주었다. 키위를 생산하는 뉴질랜드 농가 대부분은 제스프리를 통해 생산된 키위를 해외에 수출한다. 제스프리는 이런 독점력을 바탕으로 한 해 151억 뉴질랜드 달러의 매출을 올리는 세계 1위의 키위회사로 성장하였다. 정부의 지원과 상생모델을 통해 제스프리는 이전보다 더 높은 품질을 제공하고 안정적인 환경에서 품종개량과 같은 제품개발에 힘쓸 수 있게 되었다.

제스프리는 여러 키위농가들이 단일브랜드로 뭉쳐서 불필요한 경쟁을 최소화하고 높은 품질의 키위생산과 브랜드인지도를 통해 경쟁국보다 50% 높은 가격으로 키위를 판매하고 있다. 높은 가격에도 제스프리 키위가 전 세계시장에서 꾸준히 판매되고 있는 이유는 품질이다. 즉 협동조합의 프리미엄브랜드를 통해 다른 국가에서 생산되는 키위보다 비싼 가격선을 책정하고 유지함으로써 높은 이윤을 창출하고 있다. 제스프리는 2014년 기준 1조 4,000억원의 연매출을 달성하였으며, 전 세계 시장점유율은 20~30%선이다. 이렇게 제스프리가 거둔 판매수익은 배당의 형태로 농가에게 배분되고 있다.

커피프랜차이즈 '이디야'가 커피프랜차이즈회사 중에서 폐업률이 가장 낮은 이유는 본사에 지불하는 비용이 가장 적고 또는 창업비용도 상대적으로 낮기 때문이다. 즉 본사와 프랜차이즈 가맹점이 공생할 수 있어야 프랜차이즈회사도 오랫동안 지속할 수 있는 것이다. 제스프리의 핵심자원은 농가관리프로그램을 통해 더 높은 품질의 키위를 재배하여 시장에 내놓는 것이지만, 협동조합 프랜차이즈모델의 핵심은 본사와 지역협동조합 간의 협업이다.

즉 협동조합중앙회(프랜차이즈본사)와 지역협동조합(가맹점) 간의 역할구분을 명확하게 하고 지역협동조합인 가맹점이 할 수 있는 것은 가맹점에 맡기고, 가맹점이 못하는 것은 본사가 수행하여 그 역할에 합당한 비용을 받음으로써 중앙회인 본사 가맹점과 지역협동조합이 공생할 수 있는 것이다.

물론 지역협동조합(가맹점)의 역할을 강화하면 프랜차이즈 가치를 하락시키는 일이 발생할 수도 있으나, 삼진아웃제도 등 협동조합 선진국인 유럽의 모델을 초기부터 도입함으로써 해결할 수 있다. 이러한 제스프리 협동조합모델은 장기적 투자와 혁신을 통해 산업부문에 적용할 수 있는 효과적인 모델이다. 기업 간 지나친 경쟁으로 인한 출혈을 방지할 수 있고 조합원의 장기적 이익을 추구하여 조합 본연의 목적에서 벗어나는 의사결정을 차단하여 장기적 생존가능성을 높일 수 있기 때문이다.

특히 지나친 경쟁으로 기업의 성장동력을 해치는 경우나 영세한 기업들이 대부분이어서 개발을 위한 투자가 제대로 이루어지지 않는 분야의 경우 협동조합모델이 효과적일 수 있다. 제스프리와 같은 조합체계를 통해 무분별한 경쟁을 방지하고, 공동의 관리와 투자시스템을 구축시켜 품질경쟁력을 향상시킬 수 있는 토대를 보다 용이하게 조성할 수 있기 때문이다.

10.7 먹고 싶은 HMR을 집앞에서, '요리하는 푸줏간 1466'

정육점과 식재료전문점, 셀프식당을 합쳐놓은 신개념 '맞춤형 가정간편식(HMR) 프랜차이즈'가 있다. 중견식품유통기업 '우진FS홀딩스'는 '착한 정육점'과 '맞춤형 식재료전문점', '셰프도우미 셀프식당'을 합쳐놓은 신개념 HMR 프랜차이즈 '요리하는 푸줏간 1466'을 선보

자료: http://www.1466.co.kr

였다.

육류를 전문적으로 유통해온 농업회사법인 ㈜우진FS스홀딩스와 정육점을 운영해온 ㈜대성축산이 함께 새로운 패러다임을 가진 요리가 있는 정육점을 ㈜한울식품과 함께 프랜차이즈로 출발하였다.

요리하는 푸줏간 1466의 개념

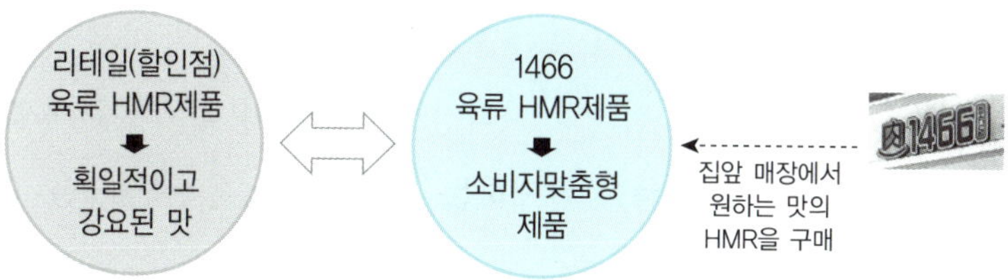

식품회사나 유통회사가 제공하는 획일화된 육류 HMR식품이 아니라 소비자의 입맛을 고려한 신선한 HMR제품을 소비자의 집에서 가까운 매장에서 구매할 수 있도록 하였다. 이를 통해 다양한 육류요리와 쌀로 만든 요리를 정육점에서 직접 요리해서 한 끼를 해결하거나, 요리

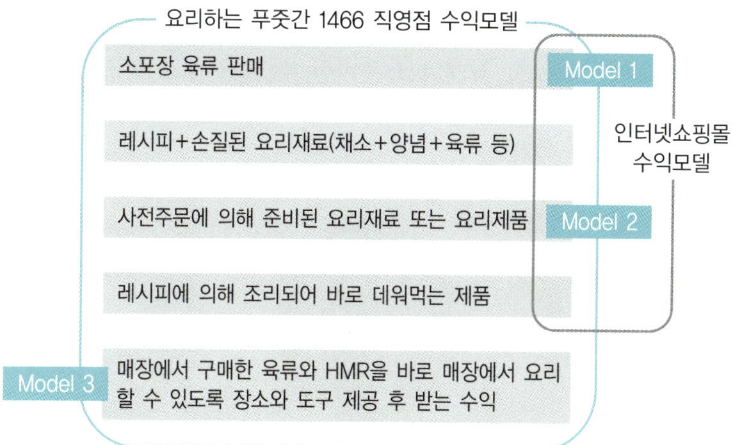

자료: 1466 내부자료 가공

후 포장하여 집에서 바로 고기요리를 먹을 수 있는 편의를 제공한다.

기존의 수익이 낮은 유통구조를 개선하기 위해 소비자요구에 맞는 HMR제품을 매장에서 만들어서 바로 판매하는 신개념 정육점 '요리하는 푸줏간' 직영점 운영시스템 구축을 위해서 소비자와 경쟁자 그리고 자사관점에서 문제점을 해결하였다.

'요리하는 푸줏간' 의 수익구성비는 육류판매와 HMR판매 그리고 매장요리제공의 수익을 2 : 7 : 1 또는 3 : 6 : 1로 함으로써, 육류의 급격한 가격변동과 주변 정육점과의 가격경쟁에서 벗어나는 것을 목표로 하며, 이를 통해 HMR제품을 판매하는 경우보다 높은 경쟁력을 갖추고 있다.

'요리하는 푸줏간' 수익모델은 오프라인에서의 직영점운영과 직영점에서 판매되는 제품을 판매하기 위한 인터넷쇼핑몰과 온라인유통채널에서의 판매를 양대축으로 한다. 오프라인 직영점의 수익모델은 크게, 첫째 일정 무게로 포장된 육류상품, 두 번째 요리로 육류 및 쌀로 만든 다양한 HMR제품, 마지막으로 매장에서 판매되는 육류를 매장에서 고객이 직접 요리해서 판매하는 수익으로 나뉜다.

'요리하는 푸줏간 1466' 은 매장에 비치된 황금 레시피에 따라 쇠고기와 돼지고기, 채소 등 식재료를 준비한 후, 순서대로 볶고 끓이고 졸

자료: http://www.1466.co.kr

여내면 호텔 셰프 부럽지 않은 고품격 요리를 직접 만들어 먹을 수 있는 DIY형 프랜차이즈이다.

이런 목표를 달성하기 위해 다른 경쟁기업과 다르게 직영점 중심으로 운영하여 충분한 수익을 달성하고자 하였다. 성공적인 직영점을 운영을 위해서는, 첫째 다양한 HMR 메뉴개발과 식자재 직거래 및 물류시스템 등을 활용한 수익성 개선 및 평가시스템을 구축하였다. 두 번째 구매하거나 방문한 고객을 영원한 고객으로 확보하기 위한 CRM시스템 구축 및 맞춤형 홍보전략 시행, 마지막으로 메뉴제품별 수익성평가시스템과 품질관리시스템 등 정육점 직영매장 맞춤형 운영 및 관리시스템을 구축 및 적용하였다.

'요리하는 푸줏간 1466' 은 소비자들이 한 번에 이해하기 어려운 컨셉의 모델이다. 따라서 매장을 직접 가서 보고 체험했을 때 재방문이 가능한 매장이다. 또한 모든 상권에 진입하기 어려운 시스템으로 대규모 아파트 상가나 또는 젊은 사람들이 거주하는 빌라가 많은 곳 등이 적합하다. 따라서 전국적으로 100개 이내의 직영점 형태로 운영하는 것이 합리적이며, 투자자들은 매장개설에 투자하고 매장수익금을 매달 받는 투자가 유리한 아이템이다.

10.8 한 끼 식사 배달 서비스 '블루 에이프런'

여성의 사회진출과 1인가구가 증가하면서 한 끼 식사를 해결하는 것이 문제가 되고 있다. 매번 해먹던 요리가 아니라 색다른 맛의 요리를 즐기고 싶으나 요리재료를 구매하기고 힘들고 또 원하는 맛을 내는 것에 자신이 없는 나 자신을 발견하게 된다. 물론 최근에 요리를 잘하는

한 끼 식사배달서비스 비즈니스모델 개요

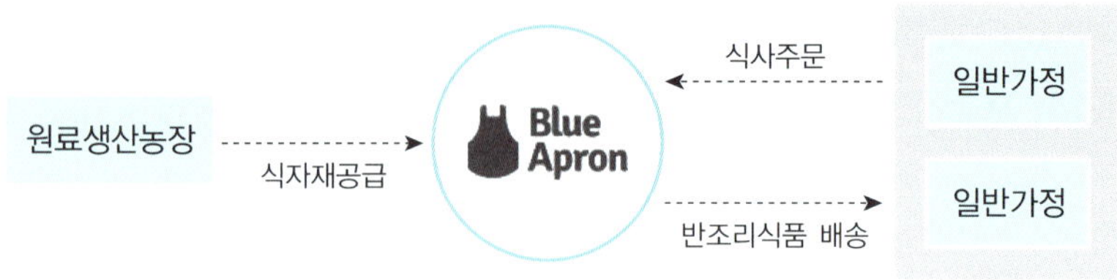

남자가 대우를 받는 시대이기는 하나 일부의 남자들이다. 또한 맞벌이를 하는 가정에서도 주말에 혹은 저녁에 이와 같은 필요성이 있을 것이다.

요리전문 솔루션, 이용자가 원하는 메뉴를 선택하면 매주 혹은 주 5일, 주 3일 간격으로 완성 직전의 요리재료와 요리법을 배달해주고 배달된 박스 안에는 각종 요리재료가 간단히 요리할 수 있도록 진공포장돼 있으면 얼마나 좋을까 하는 소비자의 니즈에서 출발한 서비스이다.

이러한 서비스는 바쁜 직장생활 속에서도 건강하고 균형잡힌 식사를 하고자 하는 이들에게 해결책을 제시한다. 식단을 짜고, 그로서리쇼핑을 하고, 재료를 다듬는 시간을 대폭 줄여주는 것은 물론, 필요영양소가 충분히 안배되어 있다. 조리시간이 30~40분 정도로 단축돼 요리가 편안하고 즐거워진다. 직장에 다니는 주부들만이 타깃은 아니다.

전업주부라도 본인의 요리실력을 향상시키고 싶은 이들에게 평소엔 접하기 힘든 탑 셰프들의 요리를 배울 기회를 제공하기도 한다. 쓸데없이 많은 재료와 이름도 생소한 재료들을 준비하지 않아도 레스토랑 퀄리티의 음식을 요리할 수 있다는 건 생활의 큰 활력이 된다.

웹사이트에서 원하는 음식을 선택하면 신선한 재료와 양념, 레시피까지 집으로 배달해주는 '레디 투 쿡 밀(ready to cook meal) 딜리버리 서비스' 로 미국을 포함해서 한국에서도 다양한 서비스를 제공하는 스타트업들이 증가하고 있다.

자료: https://www.blueapron.com

이들 사이트에 가입하면 일주일 단위로 메뉴를 정해준다. 매일, 주 3일, 주 5일 등으로 원하는 메뉴를 선택하면 일주일에 한 번씩 박스가 배달된다. 박스 안에는 원하는 요리를 만들 수 있는 각종 채소, 고기, 생선 등이 진공포장되어 들어 있어 간단히 씻거나 썰기만 하면 된다. 조미료도 딱 필요한 만큼 소분량으로 포장되어 있다. 가입자는 동봉되어 있는 레시피에 따라 굽거나 찌거나 삶아서 서빙하면 끝이다.

물론 단점도 있다. 이들 서비스들이 앞 다투어 사용하는 로컬(local), 내추럴(natural), 리얼(real) 등의 문구들이 소비자로 하여금 낮은 칼로리의 건강식, 다이어트식이라는 인식을 주지만 실제로는 칼로리 높은 음식도 상당히 많다는 것이다. 메뉴가 다양하지 못한 점도 불만이다. 이따금 퓨전 일식, 퓨전 중식 메뉴도 있지만 주로 양식 위주이기 때문에 선택의 폭이 좁은 것이 최대 단점이다. 매주 2가지 요리가 올라오면 고객은 오로지 그 음식을 주문하거나 취소하거나만 선택할 수 있다. 음식 알러지가 있거나 선호도가 뚜렷한 고객들에게는 불편할 수 있다. 메뉴가 자주 변동되어 칼로리 카운터가 제공되지 않는다는 점도 단점으로 지적된다.

10.9 샐러리맨의 점심은 나에게 '식권대장'

여의도나 강남의 평일 식당가에 가 봤는가? 식당마다 점심식사를 위해 길게 늘어선 줄을 볼 수 있을 것이다. 처음에는 걸어 다닐 수 있는 범위 내의 식당이 모두 점심식사에 방문하는 식당이었다가 점차 줄어들어서 10개 이내의 식당으로 선택의 폭이 줄어든다.

많은 기업들이 직원들의 식대를 지원하기 위해 식권이나 장부를 사용한다. 하지만 이 과정에서 회사와 식당의 고민이 동시에 존재하는데, 이런 문제를 해결할 수 있는 방법은 어디 없을까? 이에 등장한 서비스가 바로 '식권대장'이다.

식권대장은 종이식권을 모바일로 옮겨온 모바일식권서비스다. 식대포인트를 통해 간편하게 결제할 수 있으며, 식대포인트 사용내역은 시스템을 통해 실시간으로 확인 · 관리할 수 있다. 단순히 종이식권을 모바일로 옮겨온 것뿐만이 아니라, 식대관리의 효율과 노동력 및 비용절감, 기업복지 개선에 도움이 되는 측면이 있다.

식권대장 비즈니스모델 개요

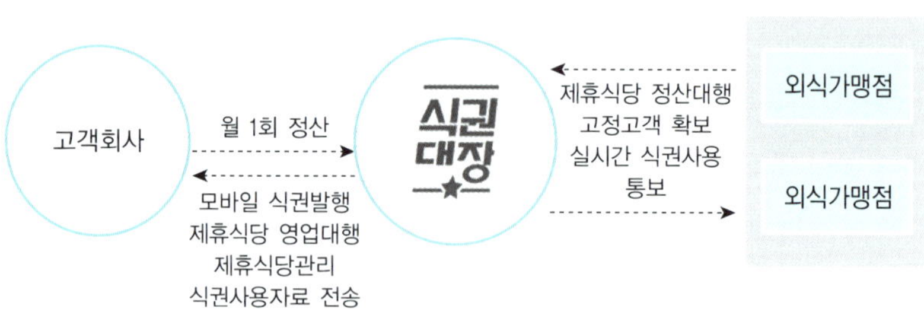

식권대장 어플 내 식대포인트를 사용하여 제휴된 식당의 식권을 발급받아 식사할 수 있는 서비스이므로 직원들은 따로 종이식권 또는 법

인카드 없이 휴대폰 하나로 메뉴 및 가격확인, 결제까지 간편하게 할 수 있으며 기업의 입장에서는 사용현황과 간편한 월말정산을 통해 식대관련 업무를 손쉽게 해결할 수 있다는 장점이 있다.

그러나 여기서 의문이 발생한다. 사내식당을 운영하지 않는 회사는 어떻게 할까? '식권대장'은 이런 기업에게도 상당히 매력적인 서비스이다. 최근에 몇 개 회사는 사원이 아닌 고객에게 사내식당을 오픈하고 있어 점심 먹기가 힘든 샐러리맨의 선택범위를 넓혀 주고 있다.

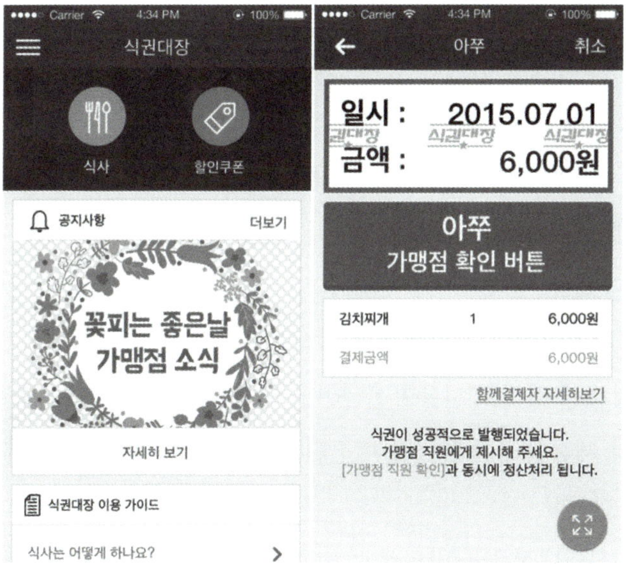

자료: 식권대장 모바일서비스 캡처화면

그동안 대부분의 회사들은 야근 식당을 지정해 놓고 직원들에게 일정량의 식권을 제공하거나, 장부에 적는 방식으로 야식을 제공했다. 그리고 월별로 총무팀 직원이 각 식당에 찾아가 법인카드로 식대를 정산했다.

그렇다 보니 식권을 챙겨야 하는 불편, 식대 정산을 하러 가야 하는 번거로움, 식권의 오남용 등 여러 가지 크고 작은 어려움과 문제들이 발생했다. 시대는 디지털인데, 회사 식대 정산은 여전히 아날로그에 머물러 있었던 셈이다. 이는 식권대장이 탄생한 배경이기도 하다.

'식권대장'의 주요 수익모델은 수수료인데, 수수료는 식권대장서비스를 도입한 기업으로부터 일정비율을 받고, 식당에게도 고정매출 대비 일부를 받고 있다. 서비스 도입기인 만큼 낮은 수치로 받고 있으며 향후에는 5%를 예상하고 있다. 또한, 카드수수료 부분에서 식당 측에 피해를 주지 않고 운영한다.

식권대장은 사용자들이 식권을 보다 편리하게 사용할 수 있는 기능도 마련했는데, 첫째 여러 명이 식사를 할 때 계산하는 과정을 간편하게 했다.

둘째, 식권대장에는 회사 공지사항도 올릴 수 있다. 물론 회사가 직원들에게 공지사항을 내리는 방법은 다양하지만, 식권대장은 기존의 툴을 보완할 수 있다.

셋째, 식권대장의 포인트는 제휴식당뿐만 아니라 프랜차이즈에서도 모바일상품권 형태로 사용할 수 있다. 덕분에 직원들의 만족도가 높다. 회사에서 제휴한 소수의 식당에서만 쓸 수 있었던 기존의 종이 식권과는 다른 점이다.

넷째, 식권대장은 모바일식권 지원뿐만 아니라 정산 대행을 담당한다. 이는 고객 총무팀의 편의성 향상뿐만 아니라 제휴 식당을 넓히는 효과로 이어진다.

이와 같은 서비스를 갖춘 식권대장은 서비스 초기부터 고객사와 식당들의 좋은 반응을 얻었다. 식권대장은 사업특성상 영업제휴가 중요한데, 영업제휴에 그다지 어려움이 없었다. 기업 입장에서는 식대관리가 간편해지니 긍정적인 반응을 보였고, 식당 입장에서도 단체고객을 고정으로 받는 셈이니 이 또한 긍정적인 반응을 보였다.

식권관리 및 분배를 빅데이터 측면으로 접근한다면, 기업이 직원들에게 보다 효율적이고 가치 있게 식대포인트를 제공할 수 있는데, 이런 기능은 회사 사원의 고객만족도를 높여 애사심을 높이는 기회가 될 것이다. 또한 다양하고 합리적인 보직서비스를 제공하는 기회를 제공하게 될 것이다.

식권대장은 종이식권을 모바일로 전환한 것 이상의 가치를 발휘한다. 식권문화의 개선이 곧 기업문화와 복지개선으로 이어지기 때문이다. 특히 기업의 식대비용 절감으로 이어지는 효과도 있었다. 향후에는 제휴식당의 마케팅 툴로 활용될 가능성도 무궁무진하다.

PART 4

크라우드펀딩이 변화시킬 식탁을 미리 보자

CHAPTER 11. 한국 식품 · 외식기업에 대한 인식 및 투자현황

CHAPTER 12. 크라우드펀딩이 바꿀 한국 식품 · 외식기업의 미래

CHAPTER 13. 맺음말

크 라 우 드 펀 딩 성 공 하 기

한국 식품 · 외식기업에 대한 인식 및 투자현황

세계 식품시장은 세계 자동차시장의 3배, IT시장의 1.8배에 달하는 거대(巨大) 시장이다. 더욱이 연간 시장규모 1,000조원이 넘는 중국 식품시장이 인접해 있고 한류(韓流)열풍 등으로 아시아시장에서 성장 가능성이 높다. 이런 좋은 조건에서도 한국 식품업계는 기회를 붙잡지 못하고 있다.

한국증시에 상장(上場)된 557개 식품사의 매출합계는 총 69조원(2013년 기준)으로 같은 해 스위스의 글로벌 식품기업 네슬레 매출액(약 108조원)의 60% 수준이다. 식품업계의 수출규모는 자동차 · 반도체 등 주력업종의 10% 미만이다.

2015년 7월 미국 실리콘밸리는 구글이 창업 4년차의 작은 벤처기업 하나를 인수하려다 퇴짜를 맞았다는 소식에 술렁였다. 실제로 판매하는 제품조차 없는 이 회사는 구글이 제안한 인수가격 2~3억달러(약 2,300~3,400억원)가 너무 낮다며 매각을 거절한 것으로 알려졌다.

이 콧대 높은 기업은 '임파서블 푸즈(Impossible Foods)'. 식품 벤처기업이다. 임파서블 푸즈는 소로 만든 '진짜 고기' 가 아닌 식물로 만든 '고기 아닌 고기(Fake Meat, 페이크미트)' 를 넣은 햄버거를 개발하는 회사다. 미래 신성장산업 중 하나로 농업을 지목한 구글은 관련기술을 가진 벤처회사를 물색하던 중 이 회사를 사려 했는데 회사측은 자기들의 가치가 더 높다고 판단한 것이다.

최근 실리콘밸리의 핵심 키워드로 '음식산업' 이 떠오르고 있다. 음식료 프랜차이즈가 아니다. 기술력을 갖춘 음식벤처, 특히 육류, 달걀, 치즈 등 동물에서 얻던 음식을 식물로 똑같이 만드는 회사가 대세다. 미국의 '국민음식' 이라고 할 수 있는 햄버거를 식물로 만든 고기 패티와 치즈를 넣어 만드는 회사나, 달걀노른자 대신 식물재료를 넣어 마요네즈를 만드는 벤처회사에 거물 투자자들과 벤처캐피탈이 투자금을 쏟아붓고 있다.

임파서블 푸즈는 마이크로소프트 창업자 빌 게이츠, 홍콩 최고 부자인 리카싱(李嘉誠)의 투자사 호라이즌스 벤처스, 구글 벤처스, 코슬라 벤처스 등에서 7,500만달러(약 860억원) 투자를 유치했다. 이어 기존 투자자를 비롯해 넥슨 창업자 김정주 NXC 대표, UBS, 바이킹 글로벌 인베스터스 등으로부터 1억 800만달러(약 1,200억원)를 추가 유치했다.

'가짜' 닭고기를 만든 곳은 이선 브라운이 2009년 창업한 '비욘드미트(Beyond Meat)' 란 회사다. 완두콩과 시금치, 브로콜리 등을 넣어 만든 햄버거도 판다. 이 회사는 빌 게이츠와, 코카콜라에 팔린 유기농 차(茶) 브랜드 '어니스트 티' 창업자 세스 골드먼, 벤처캐피탈 클라이너 퍼킨스 등에서 투자를 받았다. 올해 10월에는 트위터 공동창업자인 에번 윌리엄스와 비즈 스톤이 세운 투자사 아비어스 벤처스, 김정주 NXC 대표에게서 1,700만달러(약 200억원)를 유치하기도 했다.

미국의 실리콘벨리에서 식품기업에 엄청난 자금을 투자하고 있다면 중국 역시 인터넷 비즈니스와 농업에 엄청난 투자를 하고 있다. 2014년 중국 내 전체 창업투자액 127억달러(약 14조 8,450억원)의 절반에 달하는 62억달러가 인터넷 비즈니스에 집중됐다.

그리고 또하나 바로 1차산업인 농업이다. 2015년 2분기 농업분야에 대한 벤처캐피탈(VC)과 사모펀드(PEF) 투자규모는 전년 동기 대비 40배로 급증했다. 미국을 대표하는 사모펀드 운용사 중 하나인 KKR뿐 아니라 중국 대표 정보기술(IT)기업 알리바바와 레노버까지 최근 농업 분야 투자를 확대하고 있다.

국내에서 대표적으로 알려진 푸드테크 업체를 분류하면 크게 7가지로 나뉜다. 먼저 모바일에서 버튼을 눌러 결제하면 음식을 배달해주는 배달앱 서비스, 맛집 추천 및 예약을 대행해주는 서비스, 모바일로 주문하고 매장에 방문해서 커피나 음식을 픽업하거나 먹을 수 있는 O2O(Online to Offline, 온라인 오프라인 연계)서비스, 음식을 만들 수 있는 레시피와 필요한 식재료들을 집으로 배송해주는 서비스, 식재료만 배송해주는 서비스, 정기적으로 식재료나 음식을 배송해주는 서비스, 레시피를 공유하는 서비스 등이 있다. 이 중 배달앱과 O2O가 국내 푸드테크 시장의 약 80% 이상을 차지한다.

대표적 푸드테크 기업으로 꼽히는 독일의 딜리버리히어로(Delivery Hero), 중국의 어러머(Ele.me) 등은 기업가치가 약 10억달러 이상으로 추정되고 있다. 영국의 음식배달 스타트업 딜리버리는 2,500만달러, 7월 말엔 7,000만달러를 투자받는 데 성공해 기업가치가 약 3억 1,500만달러에 달한다. 대표적 검색사이트 구글에서는 검색서비스와 연계한 음식주문 및 배달서비스를 제공하고 있다. 향후 음식 및 식재료 배달 시장의 성장에 대한 전 세계적 기대를 읽을 수 있다.

그렇다고 하면 전 세계는 왜 이렇게 식품 및 외식업계에 투자를 늘리고 있을까? 의 · 식 · 주는 변화하고 발전할 뿐 결코 축소되지 않는 시장을 가지고 있기 때문이다. 중국의 인구는 세계인구의 21%이지만 단지 9%인 농업인구가 먹여 살려야 하기 때문에 중국이나 미국에서 식품 관련 스타트업의 가치가 상승하고 있다.

그렇다면 한국에서 식품이나 외식기업의 가치는 어떠한가? 2015년 주식시장에 상장된 기업 중에서 식품제조업은 흥국F&B하나이고, 나머지는 건강기능식품 소재기업을 포함하더라도 10개를 넘지 않는다. 외식기업은 몇 년째 상장기업이 나오고 있지 않다. 한국식품 및 외식기업의 역량이 부족한 것인가? 물론 그렇다고 이야기할 수도 있다.

그렇다면 역으로 한번 생각해보자. 2015년 보상형 크라우드펀딩으로 1억원을 달성한 LAB NOSH를 만들어낸 ㈜이그니스가 미국기업이나 중국기업이었다면 미국에서 인조고기를 생산하는 기업만큼의 투자를 받지 않았을까? 한국 사람들이 한국에서 비즈니스를 하고 있는 한국기업에 대해 저평가를 하고 있는 것이 아닐까?

식품 · 외식 크라우드펀딩은 기존에 한국기업이 받은 저평가를 개선할 수 있는 한줄기 빛으로 작용할 것으로 생각한다. 이를 위해서 다양한 노력을 통해 식품 · 외식이 성장할 수 있도록 크라우드펀딩 개념을 도입해서 십시일반 투자를 하자.

CHAPTER 12

크라우드펀딩이 바꿀 한국 식품 · 외식기업의 미래

지금까지는 기업에 투자하려고 할 때 투자가 가능한 회사에 접근하기 어려웠다. 그러나 크라우드펀딩은 이런 문제점을 해결하여 온라인이나 모바일사이트에 가입만 해도 기업에 대한 많은 정보를 얻을 수 있다. 이런 기업들 중 관심이 가거나 가능성 있는 기업에 투자를 할 수 있다.

미국에서는 이런 사례가 있다. 소규모 기업을 소유하면 '자부심' 이라는 특별한 감정을 느낄 수 있다. 이는 연말에 배당 수표를 받는 것 이상을 의미한다. 그린 베이 패커스(Green Bay Packers)는 1923년 설립된 이래로 줄곧 공공이 소유해 왔다. 그린 베이 사람들 사이에서 그린 베이 페커스 주식은 자부심의 원천 그 이상이었다.

전 국민이 프로스포츠팀의 구단주가 될 기회를 포착한 적이 있다. 1997년과 2011년에 패커스가 연이어 주식 청약제안을 했고, 즉시 매진됐다. 구단은 모집한 돈을 북아메리카 프로미식축구리그에서 가장 유서 깊은 곳 중 하나인 램보필드 홈구장을 개보수하는 데 사용했다.

2012년 초에 '월스트리트저널'에서는 패커스 주식을 '미국에서 최악의 주식'이라고 언급했다. 기사의 첫 줄에서 문제를 다음과 같이 요약했다. "이 주식은 가격이 250달러나 되는데, 배당이 없고 수익도 못 내며 거래도 할 수 없을 뿐만 아니라 증권법의 보호도 못 받는다. 그리고 충분히 살 수도 없다."

그런데 왜 사람들이 이 주식을 사는가? 미국 프로축구팀을 소유한다는 사실이 멋지기 때문이다. 돈은 별 문제가 되지 않는다. 그린 베이 패커스 주식에 투자한 사람들이 위스콘신주의 그린 베이라는 한 지역에 집중되었다는 사실은 전혀 놀랍지 않다. 지역 미식축구팀을 지역사람들이 지지하는 것은, 지역투자자가 어떤 경우에 지역기업에 투자하고 싶어 하는지를 보여주는 그저 또 다른 예일 뿐이다. 특히 슈퍼볼 우승 트로피를 들어 올릴 기회가 있다면 더더욱 그럴 것이다.

이런 감정은 식품회사가 신제품을 런칭하기 위해 크라우드펀딩을 통해 소비자로부터 투자를 유치하고, 투자한 자금으로 신제품을 유통시켰고, 소비자가 편의점이나 홈쇼핑에서 자기가 투자한 제품이 팔리고 있는 모습을 보라. 주변사람들에게 자랑하고 싶고 또 구매를 권유하고 있는 자신의 모습을 보게 될 것이다.

고객이 투자했을 때, 자신들이 슈퍼볼 트로피를 방금 들어 올릴 듯한 느낌을 받을 때도 있다. 전통적인 주식증서는 눈으로 실제 볼 수 있기 때문에 크라우드펀딩 거래에서도 중요한 부분이다. 대부분의 투자자가 알지 모르지만, 투자자가 주식을 구매하면 상장사는 실제로 종이 주식증서를 발행한다.

그린 베이 패커스의 주식 한 주를 구매한 많은 사람들도 이처럼 주식을 눈으로 직접 볼 수 있기 때문에 구매했다. 그들은 주식증서를 액자에 넣고 벽에 걸어 둔다. 기업은 이처럼 눈에 보이는 무언가를 제공함으로써 투자자가 스스로를 '기업이 얻기 위해 노력하는 주인공들'이라고 느끼도록 해줄 것이다. 전자적 소통의 시대에 이메일로 확인통지를 하는 것보다 종이 한 장이 더 가치 있는 상황과 같다.

식품회사의 크라우드펀딩 프로젝트에 참여하고 주변에 자신이 바이럴마케팅을 통해 충분한 수익을 창출하는 데 기여했다는 경험, 이러한 경험을 가진 소비자들이 늘어날수록 크라우드펀딩에 참여하는 투자자가 늘어날 것이다. 이런 경험이 가진 사람들이 늘어날수록 한국 식품기업에 대한 가치도 증가하게 될 것이다.

연매출 40억원 규모의 음식물처리기 제조업체인 스마트카라는 한 달여간 크라우드펀딩 사이트 와디즈에서 8,300만원을 조달했다. 당초 펀딩 목표금액은 750만원이었지만 SNS(소셜네트워크서비스) · 카페 등을 통해 입소문을 타면서 펀딩기간을 43일로 연장하고 목표금액 역시 1,100%를 초과달성했다.

크라우드펀딩이 자금력이 부족한 신생업체나 중소기업에 새로운 판로 역할을 담당할지 주목된다. 관련업계에 따르면 아이디어 · 친환경

출처: www.wadiz.kr

가전제품을 중심으로 소비자에게 제품가격을 선지급 받은 뒤 제품을 제조해 추후 배송하는 보상형 크라우드펀딩이 확대되고 있다.

소비자들은 중간 유통단계를 건너뛰어, 제품 생산업체와 직접 거래를 하게 되고 미리 대금을 지불하는 형태이기 때문에 가격할인 등 다양한 혜택을 제공받게 된다. 생산업체 역시 펀딩으로 주문받은 제품의 생산비용을 모두 소비자로부터 사전에 직접 조달받을 수 있어 추가자금 부담 없이 제품을 생산할 수 있다.

유통마진 · 홈쇼핑수수료 등에 판로가 막혔던 중소기업 입장에선 추가비용 부담없이 소비자와 직접 만날 수 있는 '숨통'이 될 수 있을 것으로 보인다. 매출규모가 크지 않은 중소기업 입장에서 평균 30~40%에 달하는 홈쇼핑수수료는 큰 부담이었다.

이런 보상형 크라우드펀딩은 소셜커머스 뒤를 잇는 새로운 유통채널로서 역할을 하게 될 것이다. 또한 보상형 크라우드펀딩에 성공한 제품은 그 제품을 생산한 기업이 증권형 크라우드펀딩 프로젝트를 시작했을 때 증권형 프로젝트의 성공을 이끄는 선순환 구조로서 역할을 하게 될 것이다 .

이메일과 SNS의 발달로 사람들이 일터와 개인적 삶에서 소통하는 방식으로 완전히 변했다. 더구나 최근에는 소셜네트워킹으로 우리가 상호작용하는 방식이 근본적으로 변했다. 벤처투자자나 사모펀드투자자와 일하는 대신, 관심도 있고 전문기술로 기여도 할 수 있을 것으로 예상되는 개인투자자를 모으는 데 자원이 활용될 것이다.

고객을 주인으로 변모시킴으로써 투자한 기업의 제품도 즐기고 기업이 성공하면 수익도 얻는 사람들이 나타날 것이다. 따라서 이제는 고객으로서만 단순히 기업에 참여하는 대신에 변화를 일으키는 기술(이메일이나 소셜네트워킹 등)을 지렛대 삼아, 고객 자신이 더 많은 고객을 창출함으로써 투자수익을 직접적으로 얻게 된다.

성공적인 크라우드펀딩 프로젝트가 지속적으로 창출되게 되면 그동안 저평가받았던 한국의 식품 및 외식기업도 미국처럼 1,000억원씩 투자를 받는 시대가 앞당겨지기를 기대해 보자,

CHAPTER 13

맺음말

저자는 15년 동안 무수한 식품기업과 외식기업이 탄생하고 성장하고 실패하는 사례를 보아왔다. 전 세계의 모든 스타트업은 그러하듯 실패비용을 줄여야 하고, 시간비용을 줄여야 하고, 또 신뢰성을 높여야 한다.

식품기업이 크라우드펀딩에 참여하기 위해 가져야 할 자세

WHY?	WHAT	EFFECT
식품과 외식기업 성공	크라우드펀딩으로 자금지원	식품과 외식기업 성공
↓	멘토링으로 비즈니스모델 개발지원	↓
실패비용 줄이기	제품생산지원	투자자 보호 및 성과창출
시간비용 줄이기	유통지원	↓
신뢰성 높이기	브랜드 홍보지원	산업발전

식품외식분야 크라우드펀딩에 대한 이야기를 시작하면서 밝힌 것처럼 우리는 스타트업을 꿈꾸거나 새로운 비즈니스모델을 개발하기 위해 노력하는 창업가들에게 새로운 자금을 유치하는 방법에 대한 이야기를 하고자 노력하였다. 물론 이 책을 읽고 독자들이 크라우드펀딩에 참여할 필요는 없다. 주식시장에 상장하지 않은 중견식품기업이나 프랜차이즈기업이 신규사업을 모색할 때 사용해도 되고, 현재사업을 더욱 정교하게 만들거나, 사업의 전환을 모색할 때 들어 보아도 된다. 같은 내용이라도 이해하는 방법에 따라 그 활용의 폭이 무궁무진할 테니 말이다.

이 책을 마무리하기 위해, 앞으로의 활용과 시사점에 대해 다음 여섯 가지를 함께 생각하며 글을 맺으려 한다. 첫째, 크라우드펀딩은 완성된 결과물이 아니라 현재진행형이다. 식품스타트업이 비즈니스 모델을 기획할 때, 기획된 비즈니스모델을 활용하여 크라우드펀딩 프로젝트로 진행할 때 그 과정 자체가 기업에게는 새로운 기회를 제공한다. 따라서 향후 이 모델이 실제 지속가능한 기업으로 발전되어 나가는지 대한 내용은 여전히 열린 결말이다.

특히 다수의 사용자가 기반이 되는 많은 비즈니스모델의 경우 초기에 수익성을 고려하지 않고 가입자 기반 자체의 증대에 초점을 둔 것을 상기해야 한다. 한 분야에서 최고라는 깃발을 꽂을 수 있으면 수익성과 같은 그 이후의 일은 생태계가 가진 선순환이 해결해 준다.

둘째, 비즈니스모델의 다양한 조합이 가능하다. 앞서 이야기한 것처럼 우리의 분류가 서로 완벽하게 배타적인 분류를 만들지 않는다. 그보다는 다양하고 흥미로운 이야기를 담을 수 있는 생각의 틀을 마련하는 것에 더 큰 초점을 두었다. 이를 다르게 해석하면, 우리의 많은 비즈니스모델은 그 모델 하나만으로 존재하는 것이 아니라, 여러 가지 조합을 통해 사업을 확장시키기도 하고 더 큰 경쟁력을 만들어 낼 수도 있다는 것이다.

셋째, 크라우드펀딩을 통해 고객의 마음을 읽을 수 있다. 크라우드펀딩을 통해 식품기업은 고객관점에서 제품 및 서비스를 평가하고, 시장이 요구하는 바가 무엇인지 이해할 수 있다. 크라우드펀딩을 통해 제품 개선을 위한 피드백을 받을 수 있다. 이처럼 성공적으로 자금조달에 성공한 보상형 크라우드펀딩을 통해 정식으로 제품이 출시되기 전에, 제품을 미리 대중에게 선보일 수 있었음은 물론이고 제품 개선을 위한 좋은 양분이 되는 피드백을 실시간으로 받을 수 있었다. 이런 노력은 보상형 크라우드펀딩 참여자를 실제로 증권형 투자에 참여할 수 있는 선순환 구조를 만드는 데 도움을 준다.

넷째, 비즈니스모델은 만들기보다 지키기가 더 어려운 개념일 수 있다. 우리 주변을 보면 한 사업이 잠깐 성공하는 듯해도 비슷한 사업들이 우후죽순 생겨나는 사례들을 흔히 볼 수 있다. 실제 창업이 공급면에서만 지속적으로 증가하게 되면 창업 자체가 범용화되게 된다. 한국 돈으로 수천만원이면 누구나 창업하고 성공하는 사회가 도래했을 때 문제는 창업이 아니라 이를 잠재적 경쟁기업의 모방가능성으로부터 지키는 것을 수 있다.

특히 비즈니스모델의 경우 그 특허가 매우 힘들고 조그만 변형으로도 그 방어를 쉽게 우회하는 것이 가능하다는 점은 상황을 더 어렵게 한다. 따라서 많은 기업들에게 비즈니스모델 자체를 특허 등의 방법으로 지키는데 시간과 자원을 소모하는 것은 매우 어려운 일이 되고 만다. 그 결과, 특허 등의 보호방법보다 더 현실적인 대안은 한 특정 영역에서 실행력을 바탕으로 시장선도력을 키우는 데 중점을 두는 것일 수 있다.

다섯째, 고객지향적 마케팅 효과를 기대할 수 있는데 고객지향적인 마케팅이란 고객이 생산자를 파트너로 여기도록 고객과의 연결망을 구축하는 것이다. 이것은 대중을 설득하여 공감을 사고, 소비를 끌어내는 일련의 작업인 크라우드펀딩과 꼭 맞는다.

생산자는 크라우드펀딩을 통해 참여자들에게 직접 댓글을 달고, 1:1로 참여를 독려하며 진행상황을 중계하는 등 고객과의 교류의 폭을 넓힐 수 있다. 그리고 그 결과, 프로젝트 진행자는 소비자와 강한 연대감을 형성하여 충성고객을 만들 수 있게 된다.

마지막으로 크라우드펀딩은 실패를 두려워하지 않는 자에게 새로운 기회를 제공한다. 크라우드펀딩은 벤처캐피탈의 투자자금과 양적으로 비교하여 놓치기에는 아까운 기회들이 너무나도 많다. 일반적으로 크라우드펀딩 플랫폼을 둘러보다 보면 성공한 프로젝트뿐만이 아니라 실패한 프로젝트 역시 살펴볼 수 있는데, 이것 또한 기업에게 시사하는 바가 크다. 실패한 다른 프로젝트를 살핌으로써 수요가 있는 사업아이템 설정과 시장의 크기 및 치명적인 결함을 확인하여 개선할 수 있기 때문이다.

나아가 크라우드펀딩에서 직접 실패를 경험한 후, 후속 프로젝트를 성공으로 이끄는 사례도 왕왕 찾아볼 수 있다. 이것은 초기 프로젝트 실패의 경험을 통해 제품 및 서비스의 취약점을 보완하고 효과적인 크라우드펀딩 전략을 수립했기 때문에 가능한 것이었다. 이렇듯 크라우드펀딩은 기업의 성장을 위한 도약의 발판이 될 수 있음은 물론이고 기업이 감수해야 하는 위험을 감소시켜 줄 수 있다. 실패를 두려워하지 않는 자에게 기회가 주어지는 곳, 바로 크라우드펀딩이다.

본 책을 통해 소비자는 투자자이며 투자자는 소비자이므로 적극적으로 크라우드펀딩에 참여해 보자. 자신이 투자한 기업이 성장하는 과정을 살펴보면서 투자의 진짜 기쁨을 노려보자. 이런 노력들을 통해 저평가된 한국식품 및 외식기업이 제대로 된 평가를 받게 된다면 미국과 같은 큰 수익으로 돌아와서 투자자에게 보답할 것이다.

식품이나 외식기업의 비즈니스모델을 만드는 데 작은 도움이 되어 실수하지 않게 된다면 저자가 이 책을 쓴 목적을 달성하게 되는 것이다. 한국의 식품 · 외식스타트업들 중에서 크라우드펀딩을 통해 글로벌 기업으로 성장하는 발판을 마련한 사례가 나오기를 기대해 본다.

■ 참고문헌

Chapter 1. 식품 크라우드펀딩이란

고대 학생들이 되살린 '영철버거.' 동아일보. 2015년 11월 14일

나도 '삼시세끼'… 농사펀드 박종범 대표의 농촌창업 꿀 팁. 동아일보. 2015년 6월 25일

농사에 투자, 투자수익은 농산물로. '30대 농촌 창업가의 꿈.' 머니투데이. 2015년 6월 13일

이스라엘 스타트업, 식품의 성분과 칼로리 알 수 있는 휴대용 분자센서 SCiO 개발. KOISRA

증권형 크파우드펀딩 도입과 과제. 장지혜. 자본시장연구원. 2015년 8월

창업기업 · 투자자 · 중개업자를 위한 알기 쉬운 크라우드펀딩 제도. 금융위원회. 2015년

컨슈머 피식스의 SCiO, 킥스타에서 200만 달러에 달하는 기금 모금. 연합뉴스. 2014년 6월 3일

크라우드펀딩 규제의 주요 내용과 취지. 자본시장연구원. 2015년 6월

크라우드펀딩 작동원리: The tipping point of Sucess I · II, 권예원. 크라우드산업연구소. 2013년

크라우드펀딩의 분류: US Crowdfunding industry. 크라우드산업연구소. 2012년

크라우드펀딩의 역사: http://www.fuddable.com/crowdfunding101/history –crowdfunding

크라우드펀딩의 정의: http://en.wikipedia.org./wiki/crowdfunding

킥스타터 성과분석: The dynamics of crowdfunding: An exploratory study, Journal of Business Venturing. Molick, E., 2013년

푸드 크라우드펀딩 플랫폼 Barnraiser가 82%의 성공률을 보이는 이유는?. 크라우드펀딩사업연구소. 2016년 1월 26일

2,765명의 힘으로 일어선 '추억의 영철버거.' 오마이뉴스. 2015년 12월 20일

Chapter 2. 한국 크라우드펀딩법 설명

자본시장과 금융투자업에 관한 법률 · 시행령 · 시행규칙. 금융위원회고시. 금융감독원 고시. 2016년 5월

증권형 크파우드펀딩 도입과 과제. 자본시장연구원. 2015년 8월

창업기업 · 투자자 · 중개업자를 위한 알기 쉬운 크라우드펀딩 제도. 금융위원회. 2015년

크라우드펀딩 규제의 주요 내용과 취지. 자본시장연구원. 2015년 6월

Chapter 3. 식품 · 외식크라우드펀딩 이해하기

자본시장과 금융투자업에 관한 법률 · 시행령 · 시행규칙. 금융위원회고시. 금융감독원 고시. 2016년

창업기업 · 투자자 · 중개업자를 위한 알기 쉬운 크라우드펀딩 제도. 금융위원회. 2015년

Chapter 4. 식품소비 트렌드 바로 알기

가공식품 소비자태도조사. 농림축산식품부. 2014년

가정식 대용식품(HMR), 한국 농업의 기회인가!. 한국농촌경제연구원. 2016년

고객의 라이프스타일에 따른 PB상품 인식과 구매경험에 관한 연구. 국민대학교 박사학위논문. 2015년

궁금한 화요일 맛있는 기술. 푸드테크. 중앙일보. 2015년 12월 15일

'나혼자 산다' 27%, 1인가구 30년새 8배로. 동아일보. 2016년 2월 18일
대형할인점 PB제품 속성이 소비자의 태도와 구매행동에 미치는 영향. 한동여. 디지털융복합연구 제13권 제2호. 2015년 2월. pp.51-60.
모디슈머 고수, 바글바글한 이곳은?. 이데일리. 2015년 9월 11일
섞어먹고 뿌려먹고 모디슈머 열풍에 DIY형 식음료 인기. 아시아투데이. 2015년 9월 13일
"소비침체가 뭐예요?"… PB시장은 '무풍지대'. 아시아경제. 2016년 2월 15일
소통과 협력으로 도약하는 농산업. 한국농어촌공사. 2010년
식신핫플레이스, 푸드테크산업 지형도 발표. 플래텀. 2015년 10월 21일
식품산업 분야별 원료소비 실태조사. 농림축산식품부. 2014년
식품산업정보 기획분석보고서(4): 식품소비트랜드분석. 김관수 등. 한국농수산식품유통공사. 2015년
식품산업정보 기획분석보고서: 식품소비트랜드분석. 농림축산식품부. 2015년
한국HMR 사업 오늘과 내일. 한수협출판부.
2014년 국내외식트랜드 조사용역보고서. (사)한국외식업중앙회. 2014년
2015년 2/4분기 한국외식업경기지수보고서. 농림축산식품부, 2015년

Chapter 5. 식품산업 생태계에 대한 이해

공급측 투입산출모형을 이용한 농업 및 식품소재산업의 공급지장효과 분석. 농업경제연구. 김용준 외 2인. 제55권 제4호. 97-123. 2014년
가공식품 소비자태도조사. 농림축산식품부. 2014년
농어업 부가가치의 새로운 창출을 위한 식품산업의 중장기 발전전략(4/5 차연도). 최지현외 7인. 한국농촌경제연구원. 2012년
농어업 부가가치의 새로운 창출을 위한 식품산업의 중장기 발전전략(5/5 차연도). 최지현 외 7인. 한국농촌경제연구원. 2013년
농작물도 첨단기술로 키운다, 주목받는 '푸드테크'. 월간마이더스. 2015

년 11월 14일

산업연관분석을 이용한 식품산업의 성장과 구조 변화 요인분석. 김철민. 한국농촌경제연구원. 2003년

소비자 식생활 라이프스타일이 가공식품 구매에 미치는 영향분석. 김지윤 · 안병일. 식품유통연구 제32권 제1호. 2015년

식료의 안정적 공급 및 농산물과 식품산업의 연계강화 방안. 이동필 외 5인. 한국농촌경제연구원. 2001년

식품산업 분야별 원료소비 실태조사. 농림축산식품부. 2014년

식품산업과 농업의 연계성 제고방안. 최지현 외 2인. 한국농촌경제연구원. 2007년

식품산업현황 및 정부정책. 노수현. 한국식품과학회. 45(4): 2-8. 2012년

농어업 · 농어촌 및 식품산업기본법. 식품위생법

Chapter 6. 외식소비 트렌드 바로 알기

가치소비지향의 세대, 그들의 이름은 솔로몬?. 한국무역보험공사. 2015년

나를 위한 '가치소비' … 2위는 음식, 1위는?. NEWS DIVE. 2015년 9월 25일

"니들은 이런 메뉴 없지?"… 외식업계, 퓨전한식메뉴로 승부. e-라이프. 2015년 11월 18일

식품산업정보 기획분석보고서: 식품소비 트렌드분석. 농림축산식품부. 2015년

외식고객과의 새로운 커뮤니케이션 채널 SNS. 신서영. (사)한국외식업중앙회. 2016년

외식고객과의 새로운커뮤니케이션 채널: SNS. 신서영. 한국외식산업구원. 1201-4호. 2015년

자동차 시장의 3배 … 글로벌 식품시장 잡아라. 조선비즈. 2015년 12월 6일

SNS 파급력에 주목하는 식품 · 외식업계. 데일리뉴스. 2014년 12월 14일

TV 켜면 새 프로, 먹방 신드롬 왜 식지 않나. 스포츠조선. 2015년 10월 29일

2013년 모바일인터넷이용실태조사. 한국인터넷진흥원. 2013년

2014년 국내외식트랜드 조사용역보고서. (사)한국외식업중앙회. 2014년

Chapter 7. 외식산업 생태계에 대한 이해

가공식품 소비자태도조사. 농림축산식품부. 2014년

외식산업 경쟁력 제고 방안. 김성우. 한국농촌경제연구원. 2014년

2014년 국내외식트랜드 조사용역보고서. (사)한국외식업중앙회. 2014년

2015년 4/4분기 한국외식업경기지수 보고서. 한국농수산식품유통공사. 2015년

Chapter 8. 소비자 크라우드펀딩 참여하기

고객이 열성주인이 되는 소셜네트워크 시대. 이영구. 골든어페이. 2014년

세상을 바꾸는 작은 돈의 힘 크라우드펀딩. 신혜성 등. 크라우드산업연구소. 2014년

창업기업 · 투자자 · 중개업자를 위한 알기 쉬운 크라우드펀딩 제도. 금융위원회. 2015년

크라우드 펀딩의 성공전략: 해외 및 국내사례를 중심으로. 윤지훈. 한양사이버대학교. 석사학위논문. 2014년

크라우드펀딩의 투자의사결정기준에 관한 연구. 이의방 등 3인. Infomation Systems Review. 16(2): 25-41. 2014년

킥스타터 혁명. 모비랩 C. 코드미디어. 2015년

Dependent Variables. SAGE Publications.

Jeffrey M. Wooldridge(2002). Econometric Analysis of Cross Section and

Panel Data. The MIT Press.

Scott Long J.(1997). Regression Models for Categorical and Limited.

William H. Greene(2008). Econometric Analysis. Prentice-Hall.

Chapter 9. 식품 · 외식기업 크라우드펀딩 진행하기

고객이 열성주인이 되는 소셜네트워크 시대. 이영구. 골든어페이. 2014년
공주베리류 시장조사 및 마케팅전략수립 연구용역. 허철무 등 3인. 호서대학교 산학협력단. 2015년
농어촌기업사업추진매뉴얼. 한국농어촌공사. 2010년
대기업, 스타트업에서 혁신 배운다. 네이버카페. 2015년 10월 27일
비즈니스 모델을 훔치다. 이마에다 마사히로. 한빛비즈. 2015년
세상을 바꾸는 작은 돈의 힘 크라우드펀딩. 신혜성 등. 크라우드산업연구소. 2014년
스타트업에 필요한 건 자금보단 파트너. 머니투데이. 2015년 12월 3일
창업기업 · 투자자 · 중개업자를 위한 알기 쉬운 크라우드펀딩 제도. 금융위원회. 2015년
크라우드 펀딩의 성공전략: 해외 및 국내사례를 중심으로. 윤지훈. 한양사이버대학교. 석사학위논문. 2014년
킥스타터 혁명. 모비랩 C. 코드미디어. 2015년
호감이 전략을 이긴다. 로히트바르가바. 원더박스. 2013년
'홈쇼핑 비켜', 크라우드펀딩, 중기의 새로운 판로될까. 머니투데이
101가지 비즈니스 모델 이야기. 남대일 외 3인. 한스미디어. 2015년

Chapter 10. 식품 · 외식 프로젝트 개발사례

간편식, 영양에 포커싱 맞춘다. 한국경제. 2015월 11월 30일
건강하게, 맛있게 그리고 즐겁게 식사를 합시다. 디지털매거진. 2015년
뚜레쥬르, 순땅콩호박 시리즈. 서울경제. 2015년 10월 2일
비즈니스 모델을 훔치다. 이마에다 마사히로. 한빛비즈. 2015년
서울시대안교육센터 염리동 마을이야기 프로젝트팀. 염리동마을이야기. 염리동주민자치위원회. 2009년 7월

서울형 마을기업을 통한 지역공동체 활성화. 신경희. 서울시정개발연구원. 2012년

세븐일레븐, 지역연계 상품 'PB고창수박우유' 새로 나왔어요. MNB. 2015년 7월 27일

식품업체들 작명 마케팅 '원산지를 넣어라'. 한겨레. 2015년 12월 3일

염리동 마을기업의 식품 비즈니스 '솔트카페'. 박진서. 식품기술 26(3): 203-209. 2013년

염리동주민자치위원들이 공동으로 카페운영. 아시아뉴스통신. 2013년 8월 12일

우진FS홀딩스, '요리푸줏간 1466' 직영 1호점 오픈. 아시아경제. 2015년 7월 23일

크라우드펀딩 최초 '1억' 달성한 화제의 상품은?. 한국경제. 2015년 11월 10일

힘내라! 스타트업, 직장인 식권문화 획기적으로 바꾼다. '식권대장'. 2015년 7월 10일

101가지 비즈니스 모델 이야기. 남대일 외 3인. 한스미디어. 2015년

B2B 스타트업 벤디스, '식권대장' 뜨는 이유 "독점 시장 찾아 해결사 역할 했더니 대박." ZDNet Korea.

Chapter 11. 한국 식품 · 외식기업에 대한 인식 및 투자전환

고기 아닌 '고기'(fake meat)에 투자하는 실리콘밸리 갑부들. 조선일보. 2015년 12월 5일

국내 식품시장의 포화를 어떻게 극복할 것인가. 문정훈. 식품저널 제213호. 2015년

중국 농업에 '베팅'하는 미국 사모펀드. 한국경제. 2015년 7월 31일

오프라인 마트서부터 스타트업까지 … 배송경쟁 격화. 전자신문. 2015년 2월 5일

Chapter 12. 크라우드펀딩이 바꿀 한국 식품 · 외식기업의 미래

고객이 열성주인이 되는 소셜네트워크 시대. 이영구. 골든어페이. 2014년

세상을 바꾸는 작은 돈의 힘 크라우드펀딩. 신혜성 등. 크라우드산업연구소. 2014년

스타트업에 필요한 건 자금보단 파트너. 머니투데이. 2015년 12월 3일

[저자약력]

■ **박진서**

한국농어촌공사 전문위원(전)
산업특화연구원 원장(전)
한국지식재산관리재단 책임연구원(전)
현, (주)오라내츄럴푸드 대표이사
　크라우드펀딩 플랫폼(www.kfoodfund.com) 운영

■ **허철무**

(주)MD아카데미유통교육원 대표이사(전)
현, 호서대학교 벤처대학원 정보경영학과 교수
　(사)농어촌산업유통진흥원 회장
　(사)한국벤처창업학회 부회장
　(사)한국산업정보학회 총무이사
　농촌진흥청 자문위원

소비자가 투자자이고 투자자가 소비자인

크라우드펀딩 성공하기 - 식품과 외식산업 중심 -

2016년 3월 25일 1판 1쇄 인쇄
2016년 3월 30일 1판 1쇄 발행

저　　자 | 박진서 · 허철무
발 행 인 | 이수영
발 행 처 | 도서출판 청람
　서울시 마포구 독막로 288(대흥동, 세양상가 109호)
전　　화 | 02)3272-2601~2
팩　　스 | 02)3272-2603
이 메 일 | crbooks@hanmail.net
홈페이지 | www.crbooks.co.kr
등　　록 | 2000년 8월 26일 제6-0509호

ISBN 978-89-5972-526-7　93320　[정가 17,000원]